KB251208

진정한 삶의 양식을 찾아서

한나 아렌트와 세계사랑

진정한 삶의 양식을 찾아서

한나 아렌트와 세계사랑

김 인 순 著

한국학술정보(주)

목 차

제1장 머리말: 진정한 삶의 양식을 찾아서 ·········· 9

제2장 한나 아렌트의 정치철학의 특성 ·········· 15
  가. 정치적 사고로서의 정치에 대한 현상학적 접근 ·········· 15
  나. 현상학적 인간학 ·········· 19

제3장 현대성과 인간의 조건 ·········· 29
  가. '세계'의 의미규정과 세계소외 ·········· 29
  나. 노동동물의 승리와 목숨연명의 원칙의 확립 ·········· 36
  다. 성장하는 '부(富)의 전체주의' ·········· 48
  라. 세계소외의 결과로서 삶의 의미 상실과
      탈가치화의 상황 ·········· 53

제4장 현대성으로 인해 왜곡된 인간 삶의 모습 ·········· 61
  가. 사회적 삶 ·········· 61
  나. 마르크스의 노동예찬과 소비자 사회 ·········· 63
  다. 대중사회와 대중문화 ·········· 71

제5장 현대 정치 비판 ·········· 81
  가. 대의제 ·········· 82
  나. 관료제 ·········· 84
  다. 정당정치 ·········· 86
  라. 전 지구화 ·········· 88

제6장 진정한 인간 실존의 현실화와 공적 영역의 작동방식 ·········· 95

　　가. 진정한 인간 실존 양식의 실현의 장으로서 폴리스 ·········· 95

　　나. 공적 영역의 개념 규정과 그 의의 ······················· 106

　　다. 불멸성에 대한 욕망과 권력(의 속성 및 의의) ············· 110

　　라. 정치행위의 전제로서 복수성과 그 기능 ················· 117

제7장 정치적 행위와 정치적 사고 ······························· 125

　　가. 공적 영역에서의 말나눔을 통한 자기 현시 ·············· 125

　　나. 정치의 존재이유로서 자유의 지향 ····················· 130

　　다. 정치적 자유의 특징 ······························· 133

　　라. 정치행위의 기본적 토대로서 정치적 사고 ·············· 137

　　마. 정치행위로부터 의미를 산출하는 이, 관찰자 ············ 143

제8장 정치적 판단 ··· 151

　　가. '정신적 활동'이라는 개념과 성격 ····················· 151

　　나. 생각함과 판단함의 연관성 ························· 161

　　다. 판단에 대한 탐구 이유 ···························· 167

**제9장 정치적 판단의 성격 및 미적 판단개념의 정치적
　　　　판단 개념으로의 전유의 근거** ····················· 173

　　가. 정치적 판단의 성격 ····························· 173

　　나. 정치적 판단의 이론적 지평 ······················· 181

　　다. 미적 판단의 정치적 판단으로의 전유의 근거 ··········· 183

　　라. 정치적 판단의 주체 ····························· 196

제10장 칸트의 미적 판단에 대한 아렌트의
　　　　정치적 판단으로의 전유: 정치적 판단의 작동양식 ········· 205
　　가. 의사소통가능성의 조건과 미적 판단의 전유 ················· 205
　　나. 정치적 판단의 소통양식:비판적 사고 ························· 222
　　다. 불편부당성의 획득을 통한 자유의 실현 ····················· 235
　　　　1) 인간사에 대한 반성의 관점: 일반적 관점 ··············· 235
　　　　2) 인간됨의 원리 ·· 239
　　　　3) 불멸성과 자유실현 ···································· 242
　　라. 정치적 판단의 타당성에 대한 논의 ························· 246
　　마. 특수에 대한 해결책 ····································· 253
　　바. 정치적 판단의 책임과 부작용 ····························· 260
　　사. 아렌트의 정치적 판단이론에 대한 비판적 지적 ············· 271

제11장 정치적 판단이론이 함축하는 진정한 인간 실존의 양상 ········ 279
　　가. 인간사에 대한 철학과 정치의 대립적 견해 ················· 279
　　나. 행위의 원리와 판단의 원리 ······························· 289
　　다. 그리스적 관찰자와 칸트의 관찰자 ························· 295
　　라. 아렌트의 선택 ··· 301

제12장 시민권, 정치적 판단을 통한 시민의 정치 참여 ················ 313
　　가. 정치적 판단의 표출. ··································· 313
　　나. 참여민주주의의 그 의의 ································· 320
　　다. 시민적 합리성의 전망 ··································· 328

제13장 맺음말: 잃어버린 영광의 회복과 인간해방 ····················· 337

참고문헌 ··· 345

제1장 머리말
: '진정한 삶의 양식'을 찾아서

정치의 모습은 여러 측면에서 그려질 수 있다. 지금까지 지구상에 여러 가지 정치형태가 출현하였다. 얼마 전까지만 해도 정치는 권력획득이나 권력행사와 관련된 것으로 알려져 있었다. 거기서 조금 더 시민의 편으로 옮겨와서 정치를 규정하면, 정치는 사람들의 이해관계를 조정하는 것 정도였다. 그러나 정치를 이런 식으로 보면 정치의 주체는 소수의 엘리트에 한정되고 시민의 삶과 유리될 수밖에 없다.

정치에 대한 이러한 이해는 민주주의의 원리에 전적으로 배치되는 것이다. 민주주의는 시민이 스스로 통치하는 체제인데, 이렇게 이해된 정치는 과두정이나 전제정과 다름없다.

현대에 와서 인간의 삶과 관련되어 제기되는 중요한 이슈는 바로 '인간 삶의 왜곡된 모습 내지는 파괴'에 대한 것이다. 그런데 이것의 원인은 정치의 쇠퇴라고 할 수 있다. 그리고 그 이면에는 그것과 맞물려 나타난 경제 가치의 '과도한' 부상이라는 현상이 있다. 즉 현대에 이르러 사회 전반이 경제적 가치를 중심으로 구축되면서, 경제영역은 거대하게 확장되고, 반대로 정치영역은 축소됨으로써, 양자간의 균형이 상실되었다.

현대 사회는 물질적 토대만 중요하게 여기고 다른 다양한 가치는 제거한다. 원래 인간의 삶은 다양한 가치가 혼재할 때 풍요로워지고 유의미하게 된다. 그런데 이처럼 인간의 삶이 하나의 가치로 지배된다면, 그것은 전체주의나 다름없게 된다. 이런 획일화된 사회에서 인간다운 삶이 파괴되는 것은 당연한 일이다. 그리하여 인간은 '인간성 상실', '인간 소외'라는 실존적인 위협상황에 직면하게 된다. 그렇다면 정치는 경제적 가치라는 단 하나의 가치의 토대위에서 움직이는 현대인들에게, 그리하여 다양성의 보고인 정치영역의 상실로 인간실존의 위협에 처한 현대인에게 무엇을 제공할 수 있는가?

이것을 알려면 정치의 본질부터 알아야 할 것이다. 아렌트는 정치의 본질을 사람들이 '함께 말하고 행위하는 데서' 찾았다. 정치를 이런 식으로 보면, 정치행위란 사람들 각자의 풍부한 의견을 말할 수 있는 장을 마련해 줌으로써 삶의 실존적 의미를 창출하게 해주는 활동이라는 것을 알 수 있다. 왜냐하면 사람들은 함께 말하고 행위하는 가운데서, 한편으로 자신이 무엇인가 의미 있는 것을 하고 있다는 사실로부터 보람을 느끼게 됨으로써 자기 삶의 실존적 의미를 얻게 되고, 다른 한편으로 사람들과의 일치(조화)를 통해 공동체에 유익한 결과를 산출해냄으로써 공동체 구성원들의 삶의 질을 높여주기 때문이다.

이러한 행위를 하는 과정에서 인간들 사이에 진정한 관계가 맺어진다. 이처럼 정치행위는 사람들 사이의 객관적인 관계맺음을 가능하게 해주고 삶에 광채를 부여해준다.

이것은 경제적 가치에 매몰되어 서로 낱낱이 흩어져 모래알처럼 존재하는 "고독한 군중"을 하나로 결속하게 해줌으로써 인간이 정치적 동물로서 일상적 삶 속에서 자기실현을 할 수 있게 해준다.

그런데 이때 다른 사람들의 실존이 필요하다. 말하자면 다른 사람들은 인간이 자신이 존재한다는 것을 확인하게 해주는데 있어서 빼놓을 수 없는 존재인 것이다. 그 다른 사람들이 있기에 그들 앞에서 인간은 자신에게 잠재해 있는 가능성을 끄집어내어 현실화시킬 수 있고, 그로 인해 자기실현을 하게 되는 것이다. 그런 점에서 정치는 남에게 권력을 행사하거나 남을 지배하는 활동이 아니라 사람들이 서로 자신의 삶의 가치와 의미, 존재이유를 탐색하게 하는 활동이라고 할 수 있다.

따라서 정치가 실종되었다는 것은 사람들의 진정한 관계맺음이 불가능해졌다는 것을 의미하며, 그로 인해 인간성 상실, 인간 소외의 상황에 처하게 되었다는 것을 의미한다. 이는 사람들이 삶의 의미를 상실했다는 말이 된다.

아렌트는 삶의 의미를 상실하고 고통에 빠진 다수 시민들에게 삶에 광채를 부여해 주는 정치행위를 통해서 인간을 해방시키려고 하였다. 즉 그는 정치영역의 상실로 인해 발생한 현대의 부정적인 정경을 정치를 통해 해소하려 한 것이다. 그래서 그의 사상적 방향은 '진정한 삶'을 구축하거나 또는 '의미를 추구'하는 방향으로 향했다. 그가 말년에 이르기까지 추구한 것은 '진정한 삶의 양식'을 어떻게 구축해서 인간의 위엄과 권위를 되찾을 수 있을 것인가 하는 것이었다.

이런 아렌트의 사고를 따르면, 정치란 소수의 엘리트가 다수를 상대로 권력을 행사하는 활동이 아니라 다수의 참여에 의해 인간의 삶을 다채롭고 풍요롭게 해주는 고차적인 의미실현의 활동, 즉 자유의 활동이다. 이는 권력 정치가 아니라 생활정치, 즉 삶의 정치를 말하는 것이다. 이 책은 이런 점에 초점을 맞추고 다수 시민의 정치적 삶이 어떻게 이루어져야 하는지를 탐색하였다. 이러한 작업은 현재 부상하고 있는 시민의 정치활동의 이유와 중요성을 밝히는 일이 될 것이고 정치의 판을 새로이 짬으로써 앞으로 정치가 나아갈 발전방향을 제시하는 것이 될 것이다. 현재 아렌트에 대한 연구가 국내에서도 본격적으로 진행되고 있다. 조만간 아렌트 탄생 100주년 심포지움도 열릴 예정이다.

필자의 이 보잘 것 없는 생각들이 국내에 아렌트의 정치사상을 알리고, 그의 정치적 의도를 널리 확산시켜서 바람직하고 성숙한 민주주의로 발전해 가는데 작은 보탬이라도 되었으면 하는 마음이다.

이 책이 쓰이고 출판되기까지 많은 분들이 도움을 주셨다. 먼저 필자에게 많은 학문적 가르침을 주시고, 아렌트 사상으로 인도해 주셨으며, 처음부터 끝까지 따뜻한 위로와 격려 그리고 많은 도움을 주신 동국대학교 홍윤기 선생님께 진심으로 깊이 감사드린다. 또한 필자에게 대학과 대학원에서 알게 모르게 뒤에서 많은 힘이 되어 주신 소홍렬 선생님, 이상화 선생님, 대학원에서 많은 학문적인 지도와 가르침을 주신 여러 선생님들, 양문흠 선생님, 정성호 선생님, 최인숙 선생님, 김항배 선생님, 유흔우 선생님께 감사드린다. 그리고 이 책이 나오기까지 많은 내용을 기꺼이 읽어 주시고 많은 조언을 해 주신 김석수 선생님, 권용혁 선생님, 장춘익 선생님께도 깊이 감사드린다.

마지막으로 특히 순수학문, 특히 인문학에 대한 관심이 사라지고, 전문도서 출판이 매우 열악한 상황에서도, 학문의 발전, 저자와 소수의 이용자 사이의 네트웍 형성에 대한 사명의식으로 이 책을 기꺼이 출판해주시기로 하신 한국학술정보 채종준사장님께 감사의 말씀을 전하고 싶다. 그리고 이 책의 기획과 출판에 열의를 가지고 임해 주신 강태우님께도 깊이 감사드린다. 마지막으로 필자에게 뒤에서 알게 모르게 따뜻한 마음으로 위로와 격려를 보내준 온 가족과 더불어 이 책이 세상에 나오게 된 것에 대해 감사의 마음과 기쁨을 나누고 싶다.

필자가 공부하는 동안 정신적으로 많은 힘이 돼 주셨고 노심초사하시다 지금은 고인이 되신 어머님의 영전에 이 책을 바친다.

2007년 2월

김 인 순

제2장 한나 아렌트의 정치철학의 특징

가. 정치적 사고로서 정치에 대한 현상학적 접근

아렌트는 현대의 경제적 가치의 부상과 맞물려 나타난 현상으로서 공적 영역의 상실이 인간의 삶을 피폐하게 만든 주원인이라 진단했다. 따라서 그는 공적 영역의 회복을 평생의 문제의식으로 삼고 그 방안을 탐색하고자 하였다. 이런 이유로 그가 초기의 활동적 삶에 대한 관심을 거쳐 후기에 정신의 활동으로 전환했음에도 불구하고, 그의 학문적 열정은 일관되게 공적 영역을 지향했다. 특기 할만한 것은 그의 정치에 대한 이러한 사고가 이론적으로 접근함으로써 형성된 것이 아니라 실제적인 경험을 따라 형성되었다는 점이다. 즉 아렌트는 정치에 관한 사고를 한 것이 아니라 정치로서의 사고를 통해 정치에 접근한 것이다. 따라서 아렌트가 어떤 이념을 지향했느냐 하는 문제는 이 책에서 논외로 한다. 이 책의 일차적 관심은 아렌트의 이론적 지평이 어느 지점인가가 아니라 아렌트가 진정한 인간 실존 양식, 즉 진정한 삶의 양식을 어디서 찾으려 했는가 하는 점이다. 따라서 이 책은 인간이 인간답게 살아가는 방식이 무엇인가에 초점을 맞춘다. 그러므로 여기서 필요한 것은 '진정한 인간실존양식' 혹은 '진정한 삶'과 '정치적 행위'를 연관시키는 작업이다.

아렌트는 전기에 "활동적 삶"의 필요성을 역설하고 정치적 삶을 새로이 구축하려 했다. 그러나 후기에 가면 구체적인 실제 정치와 관련된 것에 몰두한 것이 아니라 생각함(thinking), 의지함(willing), 판단함(judging)이라는 전형적인 철학의 근본 범주들에 몰두하게 된다. 그러나 이것이 철학으로의 복귀를 뜻하는 것은 아니다. 이것은 아렌트가 공적 영역에서 역동적으로 일어나는 "활동적 삶"의 면면을 드러낸 후, 그것을 뒷받침해 줄 전제조건으로서 정신의 활동이 필요하다는 것을 아돌프 아이히만이라는 실제 인물의 과거 행적을 통해 발견했기 때문이다.

아렌트는 현대 인간이 처한 인간성 상실과 인간 소외의 문제가 현대성의 병폐라고 보았고, 그러한 인식에 따라 현대 인간 삶의 기형적인 모습을 신랄하게 비판했다. 그리고 그것을 극복하기 위한 대안을 정치행위에서 찾기 위해 실존철학의 개념에 주목했다. 그는 자신의 독특한 정치철학을 형성하는 데 있어서 하이데거와 야스퍼스로부터 많은 영향을 받았다. 아렌트는 그들로부터 받은 탄생성(natality), 세계스러움(worldliness), 의사소통(communication) 등과 같은 실존주의적 개념들을 자신의 정치철학의 단초로 삼았다. 그 이유는 기존의 이성 중심적 세계관이 인간의 활동적 삶의 영역인 현상세계 혹은 이 생(life)에서의 삶을 하찮게 여김으로써, 결과적으로 인간의 삶이 파괴되고, 그에 따라 인간의 존엄성이 무너져 내렸다고 보았기 때문이다.

이성 중심적 사고의 무자비한 폭력을 감내해야 했던 아렌트는 그것이 전통정치철학이 정치와 정신의 관계를 잘못 이해한 것으로부터 온 결과임을 알아차렸다. 즉 그것은 전통정치철학이 정신의 기능으로부터 활동성을 탈취한 데서 생긴 결과이다. 그래서 아렌트는 '정신'에 활동이라는 단어를 첨가해서 '활동성'을 부여한다. 이렇게 해서 아렌트는 생각함(thinking)과 살아있음(living)이 하나가 된다는 하이데거의 개념에서 아이디어를 얻게 되고, 이성을 열정과 대립시키며, 정신을 삶과 대립시키는 오래된 관념을 깨면서 생각함(thinking)을 나 자신과 세계 양자의 실재성을 위한 준비로 생각하는 야스퍼스의 의사소통양식 개념을 배우게 된다.[1]

그리하여 아렌트는 현상의 세계에서 발생하는 실존적 삶의 지평을 정치적 지평에서 고찰하게 된다. 이것이 아렌트가 정치행위를 통해 "현상학적 인간학"을 확립한 배경이다. 이 현상학적 인간학에서 중요한 것은 인간의 구체적인 행위가 된다. 그 구체적인 행위가 삶의 실존적 의미맥락으로 연결된다는 것은 그 행위에 어떤 탁월한 요소, 영웅적 요소가 있어야 한다는 말이다. 그래서 아렌트는 '위대성'(greatness)을 정치 활동의 기준이자 원리로 삼게 되며, 그로 인해 최종적으로 도달하는 '불멸성'(immortality)이란 개념이 그의 전 사상을 관통하게 된다.

정치행위를 추동하는 위대성이란 개념에 주목하면, 진정한 인간의 존립양식, 따라서 진정한 삶의 양식이란 것의 상이 포착된다. 이것은 정치에 이론적으로 접근할 때 파생되는 문제점, 즉 정치를 진리의 영역이나 전문가의 영역으로 보는 것으로부터 오는 공적 영역의 파괴 내지는 공적 영역으로부터 시민의 추방이라는

---

1) P. Bowen-Moore(1989), *Hannah Arendt's Philosophy of Natality*, Macmillan, pp.6-8.

맹점을 피하고, 정치행위를 실제적인 인간 삶의 여러 가지 부정적 현상을 해결할 수 있는 대안으로 제시할 수 있게 된다. 아렌트의 구도에서 정치는 소수의 정치가나 지식 전문가의 영역이 아니다. 그에게 정치는 '정치적 동물'(political animal)이라는 실존구조를 가진 인간이 자기 실존을 실현하는 양식 혹은 진정한 삶의 양식이라 할 수 있다. 이것은 정치가 정치체제나 정치구조의 문제가 아니라 인간 실존의 가치의 문제라는 것을 말하는 것이다.

인간 실존의 가치는 진리를 통해서는 찾아질 수 없다. 그것은 사람들 가운데서 자신을 드러냄으로써 가능한 것이다. 이 드러냄이 탁월할 때 그는 수많은 사람들의 찬사를 받으며 그 이름이 수세기에 걸쳐서 빛을 발하게 된다. 이러한 불멸성은 어찌 보면 정치의 최종 목표라고도 할 수도 있는 것으로, 이것을 획득한 사람은 자기 삶의 실존적 의미를 실현한 사람이라 할 수 있다.

그러나 불멸성의 가치는 그것이 개인적인 차원으로 끝나지 않는다는 것에 있다. 그것은 개인의 탁월성을 기반으로 하고 있는 것이긴 하지만, 항상 그 탁월성은 다른 사람, 즉 공동체와 관련되어 발휘되는 것이다. 말하자면 불멸성은 한 개인이 그가 속해있는 공동체에서 다른 사람들과 협력하여 공동사안을 다루는 과정에서 탁월성을 발휘함으로써 획득하는 것이다. 그것은 다른 사람들과 쟁론을 벌이는 과정에서 얻어진다. 그런 점에서 불멸성은 개인성과 세계성이라는 두 차원을 어우르는 초점이 된다. 아렌트는 이처럼 개인성과 세계성을 모두 갖춘, 그러면서도 관조적 삶과 활동적 삶이 통합된 정치행위가 인간소외를 극복하는 '진정한' 인간 실존양식 내지는 진정한 삶의 양식이라고 주장한다. 이것은 인간이 어떻게 행위하고 살아갈 것인가의 문제와 관련된다.

나. 현상학적 인간학: 인간의 조건과 인간의 활동들

아렌트 사상은 20세기 정치사상 중에서 매우 독창적일 뿐만 아니라 대의민주제의 단점을 보완할 수 있다는 점에서 현대 민주주의 사회에서 주목을 받고 있다. 그의 정치사상은 자유 민주주의가 안고 있는 문제점에 대한 확고한 인식에 기반을 두어, 인간 삶의 의미를 담지할 수 있는 '새로운 민주정치제도'를 모색하고 있는바, 이는 주변인(pariah)이라는 자신의 삶의 조건에서 연원한 것이라고 볼 수 있다. 그는 인간이 진정으로 인간다운 삶을 살기 위해서는 자연인으로 존재할 때가 아니라 시민으로서 적극적인 삶을 살 때 가능하다는 점을 인식했다. 즉 개별적인 인간 실존의 의미는 우리가 다른 사람과 상호 작용하고, 다른 사람들이 우리 각자와 상호 작용하는 사회적 관계 속에서 추구될 수 있다는 것이다.

철학은 역사에서 법칙성을 찾으려는 노력을 끊임없이 해왔다. 그 이유는 그러한 작업이 앞으로의 일을 예측할 수 없다는 사실로부터 오는 미래에 대한 불안을 줄일 수 있다고 보았기 때문이고, 인간 정신의 합리성을 믿고 싶기 때문이었다. 이것은 인간의 본성에 대해서도 마찬가지였다. 그래서 만약 인간에게 고정불변의 본성 같은 것이 있다면, 인간에게 가장 바람직한 삶의 모습을 그려내는 것은 그다지 어려운 일이 아닐 것이다. 그러나 아렌트는 인간에게 그 어떤 본질 혹은 본성이 있다고 생각하지 않는다. 본성이라는 개념의 성격상 그것은 꼭 '그 무엇의 그 어떤 성질'이라는 식으로 말해질 수 있어야 한다. 그러나 수많은 인간을 '누구'(who)로 놓고 그 누가 가진 바로 이런 성질이라고 말해질 수 있는 그런 보편적인 것은 있을 수 없다. 그것은 "신만이 알고 정의할 수 있는 일이다."[2] 게다가 인간의 본질이나 본성을 규정해 놓고 끊임없이 그것에 구속되어 살아온 지난 인간의 역사를 되돌아볼 때, 그런 작업들이 인간의 삶을 바람직하게 구성해준 것도 아니다. 문제는 인간의 본성이 무엇이고 인간이 그것에 따르는 것이 좋으냐 아니냐가 중요한 것이 아니라, 인간이 '지금 이 순간', '어떤 조건' 속에서 '어떻게' 살아가느냐 하는 것이다.

이런 맥락에서 인간 본성이나 본질이 아니라 인간 삶의 일반적 조건을 탐구함으로써 삶에서 이루어지는 제반 활동들을 "현상학적으로" 명료화하고 그것들 간의 비중을 규정하려는 아렌트의 시도는 중요한 의미를 갖는다. 아렌트의 저작, 『인간의 조건』은 활동적 삶에 속하는 인간의 전형적인 조건들을 탐구한다는 점에서 현상학적 특성을 갖는다.[3] 단트레베의 용어를 차용하면, 아렌트 사상은

---

2) H. Arendt(1958), *The human Condition*, Chicago University press. p.10(이하 HC로 약칭)

3) M. P. d'Entreves(1994), *The political philosophy of Hannah Arendt*, pp.34-35; D. R. Villa(1999), "Thinking and Judging", *The Judge and The Spectator: Hannah Arendt's Political Philosophy*, ed by Joke J. Hermsen & Dana R. Villa, Peeters, 1999, p.9.

"현상학적 인간학"이다. 아렌트는 생활과정에서 이루어지는 인간 활동들을 노동, 작업, 행위로 구분한다. 이 활동유형들은 각기 인간 존재에 없어서는 안 될 삶의 조건들에 상응한다.

『인간의 조건』에서 인간의 조건을 구성하는 인간의 활동은 노동, 작업, 행위로 구분된다. 우선 **노동**(labor)은 생물학적 생존에 조응하는 필연성(necessity)을 가진다. 그것은 반복적이고 순환적인 주기과정으로 이루어지기 때문에 "시작도 끝도 없다."(HC, 92) 또 그것은 생물학적 욕구 충족을 목적으로 하기 때문에 그 결과물은 삶의 적극적 의미를 만드는 데 큰 역할을 하지 못한다. 그것은 생산됨과 동시에 소멸하기 때문에 인간 삶의 과정에 항구적으로 남아 영향을 끼칠 주변세계를 구성하지 않는다. 따라서 노동은 그 자체로서는 인간 삶에 유의미한 지표를 제공하지 않는다. 한마디로 노동의 특징은 '몰세계성'(worldlilessness)이다.

둘째, **작업**(work)은 인간에게 "인공적인 사물세계"(artificial world of things)를 구축함으로써 인간과 자연 사이에 경계선을 만들어 자연으로부터 인간을 보호해주고 인간에게 은신처를 제공한다. 그것은 안정성과 영구성을 가진 세계성(worldliness)을 확보해준다. 그것은 유용성에 의해 추진되며, "명확한 시작과 예상할 수 있는 분명한 끝을 가진다."(HC 143) 작업 생산물은 자연과 인간의 교섭에 의해 생겨나므로, 작업은 인간과 자연을 중재함으로써 공동의 세계를 형성하고, 인간과 인간 사이의 교섭이 가능하게 하는 토대를 제공한다.

셋째, **행위**(action)는 유일하게 아무런 매개물 없이 다수의 인간 사이에서 이루어지는 활동으로서 인간 존재자들의 복수성(複數性 plurality)을 전제한다.(HC 7) 행위가 복수성을 전제한다는 것은 이 지구 위에 하나의 보편인(Man)이 아니라 여러 다른 인간들(men)이 함께 거주한다는 사실에 조응한다.(HC 7) 행위는 타자와의 연결됨을 가능하게 해주며, 이 연결됨이 중첩되면서 '관계망'(the web of relationship)을 형성한다. 이 관계망 안에서 인간들은 말나눔(speech)과 행위능력을 공동으로 향유하고 수행한다. 따라서 관계망은 그 '안'에서 자기가 누구인지를 드러낼 수 있는 사람들 '사이'를 매개하는 중개자(in-between)이다. 관계망은 겉으로 보이지는 않아도 그 작용을 통해 실재한다. 이 망 속에서 사람들은 자기 현시의 충동, 참여의 충동을 분출하면서 자신의 인격을 드러냄으로써 한 인물로 출현한다. 이런 출현은 보통 주도함(主導 initiative)을 통해 이루어진다.(HC 176) 따라서 행위도 작업과 마찬가지로 분명한 시작점을 갖는다. 그러나 작업의 시작은 순전히 작업자의 개인적 의도에 의해 인위적으로 '만들어지고' 그 끝의 모습은 명확하게 정해져 있음에 반해, 행위의 시작은 행위 관련자들의 합심에 의해 공동적으로 '이루어'지면서도. 그 끝이 어떻게 될지 정확하게 예측할 수 없다. 따라서 행위의 시작은 부모들의 합력으로 비로소 이루어지는 탄생과 비견되는데, 그 끝 역시 아이를 낳은 부모조차 아이의 끝을 모르듯이 행위의 끝도 언제 어떤 모습으로 올지 아무도 정확하게 모른다. 바로 이런 점에서 아렌트는 행위의 뿌리에 '탄생성'(natality)이라고 할 수 있는 특성이 내재되어 있다는 점을 파악했다.

"활동적 삶"(vita activa)이란 인간의 존재를 지속적으로 유지하기 위해 필요한 이런 활동들이 연속되는 삶이다. 그리고 "인간 실존의 조건들"(the conditions of human existence)이란 바로 이 활동적 삶을 살도록 만드는 것들, 즉 태어남(誕生 birth)이라는 시작과 죽음(死滅 death)이라는 종말로 확연히 구획되는 인간 실존의 생존 주기(life-cycle), 그리고 인생과정 그 자체(life itself), 세계성(세계스러움), 복수성, 그리고 무엇보다 이 땅(the earth) 등이다.(HC 11)

이 활동유형과 인간 실존의 조건들 위에서 그것들은 서로 어우러져 구체적 활동을 벌이는데, 그 영역에 따라 우리 삶의 장소는 사적 영역(private realm)과 공적 영역(public realm)으로 구분된다. 이 구분의 기준은 인간이 위의 활동들을 수행할 때 '남들'(타자들 others)이 옆에 있을 필요(타자 현전의 필요성 the need of the presence of others)가 있느냐 없느냐가 된다. 이런 구분에 따라 인간의 활동 유형들은 실제로 다음과 같이 전개된다. 즉, 모든 인간 활동들은 인간들이 함께 살아간다는 사실(the fact that men live together)에 의해 조건지어지는데, 행위만이 인간사 영역 안에서 일어난다.

"완전한 고독 속에서 노동하는 한 존재가 있다면 그런 존재자는 인간이 아니라 그야말로 글자 그대로 노동동물(animal laborans)일 것이다. 그럼에도 불구하고 노동의 활동은 타자의 현전을 필요로 하지 않는다. 작업하고 제작하고 오직 자기만 사는 한 세계를 건설하는 인간이라면 그런 인간은 공작인(homo faber)은 아닐지라도 제작자

(fabricator) 정도는 될 것이다. 이 경우 그는 인간의 특정한 특질을 상실하고 오히려 신이라고 해야 마땅할 것이다. 이때 신이라고 하면 분명히 창조주는 아니고 플라톤이 말한 여러 신화들 중 한 가지에서 나온 신성한 제작자 데미우르고스 같은 것일 것이다. 오직 행위만이 인간의 배타적 특권이다. 야수도 신도 행위를 할 능력이 없다. 그리고 오직 행위만이 타자의 항상적인 현전(constant presence of others)에 전적으로 의존한다."(HC 22~23)

공적 영역과 사적 영역의 구분이 바로 이런 의미를 갖는다고 할 때, 이 장소 구분은 단순한 위치 규정 이상의 의미를 지닌다. 그리고 이 영역 구분이 없었더라면 아렌트가 제시한 인간적 활동들의 유형 구분은 단순한 피상적 관찰 이상의 의미를 가질 수 없다. 그렇다면 이 영역 구분은 어떤 의미를 갖고 있는 것일까?

"사적인 것과 공적인 것의 구분이 필연성과 자유, 사소함과 영구성, 그리고 수치와 명예의 대립과 일치함에도 불구하고 필연적인 것, 사소한 것, 그리고 수치스러운 것들의 유일하게 진정한 장소가 사적 영역에 있다는 식의 얘기는 결코 맞는 말이 아니다. 그 두 영역의 구분이 갖는 가장 기본적인 의미는, 어떤 것들이든 여하튼 실존하여야 한다면 숨겨질 필요(need to be hidden)가 있는 것들이 있는가 하면 공적으로 드러낼 필요(need to be displayed publicly)가 있는 것도 있다는 것이다. 어떤 문명에서 그런 구분을 어디에 설정하고 있는지와는 무관하게 우리는 각각의 인간 활동이 세계 안에서 그것이 이루어질 진정한 자리매김(its proper location in the world)을 지적하고 있다는 사실을 볼 수 있을 것이다. 이것은 노동, 작업, 그리고 행위라는 활동적 삶의 주된 활동들에게 해당되는 말이다."(HC 73)

사람들의 견해와는 별도로, 이런 구분에서 노동과 작업은 일차적으로 타인의 현전을 반드시 필요로 하지 않게 된다. 그에 반해서, 행위만은 타인의 현전을 필요로 할 뿐만 아니라 또 타인이 반드시 현전해야 마땅한 활동이라는 전제가 요구된다. 인간의 존재에 필요한 활동들에 바로 이런 의미와 가치를 설정할 때, 활동적 삶의 각 활동 유형들 상호간의 적절한 관계와 비중을 규정할 수 있게 된다. 그 규정 기준은 자기만의 사적 소유를 갖느냐 갖지 못하느냐가 된다. 사적 소유가 왜 활동들 간의 위계를 결정짓는 데 필요한지는 다음에서 드러날 것이다.

사적 영역과 공적 영역은 상호 배척 관계에 있는 것이 아니라 상호 보완 관계에 있다고 할 것이다. 우선 사적 영역의 핵심은 "특정 정치 단위가 조성한 세계 안에서 그 구성원이 자신의 자리(location)를 잡고, 또 그렇게 함으로써 그 정치체에 소속되는 것, 즉 공적 영역을 구성하는 가족들 중 한 가족의 우두머리가 되는 것을 보증해주는 일", 즉 "소유"(property)가 확립되는 것이다.(HC 61) 따라서 "소유를 가진다는 것"(to own property)은 생산 활동으로부터 자유롭게 됨으로써 거기서 확보되는 여유를 모든 사람이 공유하는 세계에 투입할 수 있게 된다는 것, 그래서 자유로운 개인이 된다는 것을 의미했다. 소유가 정치적 행위의 근본적 조건으로서 유의미했다면, '정치적인 것'이 인간 개개인에게 갖는 의미를 추출해낼 수 있다.

아렌트는 그리스 폴리스(polis)와 로마의 공화국(res publica)에서 '정치적인 것'은 개인적 생활의 무익함(futility)에 대항하는 방어책, 즉 사멸적인 존재자들에게 불멸성까지는 아니더라도 무익함으로부터 보호해주고 상대적인 영원성을 보존해주는 공간이었다고 주장한다. 이와 같이 아렌트가 주장하는 '정치적인 것'의 가치는 바로 사람들의 삶의 무상성과 부질없음에 대한 대응책이라는 데 있다. 여기서 정치행위를 소수가 아닌 다수의 활동으로 자리매김하기 위한 아렌트의 의도가 드러난다.

바로 이런 가치규정을 근거로 현대의 생활 조건을 보면, 현대 사회의 인간 삶은 근본적으로 위협받는 상태에 있는 것으로 밖에 볼 수 없다. 근대 이후 새로운 가치로 세계가 재편되면서 이러한 구도가 깨지기 시작한 것이다. 아렌트는 그 증거로 관조와 생각의 전도, 활동적 삶 내에서의 위계의 전도라는 이중의 전도를 제시한다.

이러한 이중의 전도의 결과로, 노동하는 동물이 근대 이후의 세계를 점거하게 되었으며, 이에 따라 현대는 인간이 인간적으로 누려야 할 많은 것들을 상실했고, 인간은 노동하는 동물의 삶을 살 수밖에 없게 되었는데, 그것은 인간의 진정한 본질을 실현하게 해주지 못한다는 것이다. 노동하는 동물만이 존재하는 현실에서 인간은 모든 것을 하나의 척도인 "경제"와 연관지어 생각한다. 그러한 상황에서 모든 것은 경제문제로 수렴되며, 그럼으로써 삶의 다양한 부분이 제거된다는 것이다.

아렌트는 이러한 노동하는 동물(animal laborans)의 승리로 인한 경제 가치의 기형적인 부상에 따른 인간 삶의 황폐화가 현대성(modernity)과 관계가 있다고 보고, 현대성을 탄생시킨 근대에 대한 신랄한 비판을 가함으로써 자신의 정치사상을 전개한다. 왜냐하면 오늘날의 인간 삶의 위기상황은 경제적 필연성이 자유의 영역인 공적 영역을 잠식해가는 과정에서 발생했는데, 이러한 현상이 곧 현대성을 성격 규정하기 때문이다. 이 현대성은 공적 영역을 점거한 사회 영역의 석권, 즉 경제가 삶의 중요한 요소로 자리 잡은 것과 밀접하게 관련된다. 아렌트에 따르면, 공적 영역의 축소로 우리는 위엄(dignity)과 위대성(greatness)의 척도를 상실했다. 보원-무어는 권위가 나타나는 안정적인 세계가 없다면, 권위의 경험은 정치적 삶을 갖지 않거나 적실성을 갖지 못하며, 반대로, 창설행위로 이해된 권위가 없다면, 탄생성에 대한 경험과 정치적 성향이나 어떤 결합도 갖지 못한다고 본다. 그러므로 현대성의 위기는 탄생성과 세계의 분리를 함축하기 때문에 위대한 순간의 정치적 위기인 것이다.[4] 아렌트는 현대성이 자리 잡은 원인과 그 과정을 집요하게 추적하여 근대의 물신화(reification)과정을 설명한다.

---

4) Bowen-Moore(1989), p.105.

제3장 현대성과 인간의 조건

가. '세계'의 의미규정과 세계소외

인간은 자연적 조건으로만 살 수 없다. 인간이 제대로 살아가려면 인공적으로 만든 물질적 사물이나 제도, 기준 관습과 같은 비물질적 문화물과 같이 인간의 필요를 지속적으로 충족시켜 주는 인위적 환경을 조성해야 한다. 아렌트에 의하면, 이렇게 인간이 이용할 수 있는 대상물이면서 그것이 일시성으로 끝나지 않고 계속성을 가지고 있는 인간 삶의 인공적인 환경 조건이 "세계"(world)이다.

세계는 우선 인간의 안정적이고도 지속적인 거주지로서, 인간이 무방비적으로 노출된 자연환경으로부터 인간이 숨을 은신처를 확보해준다. 우리 인간은 "자연이 우리에게 제공하는 깃을 가지고 우리 자신의 세계를 건설하고 이 세계를 자연적 환경이 되게 함으로써 자연으로부터 자신을 보호하는 것이다."(HC 137)

그러나 이보다 더 주목할 만한 "세계"의 기능은 그것이 인간에게 자신을 자기로 인지하게 만드는 준거점으로 구실한다는 데서 찾아질 수 있다. 아렌트에 따르면, "세계의 사물은 단순히 사용 대상이 아니라 '인간의 삶을 안정화'시킴으로써 인간의 삶이 덧없지 않게 하는 작용을 한다. 만약 인간이 날마다 같은 의자에 앉는다면, 그는 거기서 자신의 동일성, 즉 자신의 정체성을 확보하게 된다. 달리 말하면, 인간의 주관성과 마주 대하고 있는 것은 손대지 않은 자연의 숭고한 무관심이 아니라 사람에 의해 만들어진 세계의 객관성인 것이다."(같은 쪽) 그러한 지속적이고 안정적인 세계가 없다면, 우리는 우리의 준거점을 상실할 것이며, 우리의 정체성을 확립하지 못하고, 생물학적이고 자연적으로 덧없는 순환과 반복 속에서 무의미하게 사라질 것이다.

세계는 또한 우리에게 공동의 경험을 제공함으로써 우리의 경험을 객관적이게 하고 우리의 실존성을 타인의 현존을 통해 승인 받음으로써 삶의 의미를 제공한다. 자연이 인간에게 가하는 압도적인 힘은 인간을 생물학적 운동을 반복하게 한다는 것이다. 그리고 이 순환적인 생물학적 운동은 자연의 순환운동에 딱 들어맞는다. 세계는 순환운동을 반복하는 생물학적 인간과 자연 사이에서 둘을 중재한다. 그래서 인간만이 자연을 "객관적인" 그 무엇으로 보아줄 수 있는 것이다. 따라서 세계는 인간과 자연 사이에서 객관성을 확보해주는 것이다. 결국 "세계"는 인간에게 일상생활의 안정성, 주변 인식의 객관성, 인간 실존의 정체성을 제공해주는 아주 중요한 삶의 요인인 것이다. 그런데 근대에 이르면 인간 실존의 중요한 구성 요인으로서 세계는 다른 모습으로 일그러진다.

아렌트는 근대의 시작을 세 측면에서 보고 있고 있는바, 그것은 곧 현대성의 시발점이자 원인이기도 하다. 그에 따르면 현대성의 발생 원인은 지구탐험과 그에 조응한 지구의 축소, 종교개혁에 의해 시작된 농민의 토지 몰수, 망원경의 발견으로 시작된

"아르키메데스 점"의 발견에 따른 과학기술의 발달이다.(HC 248) 현대성의 발전과정은 세계소외와 "사회"의 대두에 대해 대응하는 첫 번째 단계, 그런 다음 20세기의 초기부터 현재에 이르기까지의 지구소외와 노동하는 동물의 승리에 대응하는 두 번째 단계로 나누어 볼 수 있다.

아렌트에 따르면, 세계소외는 근대의 징표이다. 그에게 "세계소외"란 사람들이 말하고 보이는 객관적인 공동의 세계를 상실했다는 것을 의미한다. 그렇다면 이러한 세계의 상실, 즉 세계소외가 인간의 삶에 어떠한 결과를 가져왔기에 아렌트는 그것을 문제 삼는 것인가?

종교개혁으로 인한 토지 몰수 및 그에 따른 부의 축적은 세계소외와 밀접한 관련이 있다. 기존 교회의 권위적 체제에 대한 도전으로 시작된 근대의 종교개혁은 사회적으로 큰 영향을 미쳤는바, 그는 그 의미를 정치적으로 규정한다. 그에 따르면, 종교개혁으로 농민들은 예전에 인간의 정치기반이었던 토지를 몰수당하게 되면서 무세계적이게 되었다.[5] 그런데 이 사건의 결과로 서구는 발전을 가속화하게 된다. 첫째, 소유가 탈소유화, 즉 개인의 사적 전유로 대체되고, 모든 것들이 생산과정에 투입되어 세계의 안정성이 파괴된다는 사실이다. 그런데 이것은 아렌트에게 매우 역설적이다. 이러한 사유(私有) 대상들의 파괴가 부의 축적과정

---

5) 아렌트는 소유가 정치 영역으로의 진입조건이라고 본다. 재산이 확보되어야 인간은 생계에 대한 위협으로부터 해방되어 정치 활동을 할 수 있다는 것이다. 그런 점에서 근대에 농민들의 토지 몰수는 그들을 생계의 위협에 노출시킴으로써 그들은 정치로부터 멀어지게 했던 것이다. 그래서 아렌트는 토지 몰수가 농민들을 무세계적이게 만들었다고 보고 있는 것이다.

을 촉진한 것이다. 둘째, 이러한 파괴는 소비사회의 징표인 세계사물의 평가절하를 가져옴으로써 모든 사물은 안정성을 상실하고 소비상품으로 전락하게 되어 세계성을 상실하게 된 것이다. 이러한 현상들은 대중사회를 낳게 된다. 그런데 대중사회는 물질적인 가치라는 하나의 가치에 의해 지배된다는 점에서 전체주의적 경향을 띤다. 그러한 전체주의적 지배는 본질적으로 세계-개방적이고 세계-지향적인 실재이고자 하는 인간의 정체성에 대한 근본적인 공격으로,[6] 이것은 공적 영역의 파괴로 이어진다. 그는 근대 이후 산업사회의 물질적 번영은 물질적 재화의 풍부함이나 안정적인 어떤 것에 기초해서 이루어진 것이 아니라 "생산과 소비과정 자체"에 의한 것이라고 주장한다. 이처럼 농민의 몰락과 그에 따른 부의 축적이 세계소외를 가져왔다는 점 때문에, 아렌트는 종교개혁을 정치적 관점에서 해석하고 있는 것이다.

아렌트가 보기에, 근대의 탈소유화와 부의 축적은 사람들을 새로운 소유나 부의 재분배를 창출한 것이 아니라 더 많은 탈소유화의 더 큰 생산의 증가, 그리고 더 많은 전유를 가져옴으로써 계급에 상관없이 사람들을 세계소외로 내몰았다는 점에서 반정치적(anti-political) 사건이다. 부의 축적은 세계의 안정성과 지속성을 파괴하면서 계속된다. 아렌트는 이 축적의 사회적 삶에 대한 관심이 자본주의 이론가와 사회주의 이론가 사이의 접점이 된다고 본다.[7] 그들의 공통점은 사물의 세계적 특성에 대해서도

---

6) Bowin-Moore(1989), p.110.
7) K. Curtis((1999), *Our Sense of the Real: Aesthetic Experience and Arendtian Politics*, Cornell University Press, p. 82.

관심이 없으며, 사람들이 서로에게 현상할 수 있는 공적 공간에도 관심이 없다는 점이다. 그래서 근대인은 세계로부터 소외될 수밖에 없었다는 것이 아렌트의 진단이다.

그런데 이 소외는 노동자에게 비참함과 물질적 빈곤을 의미하는 '잔인성'과 가족구성원의 보호역할에 대한 '사회적 연대성'의 대체라는 두 단계로 특징지어진다. 근대에 토지를 몰수당한 농민은 노동자로 전락되어 하루하루 생계를 이어가야 하는 절박한 상황에 놓이게 되었다. 또한 근대는 가족단위가 소유와 동일시되었던 것처럼, 이제는 사회가 민족국가의 영토와 동일시되게 되었다. 즉 이전의 사적 소유의 가정을 이제는 '민족국가'가 대체하게 되었지만, 이것은 "민족 가계"(national household)에 다름 아니다. 따라서 사회적 삶의 과정이 집단적 삶의 최대 목적이 된 것이다. 이것에 대해 다나 빌라는 "전체주의적 기획은 근본적인 이식일 뿐이며, 새로운 최상의 연약한 동물 종들, 즉 인류를 생산해내기 위한 인간의 탈개인화에 지나지 않을 뿐"이라고 주장하는데, "정치적으로 유약한 민족 가정은 공적 정신의 축소와 정치행위 능력의 축소를 나타낸다."[8] 이것은 초점이 세계로부터 자연으로 이동한 것으로, 그 자연은 노동자사회의 생산성이 계속적인 성공을 확실히 하기 위해서, 소비를 위한 상품의 생산에 의존했다는 것을 나타낸다: 즉 생산물들이 규칙적으로 소비되면 될수록 그것들에 대한 요구는 더 증가할 것이다.[9] 이러한 현상이 빚

---

8) D. R. Villa(2001), Totalitarianism, Modernity, and the Tradition, *Hannah Arendt in Jerusalem*. ed. by Stenves E. Aschheim. Univ. of California Press. p.133.

어낸 전체주의와 근대 유럽의 이야기는 병리의 이야기다.[10]

근대에 부의 축적을 위해 모든 것은 생산의 대상이 되고, 이는 곧 소비의 대상이 된다. 이런 상황에서 개인들은 생물학적 요구, 즉 노동에 내몰리게 된다. 노동자들의 주요한 활동은 생계수단을 확보하는 것이다. 여기서는 전체주의와 마찬가지로, 자본주의에 의해 발달한 '생산과 소비'의 힘의 거대한 성장은 세계를 파괴시키는 힘이 된다.[11] 그런데 여기서 중요한 것은 이러한 발전이 노동의 본성을 변화시켰다는 점이다. 즉 이전의 순환적이고 반복적인 노동이 근대에 와서 기계화의 도입으로 직선적이고 빠른 리듬 있는 과정적 발전이 되었고, 그것은 혁명적 생산이라는 "진보"와 관계하게 되었던 것이다. 그러나 과정의 지속성에도 불구하고, 근대의 생산은 삶의 특성들, 즉 긴급성, 무자비한 소비성 및 무세계성을 갖는다.[12] 이로써 "세계적인" 가치들은 밀려나고 세계의 영원성은 삼켜지며, 사적 삶의 경험은 삶의 이 게걸스러운 과정에 흡수된다. 그런데 아렌트에 따르면, 원래 공적 영역은 이 삶의 과정에 토대를 두고 있지 않다. 아렌트는 바로 이 사회적 영역이 **자연스런 것의 부자연스런** 성장을 해방시켰다고 주장한다.(HC 47)

그런데 "근대 자본주의의 무세계성은 공적 영역과 사적 영역 양자의 근본적인 변형을 가져왔으며, 가정 영역의 특징과 이해관

---

9) Bowin-Moore(1989), pp.121-122.
10) Villa(2001), p.133.
11) Villa(2001), p.131.
12) Curtis(1999), p.85.

계들에 따라 만들어진 공적 영역으로서 사회를 낳았던 것이다. 가정의 내적 어두움으로부터 공적 영역의 빛으로 사회의 출현은 사적인 것과 정치적인 것 사이의 낡은 경계를 흐리게 하는 것만은 아니다. 그것은 또한 개인과 시민의 삶이라는 용어들의 의미에 대한 인식과 개인과 시민의 삶에 대한 그들의 중요성을 변형시킨 것이다."[13]

앞에서 주장한 바와 같이, 세계는 우리에게 거주지를 제공하고, 삶의 준거점을 제공한다. 이에 따라 우리는 그 속에서 우리의 정체성을 확립하고 준거점에 따라 행위하게 된다. 그런데 이러한 세계를 상실했다는 것은 우리가 "자연으로 존재한다"는 것을 의미한다. 보윈-무어의 말대로, 이것은 정치적 사고와 행위의 의미에 관한 극적 공격이라 할 수 있다.[14] 타자들과 공통의 경험을 상실하고, 일치된 행위(the action in concert)를 산출할 능력을 상실했다는 것은 타자로부터 확보되는 개인의 실존의 의미를 더 이상 찾을 수 없게 되었다는 것을 의미한다. 타자와의 경험의 공유로부터 얻게 되는 세계와 자아의 실재성의 상실은 세계소외로 귀결된다.

---

13) Bowin-Moore(1989), p.124.
14) Bowin-Moore(1999), p.107.

나. 노동동물의 승리와 목숨연명의 원칙의 확립

아렌트에 따르면, 근대는 망원경 발견으로 진리를 인식하는 수단이 관조가 아니라 도구를 통한 실험이 되면서, 관조를 실천하는 것은 철학자가 아니라 제작인(과학자)이 되었다. 그리고 제작 활동에 함축되어 있는 수단과 목적의 전도로,[15] 제작인마저도 노동인이 되어 인간 행복의 원리에 종속되는 삶의 원리가 지배적이게 된 것이다. 이렇게 하여 근대에 사회는 노동하는 동물의 승리, 노동하는 사회를 발생시키면서, 인간의 활동적 삶 내의 위계는 전도되었다. 이것은 인간 삶이 사적 영역 위주로 편제되었음을 의미한다. 정치 영역의 소멸에 따른 사적 영역의 두드러진 약진이 가져오는 결과를 고려해볼 때, 근대는 노동하는 동물의 승리의 대가로 인간 삶의 유의미성의 결핍이라는 참담한 수확물을 얻게 되었다. 그러므로 여기서는 노동하는 동물이 승리하는 원인과 과정, 그 의미는 무엇인지를 추적해볼 것이다.

아렌트가 보기에 인간 삶에 심각한 손상을 가져온 것은 활동적 삶 내에서의 전도인 제작과 노동의 전도이다. 근대에 망원경의 발명으로 지식은 관조에 의해 획득되는 것이 아니라 만듦과 제작행위를 통해 획득되는 것으로 믿어지면서, 이러한 믿음은 근대에 제작자를 관조자의 위치로 고양시켰으며, 인간 활동 중 제

---

15) 근대의 제작자인 과학자는 이론적인 지식욕구에 의해서, 즉 알기 위해서 도구를 만든 것이지, 결과물인 사물을 생산하기 위해서 만든 것이 아니다. 따라서 제작인의 관점에서 수단인 생산과정이나 발전은 완성된 생산물인 목적보다 더 중요하게 생각된다.

작 활동, 즉 만듦에 의한 진리 추구를 가능하게 한 것이다.

이것은 지식 획득을 위해 자연에 대한 인간의 간섭이 필요함을 의미한다. 그래서 관조와 관조적 삶의 개념과 실천을 제작자가 형성하게 된 것이다. 그런 점에서 근대는 제작 활동으로 시작된다고 할 수 있으며, 제작자는 지식 산출의 주체가 된다고 할 수 있다. 그런데 근대의 최고 이상이자 우상이 되었던 생산성과 창조성은 건설자(builder)이자 제작인(fabricator)이 원래 가지고 있던 기준이다.(HC 296)

그런데 근대에는 공작인(homo faber)의 수단-목적 범주의 전도가 발생하면서, "공작인이 가지고 있던 고정된 것들과 영원한 기준들 및 척도들이 제거되었다."[16] 아렌트에 따르면, 근대에는 제작 활동의 강조점이 영속적 모델, 결과인 생산물에서 수단인 "제작과정"으로, 그리고 사물의 본질, 생산되는 사물의 종류에서 "방법" 및 "생산수단"과 "과정"의 문제로 이동하게 된다는 점이다.(HC 304) 그리하여 지식은 사물의 원인(why)이나 내용(what) 및 실체와 관계하는 것이 아니라 "어떻게"(how), 즉 "발생과정" 및 "발달과정"하고 관계하게 된다. 따라서 관조는 더 이상 진리를 산출한다고 믿어지지 않으며 활동적 삶 자체에서 갖고 있던 위상도 상실했으므로 일상적 인간 경험의 영역 내에 위치하게 되었다.(HC 304)

이와 같이 관조와 제작의 전도가 완성되면서 제작인이 관조를 실천하게 되었다. 그런데 근대의 시작에 있어서 이러한 제작인의

---

16) d'Entreves(1994), p.44.

승리는 두 가지 모순적인 신조를 낳았다. 그중 하나가 "모든 것은 가능하다"는 신조이다. 그 이유는 자연과정을 모방하고 자연을 착취하는 인간의 능력에는 한계가 없으며, 그러므로 우리가 성취할 수 있는 현실을 재형성하는 것에도 한계가 없기 때문이다.17) 이러한 신조는 전체주의로 연결된다. 또 하나의 신조는 "인간은 자신이 만든 것만을 알 수 있다"는 것이다. 이것은 근대 지식을 탐구하는 과학자인 제작자가 스스로 인위적으로 설정한 실험을 통해서 지식을 산출해냈기 때문이다.

공작인은 원래 제작과정과 제작결과물을 모두 중시했는데, 근대 과학자들은 실험을 통해 지식을 얻을 때 제작의 결과물인 생산물을 버리고 과정만 중시하게 된 것이다. 그 이유는 과학자의 지식탐구의 목적 때문이다. 그래서 근대의 과정원리는 대상의 사용을 지시하는 것이 아니라 "생산과정"과 관계한다. 그런데 아렌트는 왜 이러한 현상을 주목하는가?

이러한 현상의 결과로 인간이 얻게 된 것은 첫째, 유의미성의 손실이다. 즉 근대 과학자들이 과정개념을 중시함으로써, 생산물이 가지고 있던 공작인의 이상인 유의미성이 사라지고 대신 무의미성이 제작 활동을 지배하게 되었다는 사실이다. 둘째, 지식을 획득하는 데 있어서 강조점이 이동할 때 "과정개념"이 유입되었다는 것이다. 이와 같이 관조의 쇠퇴는 과정개념을 도입하면서 성취된 것이다. 근대에는 제작자가 관조의 위상을 차지하게 되었음에도 불구하고, 과정개념의 유입으로, "근대의 세계소외와 자연

---

17) Villa(2001), p.129.

을 정복하는 전능한 장치로의 자기반성의 상승을 통하여 가장 많은 것을 상실한 것은 세계 건설과 세계의 사물 생산을 주도하던 인간능력인 제작의 능력이다."(HC 307)

아렌트는 이 강조점 이동의 결과로, 지식의 실질적 대상이 사물이나 운동에서 과정으로, 이에 따라 과학의 대상은 자연, 우주에서 역사, 즉 자연이나 생명 또는 우주가 존재하게 된 역사로 바뀌었다는 것을 지적하고 있다. 아렌트에 따르면, 근대를 주도했던 것은 선례 없는 역사의식과 역사개념이었다. 근대에 자연과학들은 역사학으로 발전하게 되었고, 자연의 역사가 이에 가세하였다.(HC 296) 이러한 역사학의 중심개념은 발전과 과정이었는데, 자연은 인간의 천재성이 실험을 통한 만듦의 과정 속에서만 자신을 드러내므로, 자연은 과정이 될 수밖에 없었다.(HC 296) 그래서 "근대의 역사의식이란 과정의식이다. 아렌트가 보기에, 이것은 행위하는 존재로서 우리의 실재를 부인하는 것이다."[18] 이제 모든 자연 사물들의 존재 의미는 과정 속에서 드러나는 기능을 통해서만 찾을 수 있게 된 것이다.

그러나 커티스가 지적하는 바와 같이, 근대에 제작의 추동 요인인 지식에 대한 정신적 갈망을 채우려는 이러한 노력은 현상의 세계에 대한 근본적 거부를 의미하며, 언어의 계시적 능력과 우리의 서로에 대한 현존의 근본적 거부를 의미한다.[19] 그러므로 앎을 위한 탐구과정에서 만들어진 생산물은 오히려 부산물에 불

---

18) P. Hansen(1993), *Arendt: Politics, History and Citizen,* Polity Press. p.16.
19) Curtis(1999), p.80.

과하게 된다. 과정개념이 존재개념을 대체하게 된 것이다.

아렌트는 창조적 작업이 획일적 노동으로 변모되는 경향, 즉 과정개념이 존재개념을 대체하는 경향을 이미 17세기 정치철학에서 포착해낸다. 아렌트가 제시하는 그 전형적인 사례는 홉스의 정치철학이다. 홉스의 정치철학은 모든 인간의 활동이 노동으로 전일화되는 현상의 서막이었던 셈이다. 『리바이어던』에서 홉스는 자신의 자연법 구상이 수학적 계산을 통해 인간의 이성으로 접근할 수 있는 질서의 필요에 따라 만들어졌기 때문에, 그것이 사람들에게 평화롭고 여유 있는 존재로서의 삶을 보증할 수 있으리라고 믿었다. 그러나 그의 정치철학은 근대에 와서 발견한 물질의 생산능력을 인간사 영역에 적용하고자 한다는 점에서, 고전적 형이상학과 대립적인 위치에 있다. 아렌트가 홉스의 정치철학을 비판하는 이유는 바로 여기에 있다. 정확히 말해서, 홉스의 철학에는 인간 활동의 환경적 조건이 되는 세계 자체가 다른 것, 특히 정치세계는 배제한 채, 수리적·물리적 구상에 따라 조성되는 것으로 상정되었기 때문에 진정한 의미에서 세계성이 결여되어 있다는 것, 바로 그 때문에 그것은 철저하게 주관적인 아집에 사로잡힌 것으로 보일 여지가 있는 것이다.

그러나 인간사의 영역을 대상으로 하는 정치철학에 이런 수리적·물리적 발상을 적용해서 인간사 영역의 풍요를 기획했던 홉스의 정치철학은 그가 만들고자 했던 의도와는 어긋나는 결과를 가져올 수밖에 없었다. 왜냐하면 근대인들이 생각했던 대로, "만들고자 하는 결과물(과학적 실험의 결과물 – 필자 첨가)이 장차 실재할 수 있다는 생각은 제작 영역에서는 전적으로 타당하지만", 인간사 영역에서는 예상할 수 없는 변수가 항상 작용하기 때문이다.(HC 300) 이와 같이 인간사의 문제를 생산 방식을 통해서 다루고, 그 결과를 수학적이고 과학적인 '계산함'의 양식을 가지고 추론한다면, 그것은 인간사에서 발생하는 예상할 수 없는 것, 즉 사건 자체를 제거하는 것이 돼버린다. 이것은 현실과 인간의 이성이 분리된 상태에서나 일어남직한 일이다. 이처럼 제작과정에 적용되는 원리가 인간사(human affairs)의 행동 원칙으로 받아들여지게 되었다는 사실은 정치 영역의 쇠퇴에 신경 쓰는 아렌트로서는 대단히 중요한 것이다.

게다가 세계를 창조하는 공작인으로서의 인간 활동은 사실상 경제 중심의 생산−소비과정 안에서 노동하는 인간 활동과 그다지 구별되지도 않는 듯해 보인다. 노동 과정에서 노동자가 중요하지 않게 되었듯이, 제작과정에서 공작인(homo faber) 또는 제작인(fabricator)이나 건설자(builder) 역시 보이지 않게 되었다. 이것은 곧 현대 과학기술 사회의 핵심 세력인 것처럼 보이는 과학자나 기술자의 활동원리가 노동의 활동원리로 변형되어 버렸다는 것을 함축한다. 아렌트의 문제의식대로, 현대는 항상 "생명 자체", 살아남는 것 자체가 최고의 준거점인 시대이다. 그것은 단지 생명을 부지시켜 주는 활동만이 가치 있는 것이고, 생명 부지를 위해서라면 자기 삶의 다른 모든 의미를 포기하거나 포기당한 과거의 노동 노예와 조금도 다를 바 없는 존재양식인 것이다.

아렌트는 탁월한 통찰력으로 이러한 공작인의 패배는 그것으로 끝나는 것이 아니라 다음 단계, 즉 노동하는 동물의 승리로 이어진다는 점을 간파해낸다. 현대의 경제활동인구, 즉 바로 이 노동하는 동물들이 주축이 되어 18세기부터 지금에 이르기까지 본격적으로 일구어낸 '사회적인 것'(the social)은 사적 영역과 공적 영역 간의 구분선을 폐지시키면서 삶의 필연성(necessity)과 결합된다. 이것은 현대 사회가 노동 사회로 체질화되었다는 것을 의미한다. 그러나 아렌트의 관점에서 보자면, 이들은 다른 사람들 앞에 나타나서 자신의 모든 가능성을 펼칠 기회를 갖지 못한다는 점에서 소중한 그 무엇, 즉 자신이 누구인지를 드러낼 정체성을 표현할 기회를 박탈당한 것이다.

이처럼 인간사 영역에서 과정원리가 지배하게 될 때, "더 넓은 세계 안에서 개인적인 행위는 방해받고 그들의 위엄, 의미 있는 장소를 제거당한다."[20] 존재개념에 대한 과정원리의 대체로, "인간은 전체적인 자연과정 속에 침몰했고, 이후에 역사과학, 역사의 대두로, 세계의 영원하고 영구적인 특징 및 이전에 그의 활동들을 지배했던 대상들 및 기준들과 모든 접촉을 상실한 것이다."[21] 커티스의 말대로, 근대의 과정적 특성은 인간 특수성의 출현을 위한 조건을 파괴하며, 집단적인 행위, 의미를 제공하는 행위를 파괴할 뿐만 아니라 광범위한 경험을 망각하게 한다는 것이 문제이다. 아렌트에게 이로 인한 '세계조건의 상실'은 근대의 깊은

---

20) Curtis(1999), p.77.
21) d'Entreves(1994), *The political philosophy of Hannah Arent*, Routledge Press. p.44.

상징이다. 이런 점에서 근대는 사람들로 하여금 독특하지 않은 방식으로 함께하도록 강요함으로써 객관적이고 주관적 의미에서 공간성의 실존적 차원을 공격하고 있다는 커티스의 주장은 옳다.

아렌트에 따르면, 근대 관조의 쇠퇴는 제작자가 관조자의 위치로 고양되었기 때문이 아니라 이 과정개념의 도입 덕분이다. 이 관조의 쇠퇴가 이후에 제작과 행위를 희생하여 노동하는 동물을 최고의 위치로 격상시켰고, 노동하는 동물의 가치가 인간사를 움직이는 기준이 된 것이다. 따라서 근대의 특징은 판단 기준과 행위의 지침이었던 영원한 척도들 및 기준들로부터 제작자(maker)나 세계 건설자(builder)는 제거되었다는 것이다.

아렌트가 보기에 근대의 세계소외는 이처럼 작업과 사물화, 사물의 생산과 세계의 건설에까지 확장된 것이다. 그런데 아렌트는 관조와 제작은 내적 친화성이 있기 때문에 양자의 전도를 심각하게 위험한 것으로 보지 않는다. 관조가 제작으로 전도된 것은 그 의미에 있어서 다음에 발생하는 노동으로의 제작의 전도를 위한 예비단계일 뿐이다. 그는 활동적 삶 내에서의 위계의 전도, 즉 제작이 노동으로 전도된 사실이 인간의 삶에 무의미성을 첨가하는 정도가 훨씬 더 강력하다고 본다. 그래서 이것은 관조와 행위, 생각함과 행위의 전도보다 더 근대를 특징짓는 성격이 된 것이다.

그렇다면 아렌트는 왜 노동으로의 제작의 전도가 위험하다고 보는가? 아렌트에 따르면, 원래 제작을 지도한 원리는 사용가치였으나, 근대 후기에 오게 되면, 제작 활동은 노동 활동으로 전화

44

하는데, 그것의 지도 원리는 생산성을 자극하고 고통을 덜어주는 것이 된다. 즉 근대에 제작 활동의 궁극적 척도는 사용이나 유용성이 아니라 '행복'이 된 것이다.[22] 이것은 벤담의 공리주의로 형식화되는바, "고통과 쾌락의 계산법에 관한 벤담의 고안은 수학적 방법을 도덕과학에 도입할 수 있다는 이점과 전적으로 자기 반성에 존재하는 원리를 발견했다는 놀라운 매력을 결합시켰다."(HC 309) 그런데 벤담의 '행복'은 고통의 제거를 의미한다. 고통은 매우 주관적인 것으로 세계와 무관하며, 고통을 겪는 사람과 자신 이외에는 어떤 것도 감각할 수 없는 것이다. 이처럼 벤담이 사적 감각인 고통 위에 행복의 원리를 확립했다는 점에서, 아렌트는 그것이 데카르트적 의식과도 같다고 주장한다. 이와 같이 근대에는 '행복의 원리'가 제작인을 지배하는 첫 번째 원리가 된 것이다.[23]

"유용성은 원래 그것에 의해서 의미 있는 듯이 둘러싸여 있는 사용대상의 세계를 전제하지만, 이 세계(공리주의)는 그 자체 내에 목적이 있는 것이 아니라 오히려 다른 대상들과 다른 목적들

---

22) 아렌트에 따르면, 근대에 제작 활동은 소비상품을 생산하는 노동 활동이 된다. 여기서 제작을 인도하는 것은 생산성과 고통의 제거라는 "행복의 원리"이다.

23) d'Entreves(1994), p.44. 근대에 공작인의 세계관의 특징인 유용성의 원리는 생산성을 자극하고 고통을 제거하는 것, 즉 행복의 원리로 대체된다. 궁극적 척도가 사용이나 유용한 것에서 행복이 된 것이다. 행복은 고통의 제거를 의미하며, 고통은 주관적인 것으로 세계와 무관하다. 그러나 근대의 고통과 쾌락, 공포와 희망이 성취하려 했던 것은 행복이 아니라 개인의 삶의 증진이었으며, 더 나아가 인류의 생존 보장이었다. 근대는 항상 삶 자체가 최후의 근거점이었다는 것이다. 그러므로 세계가 아닌 삶이 최대의 선이 되었고, 세계를 구축하는 활동과 공동의 행위들이 하나의 단조로운 노동 활동으로 환원된 것이다.

의 수단이 되는 각 대상의 '도구를-만드는' 경향으로 해체되기 시작한 것이다." 이 중대한 때에, "'외재적 목적'(in order to)이 '내재적 목적'(for the sake of)의 내용이 된 곳에서, 유용성은 무의미성을 발생시키는 의미로 확립된다."[24] 근대는 공작인의 세계관의 정수인 유용성의 원리가 불충분하다고 판명되어 재빨리 '최대다수의 최대 행복'의 원리로 대체되었다는 사실만큼, 공작인은 자기 권리를 주장하는 데 실패한 것이다.(HC 307)[25]

따라서 아렌트는 제작인을 지배하는 두 번째 원리를, 고통-쾌락의 계산법보다 더 강력한 원리를 형성하는 또 다른 준거점인 '삶의 원리'로 본다. 근대의 고통과 쾌락, 공포와 희망이 성취하려 했던 것은 행복이 아니라 개인의 삶의 증진이었으며, 더 나아가 인류의 생존 보장이었다.(HC 311) 한마디로, 근대는 항상 "삶 자체"가 최고의 근거점이었다는 것이다.

이처럼 인간의 삶이 이렇게 빈약하기 짝이 없는 행복관 또는 생명관에 의해 지탱되고 있다고 하면, 본래는 세계라는 생활환경을 풍부하게 창출할 업무가 맡겨져 있던 '작업' 활동 자체가 '노동'의 양상을 띠면서 그 자체 세계 창출보다는 목숨의 연명에 봉사하는 그런 상태로 전락한다. 다시 말해서 현대 과학기술사회에서 인간은 공작인(homo faber)이 아니라 노동동물(animal laborans)로 전

---

24) K. Frampton, "The Status of Man and the Status of His Objects: a Reading of *The Human Condition*", in *Hannah Arendt: the Recovery of the Public World*, edited by Melvyn A. Hill, 1979, p.120.

25) 근대에는 과정원리가 수용되면서 공작인의 유용성의 원리가 행복의 원리로 대체되고, 그에 따라 만듦의 활동의 결과물이 가지고 있던 유의미성이 사라지고 무의미성이 지배하게 된다. 이리 하여 공작인은 제작인이 되고 만다.

일화된다.

제작인을 지배했던 세 번째 원리는, 인과율이다. 인과율에 대한 흄의 비판은 근대 철학의 기원으로서, 그것은 제작의 경험들에 근거한 것으로, 결과보다 원인을 더 중시한다고 볼 수 있다. 인과율에 따를 때, 제작자는 생산물보다 우월하다. 그러나 근대엔 이것의 전환이 발생함으로써, "유기체 생명의 발전 이미지가 시계제작자의 이미지를 대체하게 된 것이다."(HC 312) 이것은 갈릴레오의 발견의 결과물인 "자기반성의 방법 및 실험, 제작의 방법 사이의 갈등이 잠복해 있었고, 전자가 승리하게 되어 있었다."(HC 312) 아렌트는 그 이유를 자기반성은 자기의식 이외에 생물학적 과정을 산출해내기 때문이라고 본다. 아렌트에 따르면, 자기 관찰을 통해 접근할 수 있는 생물학적 과정은 인간과 자연의 신진대사과정이므로 자기반성은 신체 내에서 자신을 외부와 연결해줄 물질을 발견한다는 것이다. 유기체의 생존은 외부물질의 소비에 의존한다. 그래서 자연주의는 데카르트의 난점을 해결하고 철학과 과학 간의 차이를 메울 수 있는 길을 "생명"에서 찾게 되었다는 것이 아렌트의 주장이다.

이렇듯이 제작인의 패배는 노동하는 동물의 승리로 이어진다. 그 승리는 18세기 사회적인 것의 대두로 시작된 사적 영역과 공적 영역 간의 구분의 철폐를 진척시키고, 급기야 삶의 필연성과 결합되었다. 즉 근대엔 "삶"이 모든 인간 조건과 능력의 다른 요소를 지배하게 된 것이다. 이것은 곧 근대 사회가 노동자 사회로 재편되었다는 것을 의미한다. 노동자들의 실존적 특성은 그들이

개인적 기술을 추상적 노동력으로 환원시키는 데 고유한 익명성을 갖는다는 것이다.[26]

결과적으로 나타나는 현대 사회의 모습은 인간 활동의 모든 영역에서 각 영역의 고유한 의미가 상실되면서 모든 활동이 오직 경제적 가치 척도에 의해서만 평가되는 것이다. 이제 인간은 정치가 아니라 행복을 자신의 존재이유(raison de'tre)로 삼게 되었고, 이로써 인간은 인간의 가능성의 실현조건인 가장 소중한 것을 상실하게 된 것이다. 이와 같이 근대에는 삶의 과정 자체가 최고선이 된다.(HC 318) 아렌트의 표현을 빌자면, 인간의 다양한 활동상 가운데 오직 "노동동물"로서의 면모만 살아남고, 삶과 행위의 원칙 가운데 최상의 원칙은 "목숨 그 자체만 연명하는 것"이 된다. 우리말로 적나라하게 표현하면 '목숨연명의 원칙'[27]이 확립된 것이다. 그런데 삶과 결합된 고통과 노고는 아렌트가 염려한 고통과 대조적인 것으로, …… 깊고 정신적인 근거(내적 경험) 때문에 근대정신은 애매성의 조건 아에 인간사 경험에 대한 망각이 모욕을 포함시키지 않는다.[28] 이처럼 근대 과학의 영향 및 제작과정에서의 "의미"의 상실이 자연과정에 인간을 집중시키는 한, 노동하는 동물의 세계관을 출현시키는 데 기여한다. 그 결과 근대는 노동을 인간의 최상의 능력으로 고양시키고 생물학적 종의 보존을 최상의 가치로 부각시키게 된 것이다. 이와 같이 근대인에게 '삶의 원리'는

---

26) Hansen(1993), p.46.
27) 아렌트가 "the principle of life itself"(HC 31)라고 한 것을 '목숨연명의 원칙'으로 번역한 것은 홍윤기 교수의 제안에 의한 것이다.
28) Curtis(1999), p.80.

최고의 이상이었다. 따라서 세계의 불멸성에 대한 열망으로부터 가장 큰 영감을 얻었던 정치적 활동은 이제 필연성에 예속된 저급한 수준의 활동으로 추락한 것이다.(HC 314)

다. 성장하는 '부(富)의 전체주의'

『인간의 조건』에서 아렌트는 공적 영역과 사적 영역을 구분하고, 근대 이후 공/사영역의 경계가 흐려지면서 나타난 상황에 대한 반성을 통해서 그 위험성을 지적한다. 그의 구분에 따르면, "사적 영역"은 생물학적 삶, 즉 생명유지 및 종의 보존과 연관된 곳이고, "공적 영역"은 자유를 실현하는 곳이다. 필연성과 자유의 영역이라는 대립된 양자의 성격은 인간 삶의 두 차원을 나타내는 것으로, 양자의 조화는 인간으로 하여금 인간됨을 실현하게 해준다. 그런데 이것은 양자의 독립성과 자율성을 전제로 한다. 그러므로 어느 한쪽이 다른 쪽을 침범하여 지배하게 될 때, 즉 양자의 긴장이 사라져 불균형이 생기고, 자율성을 빼앗겨 기형적이게 될 때, 인간의 삶 역시 기형적으로 변형됨으로써 위험에 처하게 될 것은 자명하다.

그런데 근대에 "사회"가 공공성(publicness)을 획득한 이후, 모든 것은 국가의 주도 아래 이루어지고, 사적 활동이 공개되면서, 공/사 영역의 경계가 불분명해짐에 따라 공적영역은 쇠퇴하였다. 이와 같이 아렌트는 근대에 공/사 영역의 경계가 흐려진 현상의 원인을 "사회 영역"의 등장으로 보고 있다. 그런데 "사회 영역"
의 원래의 본성은 공/사 영역을 잠식하게 되어 있었다. 원래 사
적 영역과 공적 영역이 존재한다는 것은 은밀하게 숨겨져야 할
것과 공적으로 드러나야 할 것이 따로 존재해야 한다는 것을 의
미한다. 그런데 근대에 이르러 "사회"의 발생으로 공/사 영역이
축소되고, 양자가 "사회 영역"에서 혼존하게 되면서, 양자는 각각
의 독자적 의미를 상실했으며, 사적 영역으로부터 공적 영역을
명료하게 해주는 튼튼한 형식의 중재능력도 상실하게 되었다.

이렇게 되면 사적인 개인의 문제가 집단적 관심사항이 되며, 공
적인 것들이 아닌 사적인 것들이 공공성의 광채를 얻게 된다. 즉
사회적 삶의 과정이 집단적 삶의 최상의 목적이 된 것이다. 커티
스의 말대로, 이런 상황에서 사람들은 공적 영역, 즉 세계로부터
소외되며, 그 세계상실의 결과는 풍요의 꿈이 집단적 삶, "자연스
러운 것의 부자연스러운 성장",29) 우리의 최상의 실천적 목적을
안내하는 힘이 된다는 점이다.30) 아렌트는 사회적 삶에 있어서
"부자연스러운 것이 해방되었다"는 것에 대해서 탄식한다. 자연스
러운 것의 부자연스러운 성장과 부자연스러운 것의 해방 상태에
서, 사적 영역에 남게되는 것은 친밀성(intimacy)으로 제한된다.

아렌트에 따르면, 그리스에는 없었던, 근대에 와서 발견한 친밀
성은 "모든 외부의 실재적 세계로부터 도피하여 개인의 내적인

---

29) 아렌트는 근대에 생계활동과 연관된 자연스런 활동이 공적 관심사가 되면
    서 공적 영역으로 상승하게 된 것을 "자연스런 것의 부자연스런 성장"이라
    고 표현한다.
30) Curtis(1999), p.84.

주관성 안으로 잠입하는 것이 특징이다."(HC 69) 근대 친밀성과 개인주의의 대두는 '사생활'(privacy)이라는 용어에서 '박탈감(privation)'을 제거한 측면이 있는 것은 사실이다.[31] 그럼에도 불구하고, 아렌트는 그것이 공적 영역으로부터 추방되었다는 점에서, 그것은 "메가론"(megaron)이라는 가정 영역에 한정되기 때문에, 그 용어에 여전히 "제거된다"는 측면이 있음을 인식하고 있다.

그런데 루소와 낭만주의자들이 친밀성 개념을 가지고 국가가 아닌 "사회"에 반항한 이유는 "사회의 평준화를 강요하는 경향", "순응주의 경향" 때문이었다.(HC 39) 이는 구성원의 행동을 평준화시키므로 세계와 인간이 실재한다는 확신을 상실하게 한다는 점에서 공적 영역의 파괴로 이어진다. 이러한 공동세계의 파괴는 세계와 고립된 상황에서, 즉 타자와의 의사소통이 단절된 상황에서, 타자와의 일치된 행위가 불가능한 사회에서 일어나며, 또한 개인 간의 사적 이해관계만이 지배하고 객관적인 관계가 박탈된 대중사회에서도 일어난다.(HC 58) 여기서 모든 사람들은 복수성에 기반을 둔 자신들의 독특성을 드러내지 못하고 모두 하나인 듯이 행동하며, 완전히 사적으로 된다.

"사회"에서는 개인들이 인간 종, 즉 인류의 공통의 구성원이 될 때, 삶과 생존이라는 생물학적 요구에 의해서만 인간이 통일

---

31) 사적 영역은 공적 영역에서 활동할 수 있는 기회를 제거당한다는 의미를 함축하고 있다. 그러나 사적 영역의 기능이 사생활의 보장에 있게 되면 이는 공적 무대에 출현하지 못하게 된다는 의미를 갖지 않게 된다는 점에서 이런 말을 한 것이다.

되는 함께 살아감의 새로운 양식을 형성한다. 그러한 "사회"에서 사람들은 삶의 문제에만 관심을 갖게 되고 사회가 부과한 규칙에 순응하게 된다. 그런데 아렌트가 사회를 염려스러운 눈으로 보는 이유는 "사회"가 행위의 발전가능성을 제거하고, 그 대신 사회구성원에게서 소정의 행동을 기대하고 다양한 규칙을 만들어서 부과함으로써 구성원의 행동을 표준화시키므로(HC 40) 구성원의 행동을 예견할 수 있으며, 자발성이나 탁월성을 표출할 수 있는 출구를 막아버리기 때문이다. 단트레베는 이 함께 살아감의 형식은 전제적인 규칙의 형식화를 필요로 하는바, 그 규칙은 전체주의적 형식화로 변형된다고 주장한다.[32]

"사회"는 다양한 것들을 병합하여 하나로 대체한다. "사회"에서 중요한 기준은 경제이며, 모든 것은 경제적 활동이나 경제적 가치로 환원된다. 삶과 그것의 요구에 대한 이 압도적인 관심의 독특함은 그것이 한편으로 가장 완전하게 사적이고 개인적인 관심이며, 동시에 모든 인류가 같은 종의 구성원으로서 공통으로 갖는 그 무엇이다.[33] 그런데 경제적 고려들에 의해 동기화된 인간의 활동은 공적 영역의 조직에 대한 결정적인 정치적 고려들과 민주적이고 참여적인 정치제도들의 창출 위에 기술적이고 행정적인 것을 강제로 놓는다.[34] 이것은 관료주의를 지칭하는 것으

---

32) d'Entreves(1994), p.47.
33) M. Canovan(1992), *Hannah Arendt: A Reinterpretation of Her Political Thought*, Cambridge University Press, p.118.
34) B. Parekh(1979), "Hannah Arendt's Concepts of Labor and Work", *Hannah Arendt: the Recovery of the Public World*, ed. by Melvyn A.Hill, ST. Martin Press. p.78.

로, 관료주의는 획일적인 규칙을 부과하는 "사회"의 산물임을 알수 있다.

아렌트에 따르면, 순응주의에 기반을 두고 있는 경제학, 통계학에서는 일반적인 성향을 벗어나는 독특함이나 희귀한 사건은 법칙에서 벗어나므로 "일탈"로 취급된다.(HC 42) 이러한 법칙에 있어서는 그것을 벗어나는 인간의 뛰어난 개별적 행위는 무의미한 것이 되는 것이다. 아렌트는 이것을 그가 제시하고 있는 개인의 흔치 않은 업적이나 드문 사건의 기반이 되고 있는 정치행위의 가능성을 말살하고 고의적으로 없애려는 기도라고 본다.(HC 45) 따라서 우리는 강제성과 자동성을 내재한 이러한 경향들은 아렌트가 의미하는 행위와 대립적인 성격을 가짐을 알 수 있다.

그런데 집단화된 삶에 있어서 "사회적인 것"의 승리에 의해 발생한, 그리고 통계에 의해 예측 가능한 행동의 획일성은 급기야 "대중사회"(mass society)를 산출하게 된다. 대중사회는 공/사적 영역 모두를 파괴하며, 세계 내에서 그들이 차지하고 있는 자리를 그에게서 박탈할 뿐만 아니라 그들의 사적 가정을 빼앗아 간다. 대중사회의 출현으로 사회 영역은 동등한 힘으로 공동체의 구성원들을 모두 구속하고 통제하기에 이르렀다.(HC 41) 그것이 가능한 이유는 거기서는 공/사 영역 사이의 어떤 경계물들도 허용되지 않고 개인들 사이의 차이성도 희석되며, 이에 따라 공동세계도 존재할 수 없기 때문이다. 이 모든 현상은 인간의 모든 활동을 경제활동이라는 하나의 활동으로 환원시켜 버렸다. 즉 근대 "사회"는 경제적 가치 하나만을 최상의 가치로 설정하고 사회구성원 모두가 경제활동에 전력투구하게 되었는바, 거기서 통용되는 유일하고 유효한 가치는 부의 끝없는 축적과정뿐이다.

이처럼 "사회"에서는 부의 무자비한 축적과정만이 가능하게 되었다. 그리하여 공적 영역과 사적 영역 모두가 부의 창출에 총체적으로 매진함으로써 경제체제에 대한 관념이나 정치이념의 차이와는 상관없이 현대 세계는 '부(富)의 전체주의'(totalitarianism of wealth)[35]에 매몰된다. 이런 상황에서는 모든 인간의 함께함(being together)의 양식은 생존전략으로 수렴되고, 생존과 연관된 활동이 공적 의미를 획득하며, 행위능력은 소멸된다. 이런 상황에서는 객관성의 상실, 안정성과 영원성의 소멸, 자유와 복수성의 소멸만이 있을 뿐이라는 것이 아렌트의 염려이다.

라. 세계소외의 결과로서 삶의 의미 상실과 탈가치화의 상황

이 책의 문제의식이기도 한 세계소외로 인한 인간소외가 몰고온 인간 삶의 파괴가 구체적으로 어떤 형태로 일어나는가 하는 것은 현대를 살아가는 우리가 눈여겨볼 대목이다. 세계소외로 인한 인간 삶의 파괴는 다음과 같이 두 차원으로 나타난다.

첫째로 인간은 세계소외로 인해 자기 삶의 실존적 의미를 상실하게 되었다는 것이다. 현대 사회에서 인간은 타자와 진지하게 인간적으로 관계하는 방식을 상실함으로써 타자를 통해 자기 실존의 의미

---

35) 홍윤기 교수의 발상이다.

를 보증 받을 가능성이 떨어진다. 아울러 인간에게는 정체성의 상실, 실재감의 상실, 그리고 인간됨의 느낌을 상실하는 경험이 닥친다. 생활 그 자체보다는 노동이 우선이기 때문에 인간의 삶 그 자체가 의미를 상실한다.[36] 삶의 의미 상실은 본래 삶의 의미를 실현하는 활동으로 상정되어 있던 정치 활동의 위기와 동전의 앞뒷면을 이룬다. 따라서 '비(非)정치화'의 문제는 단순한 정치의 위기가 아니라 현대 사회에서의 세계소외 상황 안에서 인간의 진정한 존재방식을 모색할 영역이 실종되었다는 보다 심각한 문제와 연관된다.

둘째, 객관적인 세계의 상실은 인간을 자기 자신만의 내밀한 사적 영역으로 퇴행시켰다. 그런데 이렇게 되면 행위에서 객관적 기준은 더 이상 기대하지 못하게 된다. 왜냐하면 인간이 세계를 상실하면서 타자로부터 소외되며, 그에 따라 세계의 실재성을 확신할 수 없을 뿐더러, 궁극적으로는 자기 경험까지도 믿을 수 없게 되기 때문이다. 따라서 노동하는 동물로 살 경우 가장 먼저 치명적인 문제점은 사람들이 사적 생활 안으로 폐쇄당한다는 것이다.

근대의 이런 상황은, 한편으로 그것이 객관적인 관계를 박탈한다는 측면에서 "비극"이고, 다른 한편으로 그것은 노동이라는 사적 활동으로 집단적 삶의 토대를 만든다는 점에서 "아이러니"이다.[37] 또한 노동하는 동물의 공통의 목적은 아렌트가 의미하는 진정한 공통의 경험이 배제되었다는 점에서 근대의 비극적 측면을 보여준다. 이리하여 공적 영역은 원래의 모습을 상실하고 기형적이게 되

---

36) Curtis(1999), p.85.
37) Curtis(1999), p.82.

었는데, 더 비극적인 것은 끝없는 노동과정이 공동 세계의 "영원성"을 손상시킨다는 점이다.

노동하는 동물에게는 객관적이거나 상호 주관적인 인적 토대 위에서 세계를 세우는 능력이 결여되어 있다. 창조성을 추구하는 작업 활동마저 노동 활동으로 환원되어 버린 상태에서 인간에게 거주지를 제공해주는 안정적이고 지속적인 사물의 세계도 존립할 수 없으며, 인간의 관계성은 동질감에 기초한 것일 뿐 그 자체로서 안정된 삶의 환경으로서 객관적 성격을 확보하지 못한다. 인간관계에서 그 어떤 다양한 경험을 기대한다는 것은 거의 불가능하게 되었으며, 인간과 인간의 결합은 노동 사회에서는 여가 시간에나 추구해야 할 과외의 활동으로 취급받는다. 이에 따라 인간의 인간적 가능성을 실현할 기초적 만남과 공동의 출현 영역이 황폐화된다.

이와 같이 근대는 전례 없는 소외와 고립을 창조한다. 그리고 이 근본적 고립의 경험은 사람들로부터 세계 내에서의 거주지를 빼앗고, 그들의 정체성의 의미와 그들의 세계에 대한 느낌(공통감각)을 제거하는데, 이 모든 것은 "사회 영역"의 등장으로 인한 공적 영역과 사적 영역의 소멸에 기인하는 것이다. 이렇게 서로의 객관적 관계를 박탈당한 개인들은 무세계성(worldlessness)이 그 특징인 전체주의 이데올로기적 대중 운동 속으로 휩쓸려 들어갈 수밖에 없었다. 거기서 사람들은 대중조작에 의해 움직이고 전체주의적 세뇌를 경험한다. 보원-무어의 말대로, 전체주의의 지배의 조건들 아래서, 인간의 탄생성과 복수성은 더 이상 독특한 인간의 경험이 아니다. 왜냐하면 그들이 더 이상 사람들의 행위, 자유, 및 조직화된 결사를 위한 공통의 토대를 갖는 인간적인 세계와 결합되지 않기 때문이며, 그런 점에서 전체주의적 지배는 세계적인 실재를 희구하는 인간의 정체성에 대한 공격이다.

그렇다면 인간 삶의 의미 상실은 어디에서 어떻게 나타나는 것일까? 그것은 참으로 역설적으로 현대 사회를 만드는 데 주도적 기여를 했다고 생각되어 이미 신봉화 단계에 접어든 과학과 기술의 영역, 아렌트의 용어법에 따르면, '작업'(work)의 활동에서부터 나타난다. 분명히 현대의 과학기술사회를 주도한 과학자나 기술자 즉 공작인의 기본적 정신태도는 "인간이 만물의 척도"라는 명제로 요약되는 "효용성의 원칙"(principle of utility)이었다.(HC 306) 여기서 문제는 과학기술이 창안되는 영역 밖에서 이런 창조적 활동의 물적·인적 토대를 조성해주면서 이 활동의 결실을 수용하는 현대 사회 자체의 작동기조가 '무엇'(what)을 만들어내느냐가 아니라 '어떻게'(how) 만들어내는가를 중심으로 돌아간다는 점이다. 이것은 현대 사회에서 과학자나 기술자의 존립방식에 상당히 평가절하적인 영향을 미치게 된다.

"공작인과 관련해 보자면, '**무엇**'에서 '**어떻게**'로, 또 물건 **자체에서 제작과정으로의 강조점 이동**은 결코 잡티 하나 없는 순수한 축복이 아니었다. 이것은 만드는 이(maker)이면서 세우는 이(builder)이기도 한 인간에게서, 현대보다 앞선 시대에서는 언제나, 인간이 하는 일에 대해 안내자로, 그리고 그의 판단에 대해 기준으로 복무해 왔던 저 고정된 영구적 표준들과 척도들을 박탈했다. 사용가치에 대해 교환가치가 환호작약하는 승리를 거둠과 더불어 모든 가치에 대해 처음에는 **교환 가능성의 원칙**을, 그 다음에는 **상대화의 원칙**을, 그리고 궁극적으로는 **그 모든 가치의 탈가치화**(devaluation of all values)를 초래했던 것은 상업사회의 발전뿐만이 아니었으며, 또 상업사회가 그런 사태를 처음 일으켰던 것도 아니었다. 현대 과학이 발전하고 그것과 보조를 맞추어 현대 철학이 펼쳐지면서 현대인의 정신자세에 적어도 결정적으로 작용했던 것은 **인간이 자기 자신을 초인간적이고 모든 것을 포괄하는 두 과정, 즉 자연**(nature)**과 사회**(society)**의 티끌처럼 작은 일부로 인지하기 시작했다는 것**이다. 이때 자연과 사회는 둘 다 그 어떤 태생적 목적점(telos)에 도달한다거나 아니면 일체의 사전 규정된 이념에 접근하거나 하는 일 없이 **무한 진보**(infinite progress)의 숙명을 걸머진 것처럼 보였다. 공작인(homo faber)은 위대한 현대성 혁명을 배경으로 등장하였다. 하지만 그는 무한하게 큰 것과 무한하게 작은 것 모두를 측정할 수 있는 도구들의 발명에서 예전에는 꿈도 꾸지 못했던 재간을 발휘했지만 제작과정보다 선행하면서도 그보다 더 오래가고 제작 활동 측면에서 진정하고도 신뢰할 만한 절대자가 되는 저 영구적인 척도들을 박탈당했다."(HC 306~307. 강조 필자)

즉 제작물보다 제작과정이 우위를 차지하면서 우선적으로 중요시되는 척도는 그 물건의 고유한 용도(usage)나 효용성(utility)이 아니라 그것을 생산하고 소비하는 인간들에게 그 물건이 겪게 해주는 괴로움과 기쁨의 양(amount of pain and pleasure)이다. 그런데 고통과 기쁨은 무세계적인 것으로 주관적인 것이다. 그러므로 일견 개인을 옹호하는 개인주의처럼 보이는 이런 개인 중심의 삶이 과연 진정한 의미에서 행복을 추구하는 태도인가라는 점에 관해 아렌트는 극도의 회의를 보인다. 참으로 뜻밖에도 그 증거는 "모든 진정한

쾌락주의 논증에서라면 당연히 옹호되어야 하는 자살이 현대에서
는 전혀 정당화되지 않고 있다"는 데서 찾아진다.(같은 쪽) 다시 말
해 이렇게 자살에 대한 근본적 정당화가 결여되어 있다는 점에서
현대 사회에서 추구하는 행복이라는 것은 기껏해야 "그 가장 천박
하고 또 가장 무비판적인 그런 형태의 생명 철학"("a life philosophy
in its most vulgar and least critical." 같은 쪽), 즉 그저 '목숨 연명
의 원칙'을 고수하는 것에 지나지 않게 되는 것이다.

노동하는 동물의 궁극적인 문제점은 사람들이 그들의 토대를
사생활에 두고 있다는 점이다. "노동과 소비의 세계는 사적 세계
이다. 공동의 세계를 결여했기 때문에, 노동하는 사회는 진정한
정치를 지탱할 수 없다. 점진적으로 소비경제인 사물이 그들의
생산의 계기를 가까스로 살아남게 하듯이, 노동하는 동물의 활동
은 서사체의 형식으로 보존될 수 있는 기억된 흔적을 거의 남기
지 않는다. 그러므로 노동하는 사회는 정치도 역사도 있을 수 없
다. 모든 사람은 인간과 자연과의 신진대사의 순환적인 리듬에
의해 지배되고 있는 일종의 영원한 현재 속에 살고 있지만, 그
속에서 모든 것들은 항상 동일하며 새로 일어나는 것은 아무것
도 없는 것이다."[38]

노동이 최상의 가치가 된 사회에서는 "가치들(value)도 그들 자신
의 어떠한 의미도 갖지 않으며, 다른 가치들처럼 사회적 연관들과
상업의 가변적 상대성 속에서만 존재하는 사회적 상품들이다."[39]

---

38) Hansen(1993), p.37.
39) H. Arendt(1968), Between Past and Future: *Eight Excercise in Political
Thought*, Penguin. p.32.(이하 BPF로 약칭)

미드는 1992년 이후로 지역적이고 국가적 수준으로 이루어진 모든 정치 캠페인을 지배했던 '가족 가치'의 수사는 아렌트가 1950년대에 이미 인식했던 현상을 예중한다고 주장한다.[40] 미드에 따르면, 산업주의 시대까지 인간은 덕(virtue)의 용어를 통해 윤리에 관해 말해왔다. 덕들(virtues)의 목록에서 고전적인 정치적 덕인 신중함(prudence)이나 정의(justice), 인내(fortitude)라든가 기독교적인 초월적 덕성 등에 이르기까지 기본 덕목에 해당되는 것은 시대에 따라 변했지만, 내용을 불문하고 그것들은 절대적으로 응당 그럴 만한 값어치(worth)를 가진 것으로 인정되었다는 점에서 공통된다. 그러나 노동하는 동물이 활동하는 자유주의 시장 경제 속에서는 덕이라는 용어 자체가 사망하였다. 자기 부과적이고 내적 기준에 의해 평가되는 초월적인 덕들(virtues) 대신 외적으로 규제되거나 외적으로 부과되고 관련되는, 그리고 시장으로부터 생겨나는 가치들(values)이 삶의 의미에서 우위를 점하면서 본유 가치의 개념이 손실되었다. 따라서 가치들에 의해 지배되는 시장 사회에서 모든 사물들은 역설적으로 탈가치화(devaluation)된다. 이런 사회에서는 사물들도 심지어 문화까지도 탈가치화되고, 나아가 가치들 역시 하나의 상품이 되고 만다. 이렇게 되면 각각의 가치물들은 자기 고유의 독자적인 가치를 상실하고 다른 가치물과의 비교를 통해서만 그 존립과 그 존립의 값어치가 결정된다. 이것이 소비자 사회의 특징이다.

---

40) E. Mead(1996), "The Commodification of Value", *Hannah Arendt: Twenty Years Later*, The MIT Press, p.107.

현대 사회가 경제적인 요인에 의해 추동되어 물질적 빈곤의 해결로 삶의 향상을 꾀함으로써 인간에게 자존감을 갖게 해준다는 점에서 아렌트의 노동동물의 사회에 대한 고발이 가혹한 것 같지만, 그의 고발의 요점은 경제적 해방이 정치적 해방으로 이끈 것이 아니라 필연성의 확장으로 이끌었다는 점이다. 그런 까닭에 아렌트는 노동 활동의 지나친 강조로 삶의 균형이 상실됨으로써 인간 삶의 무의미성을 산출하는 점에 대해 경고하고 있는 것이다.

아렌트는 노동하는 동물의 승리로 인해 삶의 원리가 지배적이게 된 현대적 삶에 함유된 문제의 심각성과 위험성을 『전체주의의 기원』과 『인간의 조건』에서 설명하고 있다. 그가 『전체주의의 기원』에서 "모든 것이 가능하다"는 현대의 획일적이고 극단적 관심이 어떻게 자유를 파괴하게 되는지를 묘사했다면, 『인간의 조건』에서는 파괴된 자유의 보존은 영원한 인간의 인공물인 법칙들과 제도들을 필요로 한다는 것을 강력하게 제시한다. 그는 현대성이 인간 삶의 모습을 어떻게 왜곡시키는지를 보여주면서 우회적으로 그러한 주장을 한다.

제4장 현대성으로 인해 왜곡된 인간 삶의 모습

가. 사회적 삶

아렌트의 논조를 따르면, 현대에 이르러 인간의 삶은 왜곡된 모습으로 나타나는바, 그것은 "사회"의 등장으로 인한 '획일성'(uniformity)의 차원에서 찾을 수 있다. 근대 이후 경제적 가치의 부상과 관련된 현대성으로 인한 정치행위 능력의 상실, 행위 가능성의 상실은 사회가 개인에게 부여한 규칙에 대한 무조건적 순응을 강요했으며, 이에 따라 인간의 행위(action)는 행태(behavior)로 바뀐다. 행위가 아닌 행태가 사람들의 행위의 유형이 될 때 그것은 모든 사람들이 하나인 듯이 행동하게 함으로써 사람들의 개별성에 기초한 개성을 말살시키고 다양성을 파괴한다.

이것은 인간으로 하여금 더 이상 인간나운 삶의 형식을 가질 수 없게 한다는 점에서, 인간 실존에 대한 사형선고라 할 수 있다. 인간 사회는 다양한 삶익 방시이 공존하고 보존 되어야 윤택해진다. 그런데도 현대 사회는 다양한 삶이 불가능해짐에 따라 삶의 원리라는 하나의 원리만이 인간 삶을 지배하게 되었고, 그에 따라 획일적인 행위만이 나타날 뿐이다. 그리하여 어느 날 불쑥 세상에 나타나 이상한 말을 던지거나 기이한 행위를 함으로써 사람들로 하여금 그의 독특한 삶의 양식에 대해 호기심을 갖도록 자극하고, 그가 던진 말을 나름대로 해석하느라 분분한 의견을 나누게 하던 기인의 모습은 지나간 먼 옛날의 추억이 되었을 뿐이다.

우리 사회에서 기인이 사라졌다는 것은 우리의 삶이 그만큼 무미건조해졌다는 말이며, 사람들의 행위가 규격화, 표준화되었다는 말이다. 이런 사회에서 사람들에게 의미를 추구하는 일이란 그저 스포츠 혹은 피크닉과 같은 여가나 즐기는 것일 뿐이다.

그러나 현대인들이 즐겨하는 여가생활이라는 것도, 다른 사람들과 함께 대화할 때 요구되는 정치적 가치와 관련이 있던 고대의 여가개념과는 정반대로, 더 많은 생산을 위한 에너지 충원을 목적으로 한다는 점에서, 그것 역시 하나의 생산 활동, 즉 경제활동에 지나지 않는다. 상황이 이 지경에 이르다보니 현대인에게 경제활동으로부터 숨을 수 있는 여지는 없어 보인다.

이렇게 현대에 모든 사람들은 성공, 즉 경제적 성취라는 하나의 가치에 매달린다. 그리하여 현대사회에서 사람들이 하는 행위는 모두 경제적 가치로 수렴된다. 이처럼 현대사회의 중심적인 주체들인 대중들은 반복적이고 규칙적인 행태를 통해 순응의 논리를 자신의 삶 속에 내재화하며 생존의 원리에 충실하다.

그러나 자발성과 탁월성이 상실된 이러한 기계적이고 자동적인 행위를 통해 사람들이 어떤 의미를 얻을 수 있을지는 여전히 미지수이다. 그 이유는 이러한 획일화된 경제활동은 자신만의 고유성, 즉 자신이 누구인지를 보여줄 기회를 박탈한다는 점 때문이다.

결과적으로 자발성의 상실로 인한 행위능력, 행위 가능성이 제거된 상황에서 정치 행위의 특징이라 할 수 있는 독특하고 예외적인 희귀한 행위는 '규칙'을 벗어난 행동이기 때문에 일탈(deviation),

즉 문제있는 행동으로 간주된다. 그러나 인간들이 드물고 예외적인 행동을 할 수 없게 된 상황은 인간에게 삶의 무력감을 가져다주며 오히려 자유를 거추장스럽고 부담스러운 것으로 여기게 하므로 '전체주의' 통치 속으로 자발적으로 휩쓸려 들어가게 한다. 이 전체주의는 우리의 일상 속에서도 찾을 수 있는데 대중사회가 바로 그것이다. 대중사회와 전체주의는 '고독'과 '잉여'에 기반을 두고 있다.

그런데 현대사회에서 사람들을 움직이게 하는 규칙은 사람들의 행위를 통일시키지만 그 통일성은 타율성으로부터 오는 것이다. 그리고 그것은 사람들의 행동을 예측할 수 있으므로 그야말로 동물적이거나 기계적 행위만이 존재하게 된다. 여기서 도무지 자율적 이성을 발휘할 여지는 조금도 없어 보인다. 그저 사람들은 정치나 경제의 시스템에 따라 지배 혹은 통제되고 조종당하면서 타율적으로 살아갈 뿐이다. 이것이 평등주의적 사회의 익명성에 의한 횡포의 결과 생겨나는 현상들이다.

나. 마르크스의 노동예찬과 소비자 사회

아렌트에 따르면, 고대의 소유는 근대에 부(wealth)로 변형되었는바, 부의 지속적 증대를 "자본"이라고 볼 수 있으며, 이러한 자본은 계속해서 굴리어지는 끝없는 과정을 갖는다. 로크는 소유의 원천을 노동으로, 아담 스미드는 부의 원천을 노동으로, 마르크스는 우리가 우리의 인간됨을 인식하는 바로 그 과정을 노동이라고 보았다.[41] 근대에 로크에서 시작된 노동은 마르크스에 이르러 최고의 지위로 상승되면서 노동의 절정기를 맞이하게 된다. 이러한 관점은 아렌트와 대립적인 것으로, 그는 인간 본질의 실현은 마르크스처럼 노동이 아니라 행위에 의해 가능하다고 본다. 이런 맥락에서 아렌트는 마르크스의 노동이론이 근대를 지배하게 되면서 행위의 가능성을 소멸시켰다고 비판한다.

아렌트가 보기에, 원래 노동은 삶 그 자체이며, 인간 의지가 개입된 계획이나 결정의 범위 바깥에서 무한하게 자동적으로 진행되는 생물학적 삶과 관련된 활동이다. 그런데 근대에 오면 노동이 최고의 인간 세계를 건설할 수 있는 능력이 되면서 노동의 생산성이 강조된다. 아렌트는 이것을 마르크스의 노동이론의 영향 때문이라고 본다. 마르크스는 인간 활동 중 노동을 가장 인간적이고 생산적인 것으로 보았다는 점에서, 노동은 인간성의 실현과 관계있기 때문에, 그는 혁명의 과제를 노동계급의 해방으로 보지 않고 노동으로부터의 해방이라는 이중성을 보이는데, 이것은 노동을 철폐해야만 진정한 자유가 가능하기 때문이다. 그는 노동으로부터의 해방이 인간의 삶을 상승시키리라 여긴 것이다.

마르크스는 질적인 것을 주장하는 고전경제학자들의 노동에 대한 견해를 새롭게 해석해서 "노동은 인간의 본질이다"로 발전시켰다. 그리고 인간들이 생계수단을 생산하는 것을 인간과 다른 동물을 구분해주는 것으로 보았다. 이로써 그는 인간을 "노동하는 동물"(animal laborans)로 정의한 것이다. 따라서 마르크스의

---

41) Curtis(1999), p.82.

정의는 신이 아닌 노동이 인간을 창조하고, 인간은 노동을 통해서 인간됨을 실현하며, 이성이 아니라 노동이 인간의 차별적인 특수성임을 나타내는 것이다. 이러한 견해는 파레크의 지적대로, "노동, 작업, 행위라는 인간의 활동이 각자의 작동양식을 갖는다는 것을 부정하고, 행위를 노동으로 다루는 것인데, 그것은 필연성의 영역, 즉 예정된 일에서 자유를 찾는 것이다."

원래 노동 생산물의 증거는 노동의 물질적 생산물로, 이것은 대개 소비품이다. 따라서 노동 생산물은 소비됨으로써 즉시 파괴될 수밖에 없다. 노동은 생산과 소비의 균형과 관계하며, 노동 생산물은 망가지기 전에 소비되어야 한다. 따라서 노동은 파괴적이고 소모적인 성격을 갖고 있으며, 인간이 자연과 행하는 신진대사로서의 노동운동은 순환적, 반복적인 것이다. 그리고 이 순환운동이 지속되기 위해서는 소비가 필요하며, 이때 소비의 수단을 제공하는 활동이 노동인 것이다.

이와 같이 이해된 노동은 자연적이고 생물학적인 힘이었다. 그래서 마르크스는 자연적인 힘을 추상적인 "노동력"(Arbeitskraft)으로 환원시킨다. 그리하여 노동은 마르크스에 이르러 인간의 활동이며, 창발성의 요소 및 목적의 요소까지 모두 함축하는 개념이 된다. 파레크는 마르크스가 세계를 존재가 아니라 생성의 이미지 속에서, 영원성이 아니라 운동의 이미지 속에서 이해한다고 주장한다. 마르크스에게 인간은 가변적인 욕구들에 맞추어 세계를 세우는 소비하는 존재이다. 그러므로 마르크스의 노동 패러다임 안에서는 영원성도 지속성도 파괴된다.

　“사회의 관점”에서 볼 때 모든 노동은 생산성이 중시되므로 지속성을 갖는 대상은 존재가치를 상실하므로, 지속성과 안정성을 갖고 있는 사물의 세계성은 상실된다는 점에서, 결국 “사회적인 관점”은 “인류의 삶”의 과정만을 고려하는 것이라 할 수 있다.

　이와 같이 마르크스가 사물을 소비나 인간의 비유기체적 신체로 환원시킴으로써 객관적 세계는 파괴된다. 그런데 이러한 “자연의 인간화”의 기획은 인간의 “극단적인” 인류학적 주관주의로부터 유래하며, 자연의 “강한 객관성”(the solid objectiveness)과 자연의 “순전한 다름”(the sheer otherness)을 파괴하고 인간하고만 관계하는 세계를 창조하려는 시도라 할 수 있다.42) 그러나 아렌트에게 세계의 파괴는 인간의 파괴로 이어진다는 점에서 문제이다. 자연과 인간을 연결해주던 세계가 파괴되면 인간은 자연에 무방비적으로 노출되며, 인간됨은 위험에 처하기 때문이다. 그리고 자연의 인간화(the humanization of nature)는 곧 인간의 자연화(the naturalization of man), 즉 인간의 자연에의 동화를 의미한다.43) 인간의 정체성의 파괴는 노동하는 사회에서 발생하는 현상이다.

　그런데 “노동”과 “소비”는 생물학적 과정의 두 단계로 볼 수 있다. 이 순환운동이 지속되려면 사용이 아닌 소비가 절대적으로 필요하며, 노동은 소비의 수단을 제공한다. 그러므로 “‘노동’하고 ‘소비’하는 것은 서로 밀접하게 이어지는 거의 하나의 동일한 운

---

42) Parekh(1979), p.75.
43) Parekh(1979), p.76.

동을 구성한다. 노동의 첫 번째 과제는 끝나자마자 다시 시작해야 한다는 것이다."(HC 99) 노동의 두 번째 과제는 자연의 성장과 부패과정에 끝없이 대항하는 것이다.(HC 100) 이 자연과정으로 인해 자연은 인공세계를 끊임없이 파괴하며 세계의 지속성과 유용성을 위협한다. 그런데도 마르크스는 자연과 인공세계의 이러한 대립성을 보지 못했다. 아렌트가 보기에 그는 또한 정치, 혁명, 역사 활동들도 제대로 평가하지 못했다.

아렌트가 보기에, 삶의 영역은 아무리 해도 탁월한 업적을 획득하지 못하는 곳이다. 필연성은 노동을 필수 불가결한 것이 되게 하지만, 탁월성은 노동을 통해서는 얻을 수 없는 것이다. 그런데 노동하는 사회에서는 인간의 행위능력이나 언어능력은 상실되기 때문에, 인간의 삶의 유의미성(meaningfulness)이나 가치(worth)는 추구할 수 없게 된다.

여기서 아렌트에게 더욱 심각한 것은 소비능력이 생산능력을 따라 갈 수 없는 한계가 있다는 점이다. 아렌트는 이러한 한계를 근대가 어떻게 해결했는지에 대해 설명한다. 즉 근대에 "사회"는 축적의 한계를 극복하는 방법으로 이전에는 공작인(homo faber)에 의해 만들어져 사용가치를 갖던 "생산물들을 마치 소비재인 것처럼 취급함으로써 극복했다." 근대에 모든 장인의 작업은 노동으로 대체된다. 이것은 인간의 활동적 삶의 조건인 노동, 작업, 행위가 각기 나름대로의 "독특한 작동양식"을 상실하고 기형적으로 작동한다는 것을 보여주는데, 이처럼 작업이 노동으로 대체된 상황에서, 그 생산물은 안정성과 지속성을 갖지 못하므로, "객관적인 세계를 건립할 수 없게 된다."[44]

이런 상황에서 사용물품들은 소비재로 변형되며, 노동과정의 무한성은 소비의 되풀이로 인한 소비욕구에 의해 대체된다. 소비는 새로운 소비를 낳으며, 생산품이 사용가치를 잃고, 소비가치로 될 때 노동과정의 무한성은 계속된다. 근대 사회에서 사용물들은 기업의 상품화 전략과 맞물리면서 채워도 채워지지 않는 기호가치를 갖게 되어 끝없이 소비되고 생산되어야 하는 상황에 처한 것이다. 그렇게 되면 생산에 대응하는 것은 사용이 아니라 소비이다.

"이러한 현상은 결국 예술을 문제가 되는, 자유로운 유희의 '무세계성'으로 환원시키는 것으로 전환할 뿐만 아니라 기능과 사용의 제작하는 기준을 사회적인 만족감(the social gratification)으로 대체한다"[45]는 점에서 아렌트에게는 문제가 된다.

아렌트에 따르면, 이와 같이 근대 이후 제작 활동이 노동 활동

---

44) Parekh(1979), p.70 참조. 파레크는 여기서 서구철학자들이 인간의 근본적 세 활동들의 자율적이고 위계적인 구조를 제대로 평가하지 못했기 때문에, 세 활동들이 기형적으로 작동되는 결과를 낳았고, 그로 인해 인간의 삶이 기형적이게 변형된 사실을 아렌트가 문제시하고 있다고 주장한다. 세 활동들 간의 구분이 흐려질 때 인간의 삶은 위험에 처하게 된다는 것이다. 파레크에 의하면 행위는 인간사에 예측불가능성을 도입하는데, 플라톤은 활동적 삶의 영역을 작업으로 환원했고, 행위와 노동 양자를 작업에 의해 이해했다는 것이다. 마르크스는 더 나아가 가장 저급한 활동으로 간주된 노동에 영광의 지위를 부여하여 행위와 작업 양자를 노동으로 환원했고, 그것도 모자라 관조적 삶을 노동으로 환원했다는 것이다. 즉 마르크스는 관조를 노동의 형식으로 이해하여 노동에 관조를 예속시켰다는 것이다. 그런데 이것은 플라톤이 관조를 작업으로 환원한 것보다 더 심각한 의미의 상실을 가져온다. 작업에는 관조에 대한 관심이 내재되어 있지만, 노동은 관조적 삶의 위엄성을 전혀 인정하지 않는다는 것이다. 그는 작업과 행위 양자를 노동 활동으로 무차별적으로 환원함으로써 서구의 지적 전통을 전도시킨 것이다.

45) Prampton(1979), p.119-120.

으로 대체되고, "세계의 제작자의 이상인 안정성, 지속성, 영속성이라는 이상을 희생한 대가로 우리는 노동하는 동물의 풍요로움을 얻게 되었다. …… 그래서 우리는 노동자 사회에 살고 있으며, 노동자 사회에 산다는 것은 소비자 사회에 산다는 것과 동일하다."(HC 126) 이 소비자 사회의 특징은 모든 인간 활동이 필연성을 유지시켜줄 노동 활동이라는 공통분모로 평준화된다는 점이다. 즉 근대에는 노동 활동만이 존재하게 되고, 노동 이외의 다른 활동, 즉 생산성을 지니지 못하는 활동은 "취미"가 된 것이다.

아렌트가 보기에, 근대의 이러한 세계관은 마르크스의 노동이론을 그대로 반영하는 것이다. 아렌트의 관점에서, 마르크스의 노동 패러다임은 새로운 시작을 허용하지 않기 때문에 옛것의 연속성만 있게 된다. 더욱 문제인 것은 마르크스가 물질적 이해관계를 인간 행동의 동인으로 본다는 것인데, 이런 패러다임에서 말과 행위에 의한 토론은 무의미하게 된다. 그러므로 노동자에게 행위는 자리할 여지가 없게 된다. 따라서 노동 활동으로 전화된 작업의 특징인 "폭력"은 마르크스 패러다임일 뿐만 아니라 유일한 종류의 정치적 행위형식인 것이다.[46] 그런데 그 폭력이라는 정치적 행위도 사실은 진정한 정치적 현상인 자유의 수립과 관계있는 것이 아니라 부르주아 계급을 타도하기 위한 것이며, 노동자 사회의 수립을 위한 것이다. 여기서 혁명에 대한 시각이 아렌트와 마르크스는 대립적임을 알 수 있다.

근대 이후 모든 인류는 강제적으로 필연성의 지배를 받고 있고

---

46) Parekh(1979), p.77.

공적 연관성을 상실하였으며, 그로 인해 현대는 자유로운 시대를 창조하기 어렵다고 볼 수 있다. 아렌트는 마르크스가 이것을 인식했기에 노동으로부터의 해방을 부르짖었다고 주장한다.(HC 130) 그러나 이 노동으로부터의 해방은 곧 필연성으로부터의 해방이며, 궁극적으로는 소비로부터의 해방을 의미한다.(HC 130) 그런데 그의 예언과는 반대로, 자동화의 발전으로 고통과 노고가 필요 없는 소비는 생물학적 과정인 소비성을 변화시키기보다 더욱 증가시켜서, 더 소비에 열을 올리는 상황으로 치닫게 된 것이다.

그런 상황에서 소비는 세계의 지속성을 무자비하게 파괴한다. 그리하여 노동으로부터의 해방은 인류에게 남아도는 여가시간을 생산적인, 보다 고양된 삶을 위해 사용하게 하는 것이 아니라, 오로지 소비에만 소모하며 그럴수록 탐욕은 더 강렬해진다는 것을 알 수 있다.(HC 133) 이리하여 현재 세계의 모든 사물은 절멸의 위기를 맞게 되었다.

어쨌든 근대 세계의 노동의 해방은 노동하는 동물이 공적 영역을 점거했음을 의미한다. 아렌트에게 이것은 매우 좋지 않은 현상으로서, "근대는 노동의 동물이 공적 영역을 점거했다는 점에서, 공적 영역은 부재하고 공개적으로 이루어지는 사적 활동만 존재한다"고 볼 수 있다. 그 결과로 탄생한 것이 현대의 "대중문화이다."(HC 134) 이 대중문화는 우리 사회가 소비자 사회가 되었을 때 생기는 것이며, 이는 우리 삶이 노동하는 동물의 이상을 실현하는 과정에 있음을 잘 시사해준다.

세계가 사용될 사물로 이루어지는 것이 아니라 소비될 사물로 이루어질 때 노동하는 동물에게 자연은 하나의 공급자에 불과하며, 그는 자연에서 계속 사물을 착취해서 소비해야 자신의 삶을 지속한다. 그래서 파레크의 말대로, 자연과 인간 사이의 보호방벽인 인공적인 세계가 사라지게 되고. 그 결과 인간의 삶은 덧없게 되었다. 아렌트에게는 이처럼 지속성을 보장해주지 못하는 삶을 인간적인 삶이라 할 수 없으며, 이러한 삶은 자신의 덧없음을 붙잡아둘 영속적 주체를 갖지 않는다는 점에서 위험한 것이다.

다. 대중사회와 대중문화

근대 이후로 우리 사회는 사회적 관점, 즉 경제적 가치에 의해서 모든 것이 가치 평가됨으로써 사회의 평준화 경향을 가져왔다. 이러한 경향은 일부 계층에 한정된 것이 아니라 기술발달에 의해 사회 전체에 확대됨으로써 현대 사회는 획일성이 지배하는 사회가 되었다. 이렇게 경제라는 한 가지의 척도가 사회를 지배한다는 점에서, 현대 사회는 "전체주의적 경향"을 띤다. 그리고 대중사회는 그 대표적 현상이다. 아렌트는 『인간의 조건』과 「문화의 위기」에서 대중사회와 대중문화에 대한 비판적인 검토를 한다.

대중사회는 근대에 발생한 것으로, 아렌트는 『인간의 조건』에서 그 경로를 다음과 같이 추적한다. 근대에는 한편으로는 사회가 승리하게 되면서, 행태(behaviour)가 행위(action)를 대체했으며, 개인의 지배가 관료제로 바뀌었다. 다른 한편으로는 처음에는 경제학이 지배적이었는바, 이 경제학은 인간 활동 중 경제라는 제한된 영역의 행동유형만을 구성하는 학문이었다. 그러던 것이 나중에는 사회 전체를 포괄적으로 다루는 사회과학으로 대체된다.

이렇게 제한된 계층의 국민에서 모든 계층을 점령하는 행동과학의 마지막 발전단계에서 대중사회는 출현하게 된 것이다. 그리하여 이 대중사회가 국가의 모든 계층을 차지하고 '사회적 행동'이 사회 전체를 지배하게 된 것이다. 그러므로 대중사회란 공통의 세계를 상실하여 진정으로 함께 행위할 수 없게 된 사람들, 즉 사회적 영역에 거주하는 사람들 사이에 확립된 "조직적으로 함께 살아감의 양식"이다.

공적 세계가 상실된 노동자 사회를 통해서 발생한 수적(數的) 의미에서의 대중사회는 필연적으로 대중문화를 가져온다. 아렌트에게 대중사회는 행위와 사고 기준의 부재, 판단의 부재, 거대한 소비능력, 세계소외의 공유라는 질적 특성을 갖는다. 그런데 아렌트의 문화비판에서 문제가 되는 것은 단지 문화 영역에서 대중의 존재라는 단순한 사실이 아니라 아렌트가 사람들과 사물들의 문화적 교섭이라 부른 특수한 성격의 것이다.[47]

아렌트에게 대중사회가 문제가 되는 이유는 사회적인 것이 공적 영역을 점거하고 들어옴으로써 귀결된 순응주의에 따른 단일성이 "사회적 동물로서의 인간"을 지상의 최고 지배자로 만들었는데, 그것이 인간성을 말살할 수 있기 때문이다. 현대의 노동과

---

[47] Hansen(1993), p.94.

정에 대한 설명에 있어서 대중사회는 중요한 요소이다. 그런데 대중사회가 동일한 것 중 많은 것을 공유한다는 것은 여러 가지 문제를 함축한다. 한센의 말대로, 대중사회의 특징은 무세계성(worldlessness), 사물들의 소비에 대한 탐욕스런 욕구이다. 문제는 이러한 소비자 사회의 성장이 우리와 문화적 사물의 교섭까지도 변경시킨다는 점이다. 대중문화는 노동이 중시되는 대중사회의 필연적 귀결이라 할 수 있다. 대중문화는 삶의 노동과정의 끝없는 순환 속에 놓여있는 노동자 사회에서, 노동 생산물을 소비하기 위한 소비 주체로서의 대중의 출현과 더불어 발생하는데, 노동자 사회에서는 부의 계속적인 축적을 위해 다산성이 그 핵심인 노동에 의해 생산된 잉여 산물들을 소비할 대중(mass)이 필요했던 것이다. 따라서 아렌트의 관점에서, 우리가 노동자 사회에 살고 있다는 것이 우리가 소비자 사회에 살고 있다는 것의 다른 표현이듯이, 우리가 대중문화를 향유한다는 것은 생물학적 필연성의 주기 속에 갇혀있다는 것의 다른 표현이다. 따라서 대중사회와 대중문화는 상호 관련된 현상이다.

아렌트의 문화개념, 예술에 대한 아렌트의 설명은 정치적 함축을 갖는다. 아렌트가 예술이 가지고 있는 '불멸성의 조짐'을 정신에 대한 것도 아니고 삶에 대한 것도 아니라고 본 것은 사실상 그가 정치를 목적을 가진 것—플라톤이나 아리스토텔레스는 정치를 제작으로 간주하고 영혼을 -연마하는(soul-craft) 영역의 통합의 세계로 보았고, 홉스는 정치를 자기 -보존, 삶을 양육하기 위해 존재하는 것으로 보았다—으로 본 고대나 근대의 정치개념에 도전하는 것이다.[48] 한센에 의하면, 진정한 정치를 위해서는 세계, 사람들에게 거주지를 제공해주는 사물들의 영역이 있어야 하는바, 그 사물들은 소비상품의 기능주의에 종속되지도 않고, 사용대상의 유용성에 종속되지도 않으며, 영속성과 안정성을 제공하는 '세계적인' 예술작품이다. 아렌트의 말대로, 그것들은 어떤 다른 인간의 생산품에 의해서 조화되지 않는 영구성, 순전한 영속성 속에서 명백해져서 불멸성의 조짐, 즉 영혼이나 삶의 불멸성이 아니라 사멸적인 인간의 손에 의해 달성된 그 무엇에 의해 명백히 나타나서 빛나게 되고, 보이며, 들려지고, 말해지며, 읽혀지게 된다.(HC 168) 그러므로 아렌트에게 문화는 정치적 특성을 갖는다. 예술과 정치를 결합하는 공통요소는 그것들 양자가 공적 세계의 현상들이라는 점이다.(BPF 217)

> "예술과 행위는 비슷하다. 그것들은 현실화될 필요가 없는 인간의 능력을 포함한다. 그리고 그것들의 나타나는 환경도 마찬가지로 관련된다. 행위를 위한 환경은 물론 현상의 공간, 즉 (정치적인) 공적 영역이다. 예술의 환경은 문화 그 자체이다. 어떤 의미에서 문화는 예술의 현상의 공간을 구성한다. …… 공적 영역은 행위를 위한 공간 이상을 제공한다. 그것은 또한 본질이 출현하는 것이고, 그러므로 (잠재적으로 아름다워지는 것인 사물의 표현(display)을 허용한다. 예술과 정치는 상호 의존적이다."[49]

예술이 공적으로 나타나는 것이라는 이러한 주장은 예술이 지

---

48) Hansen(1993), p.97.
49) Hansen(1993), p.99-100.

식이나 논리적 추론과 무관한 사고능력과 관련된다는 것을 말하려는 것이다. 아렌트는 예술이 지식이나 논리적인 추론과 무관한 인간의 사고능력을 보여주는 것이라고 간주한다. 그런 점에서 예술은 생각함의 능력과 결합되어 이루어지는, 인간의 의미 추구로 이어지는 정치행위와 같다.

이러한 사실로부터 예술도 공동체 속에서 개인의 자아실현의 욕망에 의해 추동된다는 것을 알 수 있다. 그러나 대중문화는 욕망을 왜곡시키고 끊임없이 유행을 창조해낸다.[50] 소비이데올로기의 논리에 의해 작동되는 대중문화는 욕망을 "심미적 자아표출의 욕망"까지 포함하는 "욕망의 그물망"을 이루고 있다. 이전에는 공동체와 결합하여 개인의 자아를 실현했지만 이제는 상품소비의 심미적 삶 속에서 상상적으로 실현된다. 그런데 이런 심미적 삶을 사는 개인은 자기에게 주어진 현실에만 매몰되므로 타인과의 관계를 형성하지 못한다.[51] 따라서 개인은 공동체와 분리된 채, 원자화되고 파편화되어 진정한 행위를 박탈당하게 된다. 대중문화의 특징인 유행은 이데올로기와 욕망을 왜곡시킨 결과이다. 따라서 대중문화를 유포하고 촉진시키는 "문화산업은 충동을 승화시키는 것이 아니라 억압한다."[52]

그러므로 대중문화는 하나의 상품이며, 자본주의 경제 체계의 자기 보존적 명령을 자본의 확대재생산을 통해 수행하는 경제적

---

50) 한국철학사상 연구회(2003), 『삶과 철학』, 동녘, 170쪽.
51) 앞의 책, 171쪽.
52) Max Horkheimer and Theodor W. Adorno, *Dialectic of Enlightenment*, A Continuum Book, The Seabury Press, 1972, p.140.

기능을 떠맡는다. 따라서 호르크하이머와 아도르노는 대중문화의 기술적 합리성은 "지배의 합리성"이며 스스로부터 소외된 사회가 갖게 된 강압적 특성을 지닌다고 말한다.[53]

오락은 대중문화의 핵심이다. 아렌트는 "사회"와 "대중사회" 간의 차이를 논한다. 그에 따르면, "사회"란 문화적인 것들을 사회적 상품들로 끌어내렸고, 부의 축적을 위해서 그들을 사용하고 오용했을지라도 소비는 하지 않는 문화를 원했으므로 그것들은 여전히 객관적 특성을 보유하고 있고 그 때문에 사라지지 않는 데 반해서, "대중사회"는 문화를 원하는 것이 아니라 오락을 원하고, 오락산업에 의해 제공된 상품들은 다른 소비상품처럼 사회에 의해 소비되어 사라진다.(BPF 205) 따라서 "그런 오락상품들은 '여가시간'[54]이 아니라 남겨진 시간에 봉사한다. 그런데 그 남겨진 시간은 노동과 수면 이후에 남겨진 여전히 자연 속에서의 생물학적인 시간인 것이다."(BPF 205)

이렇게 되면 이들 사물들은 더 이상 문화적 동물의 발전과 표현을 위한 수단으로 봉사하지 않는다. 오히려 그것들은 질적으로 새로운 종류의 사회-경제적 제도에 비해서는 별로 가치 없는 것, 즉 오락산업이 되었다.(BPF 205) 아렌트에 따르면, 문화는 사물들(objects)과 관계하며, 오락은 사람들과 관계하고, 삶의 현상이다.(BPF 208) 사물의 지속성은 사용되고 소멸되어 현상세계에서

---

53) Max Horkheimer and Theodor W. Adorno(1972), p.140.

54) 아렌트는 '여가시간'을 모든 근심과 삶의 과정에 의한 필연적 활동으로부터 자유로워져서 세계와 그것의 문화에 대해 자유로운 시간이라고 본다. 따라서 여가는 자기-완결성이나 더 높은 사회적인 품위의 습득을 위해 쓰인다. BPF, p.205, 211 참조.

사라지는 기능과 다르다.

그래서 아렌트의 관점에서 "오락은 객관적 세계의 안정성과 영구성에 대한 하나의 관심으로서 문화의 가능성이 손상된 사회의 '문화'이다. 그것은 사회적 세계의 문화인 것이다."[55] 소비사회는 오락산업과 결합됨으로써 인간의 의미를 파괴하고, 오락은 인간을 삶의 과정의 요구와 연결시키므로 우리는 오락과 쾌락을 요구한다.

게다가 아렌트에게 오락은 "세계성"(worldliness)에 도전한다는 데 문제가 있다. 그리하여 오락은 삶에 예술을 종속시키며, 소비요구에 예술을 종속시킨다. 그러므로 예술은 소비과정의 요구에 맞추어 대중문화가 된다.

"문화는 현재나 과거에 생산된 모든 세계적 사물들과 일들이 사회의 삶의 과정을 위한 단순한 기능으로 다루어질 때 위협받게 된다."(BPF 208) 이것은 문화가 경험으로부터 분리된 것을 의미한다.

아렌트에 따르면, 대중문화에 등장하는 "속물"(philistine)[56]들은 진정한 예술 및 세계와 대립되는 사람으로, 그들은 문화를 파괴하는 측면이 있다. 속물이 자기 향상을 피하든 어떻든 그는 순수하게 유용한 방식으로 예술대상과 관계하며, 이것은 미를 객관적인 속성으로 통합시키는 객관적인 세계의 보존에 영향을 미친다.[57] 문화적인 것의 판단기준은 영원성(permanence)과 불멸성

---

55) Hansen(1993), p.92.

56) 한센에 따르면, 속물은 사회에 반항하는 19세기 초의 현대 예술무대에서, 세계에 관한 그의 판단이 평범한, 교양 없는 사람이지만, 그 이후의 현대 사회적 삶의 무대에서, 사회 그 자체에 관한 그의 지배적인 관심은 문화에 대한 모든 망라한 관심을 수용한다. Hansen(1993), p.95.

(immortality)이다. 그런데 과거의 불멸적인 작품들이 사회적이고 개인적인 세련화의 대상이 되었을 때, 그리고 그것에 적합한 위치로 되자마자, 그들은 수세기에 걸쳐 관객이나 독자들을 파악하고 감동시킬 수 있는 중요하고 본질적인 그들의 특성을 상실한다.(BPF 202) 예술작품들이 순수 예술로 남아있기를 거부하고 사회적이고 개인적인 품위의 대상이 되면, 그것들은 그 근본적 속성을 상실하고 또 다른 가치, 즉 "사회적이고 개인적인 가치와 현금으로 교환할 수 있는 사회적 상품이 된다."(BPF 204) 그리하여 문화적 가치들은 사용가치를 잃고 교환가치로 된다. 그러나 "이러한 전환은 문화적인 인공물의 세계성을 파괴하며 기억 능력, 그러므로 우리가 어디에 있었으며, 그리하여 어디로 가고 있는지의 의미인, 전정한 역사의 의미도 파괴한다"[58]는 점에서 문제가 된다.

아렌트에 따르면, 시장 사회의 대다수의 국민은 세계성, 기억, 초월가능성을 파괴하고서야 여가계층에 편입될 수 있었다. 그러므로 아렌트에게 오락산업이 문제가 되는 것은 이윤을 올리는 소비 상품의 원천에 대한 요구에서, 재료를 발견하려는 희망으로 문화와 전통을 샅샅이 뒤져서 전통적인 사물들의 성질에 변형을 가하여 값을 싸게 매긴다는 것이다.

여가는 선택적인 것이 되어야 한다. 그런데 그것이 필연성의 한 측면이 되면 필연성의 영역은 확장된다. 그렇게 되면 문화는

---

57) Hansen(1993), p.95.
58) Hansen(1993), p.96.

생산주기의 영향을 받게 되고 그 세계성을 상실하게 되어 필연성의 영역으로 전락되면서 삶의 '무의미성'이 지배하게 된다. 이것은 니체가 "현존재를 정당화하는 예술은 삶에 필요한 '환상'(illusion)으로서 작용하고 비극 예술에서 미학적 상징과 기호는 무의미로부터 인간을 지켜주어 무시무시함에 대항함으로써 현존재의 의미를 창조한다"[59]고 말한 것과 대조를 이룬다.

예술이 삶의 필연성에 매이게 될 때, 그것은 자율성을 상실하며, 그것의 고유성은 파괴되고 사회적 유용성만을 요구받게 된다. 대중의 예술이 오직 성공지향성과 소비가능성을 목적으로 하는 한, 예술가는 노예로 전락한다. 예술가는 더 이상 다른 높은 세계와 교감하고 영감을 받은 광인이 아니라 소외된 노동자이다.[60] 그러므로 예술작업은 '노동의 연장'이 된다.

다시 말하면, "무용성의 본질로서 예술—그리고 이것은 물론 건축의 비-기능적인 측면을 포함한다—은 그것이 내성적인(자기반성적인) 추상으로 환원되거나 색다른 예측불허의 변화(vagary) 속에서 통속화되는 한에서, 저속한 그러한 사회에서 무세계적이게 된다."

이것이 대중문화가 몰고 온 오락산업과 소비자 사회가 문제가 되는 이유이다. 유용성이나 기능의 영향을 받지 않는 모든 대상들 중 가장 세계적인 것은 예술작품이다. 그것은 영속성과 지속

---

59) Friedrich Nietzsche Werke, *Kirtische Gesamatausgabe*, (Hg) G. Colli und M. Montinary, Berlin/New York 1967ff. 151. 여기서는 강용수, 「니체의 대중문화 비판」, 『철학연구』 제61집, 2003년, 여름호, 114쪽 인용.
60) 강용수, 「니체의 대중문화 비판」, 『철학연구』 제61집, 2003년, 여름호. 117쪽.

성을 갖는다. 그러므로 불멸적인 것이 나타나서 보이고 들려지며 말해지게 되는 것이다. 그러기에 행위와 미, 정치와 예술의 특징은 노동과 제작에 함께 저항하는 것이 된다.

그리고 정치와 문화는 그들이 출현할 수 있는 공적 공간을 필요로 하며, 거기서 사람들은 자신의 인격성, 개성, 가능성을 최대한 발현시킬 수 있다. 이처럼 정치경험에 대한 능력과 예술작품에 의해 감동받고 고양하는 능력은 같은 특성을 필요로 하기 때문에, 진정한 정치를 위해서는 인간다운 세계, 즉 사물들의 영역이 있어야 하는 것이다.

그런데도 대중문화는 예술작품을 하나의 상품가치로 만들어버림으로써 사물들의 영역을 제거해버린다. 그런 점에서 대중문화는 "거짓된 문화"[61]이다. 이것은 인간에게 진정한 사물이 제공해줄 수 있는 안정성과 지속성을 제거하여 서로 나타날 수 없도록 하고, 그에 따라 공적 관계를 박탈한다.

이러한 거짓된 문화는 거짓된 정치와 공통의 현상을 가져오는데, 그 현상이란 '순전한 인간의 함께함'(the sheer human togetherness), 복수성(plurality), 연대성(solidarity)을 보장해주지 못한다. 그것은 인간에게 무의미성을 제공한다. 따라서 대중문화는 실존적인 의미 추구를 방해하고, 거짓된 실존양식을 제공해준다고 할 수 있다.

---

61) Hansen(1993), p.100.

제5장 현대 정치 비판

아렌트의 관점에서 보면 현대 사회는 한마디로 '직업인 사회'이다. 이 사회에서는 노동의 이상인 풍요가 삶의 목표이며, 사람들은 실제 물질적으로 유례없는 풍요를 누리고 있으나, 물질적 풍요 이외의 다른 종류의 가치는 상실했다. 따라서 현대 사회구성원의 가장 큰 특징은 정신적 공황상태이다. 아렌트는 그 원인이 '왜곡된 정치'에 있다고 진단한다.(HC 38-49) 아렌트에게서 '정치'는 본래 말과 행위를 통해 자기 자신을 타인에게 드러내는 데서 시작한다. 그리고 정치는 정치공동체 구성원에게 복수의(plural) 타인, 행위자가 등장할 공적 공간(public space)인 정치 영역(political realm)을 제공하면서 "그것이 구성원 자신에게 적합한 거주지라는 것을 확신시켜야 하는" 업무를 가진다.[62] 그러나 "사회"의 부상으로 현대인은 세계소외라는 실존적 위험에 처하면서 드러냄의 공간(the space of a disclosure)이 쇠퇴하고, "공통감각(common sense)이 소멸"하였으며,[63] "실재감을 상실"할[64] 위험에 직면한다. 정치기능 자체의 부진은 인간이 자기 본질을 실현할 기회를 박탈한다는 의미에서 인간소외(human alienation)를 불

---

62) M. Denny(1979), "The Privilege of Ourselves: Hannah Arendt on Judgment", *Hannah Arendt: the Recovery of the Public World*, ed. by Melvyn A. Hill, ST. Martin Press. p.252.
63) Villa(2001), p.134.
64) Curtis(1999). p.85.

러온다. 세계소외(world alienation)는 인간의 삶의 모습을 왜곡
시켰을뿐만 아니라 인간 삶의 의미를 실현하는 영역인 공적 영
역(public realm), 즉 정치의 파괴를 가져왔다. 따라서 세계소외
와 그에 따른 인간소외에 처한 현대인의 당면 문제는 정치 영역
의 부재이다. 그렇다면 정치 영역의 파괴로 인해 정치가 부재한
다는 것은 도대체 어떤 모습으로 나타나는가?

가. 대의제

현대 민주주의는 사회의 규모상 대의제(representative system)
를 선택할 수밖에 없었다. 그러나 대의제는 결정과정에 참여하고자
하는 시민의 정치적 행위를 차단시키는 맹점을 노출한다. 대의제는
국민의 대표를 선출해서 그들에게 권리를 위임하여 정당에 의해 유
지되는 정치체제이다. 그리고 각 정당들은 이해관계를 함께하는 사
람들이 모여서 결성된 집단이며 이들의 목적은 권력 획득이다. 이
런 상황에서 정치는 본래적 가치를 상실하고, 특정 이익집단의 도
구로 화하며, 참여자의 자율성을 보장하지 못하게 된다. 권력분립,
법치, 다수결원리, 인민주권이라는 이념으로 출발한 민주주의는 사
실상 '사회 영역의 보존을 위한 정치'라고 볼 수 있다. 그 결과 정치
의 기준은 유용성과 실용성이며, 그 목적은 경제 성장으로 인한 경
제적 풍요이다. 이러한 정치의 도구화는 정치적 행위를 소수의 엘
리트 정치로 특권화시켰고, 시민은 오로지 노동을 통해 잘 먹는 것

에만 관심을 갖게 되어 비정치적(a-political)이고 탈정치적인
(post-political) 상태에 빠진다. 그리하여 사람들의 삶의 목표는
삶의 의미 추구(quest for meaning)가 아니라 끊임없는 소비와
향락이다.

　정치적 행위가 소수의 기술관료와 정치엘리트들에게 귀속되면
서 정치는 선전과 이미지 조작으로 얼룩진다. 게다가 정치 선전
의 중요한 수단인 미디어는 일상의 삶 속으로 파고들어 경제와
정치의 이데올로기를 유포하고 강화하면서 미디어 권력을 형성
한다. "대중매체가 제조하여 유포시킨 통합문화는 그 의미가 비
정치적임에도 불구하고 이미 정치적 이데올로기를 나타낸다."[65]
현대의 대의제에는 '여론'은 있을지라도 개인의 고유한 의견은 존
재하지 않는다. 공적 논쟁과 토론에 의해 형성된 다양한 의견 대
신 익명적으로 형성되는 여론은 대중을 통제하고 조작하는 경향
성을 보인다.[66] 정치 활동이란 본성상 다수자 이상의 것, 엄밀하
게 말한다면 모든 시민의 총체와 관계되는 것인데도 불구하고,
현대의 정치는 과두제 혹은 소수자에 의한 다수의 지배이다. 대
의제의 다수결의 원칙은 억압받는 소수자의 의견을 배제하며 다
양성을 인정하지 않는 경향이 있다.

　대의제는 시민들의 공적 공간을 선거-투표 공간에 한정시킨
다. 여기서 개인의 정치적 삶은 투표일에만 나타나며, 그 투표는
개인의 다양한 의견 표출이 아니다. 아렌트는 국민투표를, 예를

---

65) 하버마스(2002), 『공론장의 구조변동』, 나남, 336쪽.
66) 하버마스(2002), 331-343쪽.

들면, 본유적으로 조종적인 것으로 보았지, 특히 논쟁을 촉진시키고 확장시키기보다는 오히려 토론을 억누르고, 경영하며(조작하며), 협애화시키는 민주적인 방식들로 본 것은 아니다.[67] 사실 "투표는 그 이념에 따르면 지속적이고 공개적으로 진행된 찬반토론의 종결행위일 뿐"이다.[68] 그럼에도 불구하고 투표는 국민에 대한 지배를 정당화하고 드러낸 요식행위로 흐르기 쉽다. 이러한 상황에서 인민의 권력은 무책임한 투표행위나 여론을 통한 다수의 폭정으로 전락할 수 있다. 이런 점에서 대의제는 진정한 정치행위를 차단하며, 따라서 인간 실존의 위협이라 할 수 있다.[69]

나. 관료제

대의제에서는 '사회적 관점'이 중시되면서, 정치가 단순한 '관리'나 '행정'으로 전락하게 되는데, 이것은 정치적인 것이 상실되고 사회적인 것이 들어오면서 정치의 과제가 사회 및 경제의 관

---

67) B. Crick(2001), "Arendt and The Origins of Totalitarianism: An Anglocentric View", *Hannah Arendt in Jerusalem*, ed. by Steven E. Aschheim,. University of California Press, p.102.

68) 하버마스(2002), 332쪽.

69) B. Crick은 정치적 정당과 압력단체들이 토론을 촉진시키기보다는 오히려 토론을 제한하게끔 고안된 장치로 발전해왔다고 비판한다. 그에 따르면 아렌트의 정치의 이상적 모델은 "시민공화주의"이다. (B. Crick(2001), "Arendt and The Origins of Totalitarianism: An Anglocentric View", *Hannah Arendt in Jerusalem*, ed. by Steven E. Aschheim,. University of California Press, p.103 and p.104 참조) Hansen은 아렌트가 비인격적이고 대의적이며 관례적인 제도에 대항하는 혁명평의회나 시공화당과 같은 소규모 공화주의 형태를 선호한다고 지적한다.(Hansen(1993). p.220. 참조)

리로 변형되었기 때문이다. 여기서는 이름 없는 사람(Nobody), 즉 익명에 의한 지배가 일어난다. 이 익명에 의한 지배(rule of Nobody)의 형식이 관료제이다. 그것은 특정한 상황 아래서, 가장 '잔인하고' 가장 '전제적'이다.[70] 그 이유는 익명에 의한 규칙은 그것에 대해 책임지는 사람이 아무도 없으며, 또한 아무도 특정한 정책이나 프로그램들에 대해 비난받지 않기 때문이다.

베버는 관료제적 지배가 근대 정치의 특징이라고 보았다. 그는 정치적 현대성의 본질을 꿰뚫는다. 관료제에서 정치는 인간의 실존을 드러내는 것이 아니라 사회경제적 보존을 위한 기초적 수단이 된다.

관료주의는 오늘날 전체주의와 함께 큰 정치적 위협이 되는 것으로, 그것은 비인격성이 특징이므로 정치 활동과 책임의 주체가 불분명하면서도 '폭군 없는 폭정'이 가능하기 때문이다. 아렌트는 사회의 등장으로 기술이 삶을 지배하면서, 통치가 관리로 변하고 인격적 지배가 관료적 수단으로 대체되었다고 주장한다. 따라서 정치는 효율적인 지배의 수단으로 전락하게 된 것이다. 이렇게 되면, 정치 영역에서 과학적인 전문 지식이 요구된다. 이 것은 '정치의 과학화'[71]이다.

현대에 정치의 위기는 현대 기술 문명의 결과이다. 모든 것을 계산하고 계획하는 자연과학의 지식은 정치마저 계획과 계산으로 전락시켰다. 이러한 계산적 이성은 사람들을 계산대상으로 전

---

70) d'Entreves(1994), p.47.
71) 하버마스(1995), 『이성적인 사회를 향하여』, 종로서적, 53쪽.

락시킴으로써 계산할 수 없는 것은 배제시키는데, 이것은 인간의 실존조건을 파괴하는 것이다. 여기서는 권력이 다수로부터 나오는 것이 아니라 소수의 전문 지식인에 의해서 모든 것은 수량화되고, 규격화되어 일방적이고 전제적으로 행사된다.

관료제에 의한 지배의 실시로 현대는 정치 영역을 고도의 전문적 기술을 요하는 전문가들의 활동무대로 만들었는바, 거기서는 다양한 의견이 등장하는 것이 아니라 하나의 절대적 진리만이 존재하며, 말과 행위라는 정치행위는 사라진다. 따라서 사람들은 소수의 전문가 집단의 폭력을 감수해야만 하며, 자신의 실존의 의미를 찾을 기회를 상실한 채, 정치로부터 점점 멀어지게 된다. 관료들을 감시하고 잘못된 것들을 바로잡아야 할 시민들의 이러한 탈정치화는 관료의 부정과 부패를 몰고 왔으며, 그것은 다시 시민들에게 실망과 좌절감을 안겨주었다. 이와 같이 다수의 출현을 배제한 기술전문가에 의한 관료제적 지배는 진정한 행위가 출현할 기회를 차단하는데, 아렌트의 관점에서 볼 때, 이것은 정치의 종결이다.

다. 정당정치

현대성의 출발과 더불어 늘어난 인구를 감당하지 못해 채택한 대의제와 비대해진 조직을 효율적으로 관리하기 위해 시작된 관료제는 정치를 소수의 전문 엘리트에게 맡김으로써 진정한 행위가 발생한 조건을 차단하고, 국민을 정치 영역으로부터 추방함으로써 공적 영역의 실질적인 소멸을 가져왔다. 이런 상황에서 진정한 정치의 가능조건으로서 고안된 정당정치가 채택되었지만, 그것 역시 공적 영역의 소멸을 촉진시키는 결과를 가져왔다.

'의회'를 구성하는 정당정치는 19세기 말과 20세기 초에 대중의 정치 참여를 규제하는 조건에서 등장하였다. 정당은 경제문제와 사회계급 간의 차이와 관련된 분열과 갈등을 안고 출발하였다. 그러나 각 계급을 대표하는 정당은 사회집단의 유권자 동원의 선거를 통한 지지도를 확보하고, 높은 수준의 집단적 정체성을 유지하는 식으로 자신의 위상을 지켜온 것이 사실이다. 이러한 정당체제의 편파성은 개별 정당들의 정치적 분열을 강화하며, 국민들마저도 분열시킨다. 우리나라의 경우, 정당들이 정권획득을 위해 국가의 안위는 무시하고 지역감정을 부추겨 국민을 분열시키는 행태를 우리는 수없이 보아왔다.

최근에 정당자원과 선거행태의 기초에 대한 비판이 등장했는데, 그 견해에 의하면, 정당정부와 정당민주주의에 영향을 미치는 위기가 시작되고 있다. 정당이 사회에서의 권위적 지위를 상실하고 있다는 주장을 뒷받침하는 증거 중 하나는 언론매체의 여론 조성에 대한 직접적인 영향력이 점증하고 있다는 점이다. 또 다른 하나는 사회의 불만집단들이 정당에 의존하거나 선거결과에 승복하기보다는 직접적인 행동을 취하는 경향이 점증하고 있다는 점이다.

결국 정당정치는 사람들이 정치에 접근하는 것을 차단하며, 선거 시에 '투표'의 형식으로 최소한의 국민의 참여만을 허용한다. 정당정치의 결과 시민은 실종되고 여론조작을 통한 대중의 통제가 가능하게 되었다.

라. 전 지구화

우리는 정치가 상실된 모습을 '전 지구화'라는 현상에서도 발견할 수 있다. 아렌트는 이것 역시 정치행위를 제거한다는 의미에서 반대한다. 현대는 '지구촌 시대'이다. 세계 곳곳에서 형성되고 있는 전 지구화 현상은 선진 자본주의 사회를 둘러싼 사회변화의 특징을 보여준다. APEC, OECD 등의 경제 협력기구는 전 지구적 경제 불황, 핵전쟁의 위협, 생태위기 등을 타개하려는 목적으로 결성되었다. 이같이 현대는 일상생활이 전 지구적으로 구조화되는 것을 보여준다.

전 지구화는 현대 세계 체계를 형성하는 민족국가(와 이것이 함축하는 사회)를 초월하는 다차원적인 연계들 및 상호 연관성을 지시하고 있다.[72] 초국적인 네트워크, 사회운동, 사회관계는 인간 활동의 모든 영역으로 확장되고 있는데, 경제 분야의 전 지구적 체계는 공동체들과 민족들을 복잡하게 결합시키고 있다. 그러나 전 지구화 개념은 국가 간의 결합을 넘어서서 현대에 있어

---

72) 앤소니 맥그루, 「지구적 사회」, 『모더니티의 미래』, 전효관, 김수진 외 역, 현실문화 연구, 2000, 90쪽.

서 "사회적 존재"를 심오한 방식으로 표현하고 있다. 기든스 역시 이 전 지구화가 현대성의 결과라고 주장한다. 전 지구화는 "사회적 삶의 재편"을 의미하기 때문이다.

그러나 이러한 전 지구화 현상이 갖는 의미는 무엇인가? 앤소니 맥그루는 기든스의 입장에서 이러한 전 지구적 현상의 의미를 설명한다. 즉 이 전 지구화 현상은 사회적 관계의 귀속 탈피(disembedding)를 가져오는데, 이것은 현대성의 힘과 관계있다. 여기서 '장소귀속 탈피'는 사회적 관계를 '상호 작용의 국지적 맥락'에서 끌어내 시공간에 걸쳐 재구성하는 것을 의미한다는 것이다. 그 결과 '장소귀속이 탈피된 제도들이 국지적 실천과 전 지구화된 사회관계를 연결하면서 점점 더 많은 사람들의 일상의 삶이 주요한 측면들을 이루어가는 그런 상황에 놓이게 된다'는 것이다(기든스).

이 장소귀속 탈피가 의미하는 것은 사회적 관계가 동일한 물리적 장소의 제약을 받지 않는다는 것을 의미하며, '부재하는 티자와의 관계'를 가능하게 한다는 것이다. 그에 따라 "중요한 것은 지구화 시대의 공동체 형성이 장소의 구속성에서 자유롭게 되었다는 점이다. 이것은 사회적 근접성이 공동생활과 정치적 행위의 전제라고 해서 그것을 지리적 근접성으로 환원시킬 수 없다는 것을 보여준다."[73] 이제 사회적 공동체와 그것을 기초로 구성되는 정치적 행위는 더 이상 하나의 특정 장소에서 이해될 수 없다는 결론에 이른 것이다.[74] 따라서 기든스의 말로, 전 지구화는

---

73) 울리히 벡, 『아름답고 새로운 노동세계』, 홍윤기 역, 생각의 나무, 1999, 271쪽.

현존과 부재의 상호 교차, 국지적인 것과 전 지구적인 것을 교차하는 것이다. 전 지구화는 국가들 및 사회들 간의 상호 작용, 상호 의존성을 강화한다. 이렇게 해서 하나의 거대한 사회가 형성된다.

그런데 이러한 경향은 권력과 부의 불평등을 심화시킨다는 데 문제가 있다. 이것의 목적은 다분히 세계경제의 재편에 있다. 전 지구화는 자본주의 세계경제의 논리 및 기술에 의해 힘을 얻고 있다. 이제 세계는 탈산업사회로 접어들었다. 따라서 인류는 국제 정치의 무대를 벗어났으며, 탈-국제정치의 시대로 접어든 것이다. 전 지구화는 상호 의존, 개방성, 상호협력의 증진을 표방하고 있지만, 실제적으로는 강국에 의해 질서가 유지되고, 강국에 의존한다는 점에서 많은 문제를 안고 있다. 사실상 여기서는 모든 것이 경제와 힘의 논리가 지배적이며, 동등성에 기반을 둔 국가들 간의 참여와 협력이 아니라 힘의 논리를 앞세운 전제와 독재가 판을 친다. 이것은 국제 정치의 실종을 의미하는 것이며, 힘없는 약소국의 강대국에의 종속을 의미한다. 그래서 아렌트는 이러한 전 지구화를 극력 반대한 것이다.

이것에 대해서 헬렌 왈라스는 '경제의 초국가화'의 추세 속에서 많은 경제행위자들이 정치적 뿌리를 상실해가고 있지만, 동시에 '재국가화(renationalization)도 진행되고 있다고 주장한다.[75] 그러나 헬렌 왈라스는 최근의 경향은 기구에 대한 투자 감소와 새로

---

74) 울리히 벡(1999), 270쪽.
75) 헬렌 왈라스, 「유럽통합의 정치적 한계」, 『민주주의론 강의』, 2권, 안승국 외 역, 인간사랑, 1995, 242쪽.

운 투자가 병행되고 있다고 주장한다. 이것은 초국가주의적 힘의 한계를 설정하려는 노력으로 볼 수 있으며, 통합 초기와 달리 최근에는 공공 분야를 민영화함으로써 공공 분야의 축소와 시민들의 국가에 대한 의존도가 감소하게 되었다는 것이다. 그러나 국가권력의 확대가 시민의 정치 참여를 어렵게 하는 것은 사실이지만, 그렇다고 국가권력의 축소가 곧 정치행위의 기회를 증대시키는 것은 아니다. 아직도 세계는 경제논리를 앞세운 강대국의 횡포 앞에 유린되고 있는 실정이다. 문제는 시민들이 정치행위를 할 수 있는 사회적 분위기와 제도적 장치가 어느 정도 갖추어져 있느냐 하는 것이다.

그런 측면에서 보면, 현대 정치는 인간에게 자발적인 정치 참여를 통한 자기실현을 보장해주지 못한다는 것을 알 수 있다. 현대 사회는 관료주의, 정당정치, 사회의 점거로 인한 '표준화'의 확립, 세계통합체제로 인해 인간으로부터 진정한 행위능력을 제거한다. 기술과 삶의 원리가 행위 영역을 지배한 상황에서 정치는 진정한 인간됨의 실현이 아니라 필연성의 확장을 의미한다. 이것은 자유를 파괴하며, 인간의 삶의 공허감을 구제해주지 못한다.

그런데 이러한 지구화 시대에 정치적 행위의 가능성을 제시하는 울리히 벡의 견해는 들어볼 만한 가치가 있다. 그에 의하면, 문화적 지구화와 정치적 지구화에 대한 논쟁에서는 이런 의미에서 사회적, 정치적 조직과 정체성의 탈공간화에 대한 새로운 '거대담론'이 그 윤곽을 드러내고 있다.[76] 울리히 벡은 현대의 탈국

---

76) 울리히 벡(1999), 270쪽.

가적 시민사회에서 자율적으로 결정된 앙가주망의 개인주의를 통해서 새로운 정치적 시민상을 세우려고 시도한다. 그는 의무론적 전통적 덕들에 입각한 명예관직적인 투신 활동에 가담하는 사람들이 많은데, 이들의 투신 활동의 동기 밑바닥에는 전혀 다른 점들도 일정 역할을 수행하는바, 그 동기의 밑바닥에는 아주 폭넓은 가치의 스펙트럼이 깔려있다고 주장한다. 그 스펙트럼 안에서는 공동체에 대한 의무론적 관점에서 요구되는 전통적 덕과 아울러 자기 발전과 연관된 동기들이 서로 어울려 포괄적인 역할을 수행하고 있다는 것이다. 이것은 정치행위를 불멸성에 대한 개인적인 욕망에 의해 정치에 참여함으로써 삶의 의미를 추구한다는 아렌트의 견해를 일정 부분 수용하는 것으로 보인다. 그러나 탈공간적이고 사회적인 동인에 의해 움직이는 경향이 강한 이 시점에서, 우리가 진정한 정치행위를 할 수 있는 폭이 여전히 제한되어 있는 것은 사실이다.

이것은 아렌트가 제시하는 진정한 의미의 정치라 할 수 없다. 이런 상황 아래서 정치는 오로지 경제적 동인에 의해 작동하고, 개인의 실존적 위상을 드러낼 진정한 정치공간은 사라진다.

지금까지 필자는 아렌트의 정치적 사고에 입각하여 현대 사회에서 나타나는 현대성의 산물인 정치의 부재 현상을 기술하였다. 아렌트에 따르면, 현대에 나타나는 정치의 부재 현상은 사회적 삶의 등장으로 인한 세계소외의 결과이다. 이 세계소외의 상태에서처럼, 정치가 다수의 행위가 되지 않고, 일인이나 소수에 의해 일방적으로 전달되는 권력행사에 의한 지배와 피지배관계로 기형화될 때, 정치는 목적 달성을 위한 도구로 수단화되며, 진정한 행위의 가능성은 사라진다. 이런 가운데서, 인간은 진정한 실존으로 존립할 수 없게 되며, 그에 따라 자신의 실존적 의미를 추구할 수 없게 된다는 점에서, 이는 곧 정치의 실종이다. 아렌트의 관점에서, 이것은 인간의 실존적 위기라고 표현될 수 있다.

그러나 아렌트는 현재 인간이 이러한 실존적 위기에 처했다고 해서, 그것에 대해 비관적이고, 냉소적이며, 패배주의적으로 끝나지는 않는다. 그는 현재 인간이 처한 위기 속에서 희망을 싹을 발견한다. 그는 다음과 같이 말한다.

"정치적 소수(엘리트)가 다수자의 정치적 운명을 결정하고 대개의 경우 다수자를 지배해왔다는 사실은 한편으로는 소수자가 다수자에 대해 자기 자신을 지키지 않으면 안 되었다고 하는 필요라기보다는 오히려 필연이라고 하는 주위의 대양으로부터 자기들이 사는 자유의 섬을 지키지 않으면 안 되있다는 질박한 필요를 보여주는 것이나."[77]

이 구절은 소수자가 다수자의 운명을 좌지우지하는 상황이 오히려 다수자가 정치적 행위를 통해 자유를 지킬 수 있는 기회라는 것, 즉 "위기가 기회"라는 평범한 진리를 말한다. 현대의 정치적 상황은 필연성의 영역으로부터 자유를 지키려는 다수의 노력을 필요로 한다. 아렌트는 우리가 충분히 그럴 능력을 가지고 있다고 본다. 아렌트의 믿음대로, 그것은 수많은 역사적 현상들을

---

77) H. Arendt(1963. 6), *On Revolution*, Greenwood Press, p.276.(이하 OR로 약칭)

통해 증명되었다. 지금까지 세계 역사는 여러 번 새로운 정치체를 건설하고, 새로운 행위를 산출함으로써 새로운 행위의 역사를 다시 쓴 적이 있다. 이것은 아렌트의 용어로 새로 시작하는 능력, 즉 행위능력에 의해서였다. 그러므로 다음 장에서는 인간 삶의 실존적 의미를 획득하여 인간됨, 즉 진정한 인간 실존 양식, 따라서 진정한 삶의 양식을 실현할 수 있는 한 방안으로서, 아렌트가 제시하는 '정치행위'의 재활성화방안을 살펴볼 것이다. 그것을 탐구하는 과저에서 인간답게 산다는 것의 의미도 도출될 것이다.

제6장 진정한 인간 실존의 현실화와
공적 영역의 작동방식

가. 진정한 인간 실존 양식의 실현의 장으로서 폴리스

『인간의 조건』에서 세계소외로 요약되는 현대성의 근본적 부정성에 대한 아렌트의 격렬한 비판은 2천 년 전의 그리스 폴리스에 대한 회상적 해석과 더불어 진행된다. 이것은 아렌트의 정치적 성향을 복고적이라고 비난할 수 있는 단초를 제공하기도 했지만, 폴리스는 "역사적 현상"이면서 동시에 "규정적 현상"이었다.[78] 우리가 당면한 세계소외, 사회적인 것의 등장, 공적 영역의 소멸 및 그로 인한 진정한 삶의 의미의 상실 등으로 규정되는 현대성의 병폐는, 폴리스에서처럼, 시민들이 공적 영역에서 실행하던 정치행위를 통해 해소할 수 있는 것으로 상정된다. 따라서 폴리스는 과거의 위대한 행위에 대한 기억을 조직화된 기억의 한 형식으로 선제하고 있다는 점에서 "기억의 조직체"이나.

아렌트가 정치적 삶의 모델로 삼은 고대 그리스 폴리스의 민주주의는 그리스 고대 역사에서도 아주 짧은 기간 동안만 존립했다. 폴리스 민주주의는 BC 5세기경에서 4세기에 걸쳐 존속했고, 그리스 도시 국가 중 아테네만이 직접민주주의를 실시했다.

---

78) Hansen(1993), p.50.

그런데 이런 고대 그리스의 폴리스 체제를 정치적 삶의 모델로 삼은 아렌트의 작업을 추적한 한센의 견해를 따라 폴리스를 현대 정치의 병폐를 극복할 시민민주주의의 원형으로 제시한다면,[79] 폴리스의 어떤 면모가 현대성을 비판적으로 진단하는 아렌트에 의해 현대 정치의 대안으로 주목받게 되었을지를 탐구하는 것은 피할 수 없는 과제가 된다. 그 해답은 폴리스 안에서 그 정당한 구성원으로 살았던 개인의 삶이 무엇을 지향했는지 파악해 보면 어느 정도 정확하게 드러날 것이다.

도시국가가 형성되기 이전 그리스 원시 공동체는 가족신을 섬기는 가족 집단에서 점차 부족체제로 발전하면서 신관념도 점진적으로 확대시켜 가족신 이외에도 부족 공통의 신을 숭배하는 단계로 옮아갔다. 이 부족사회들은 민회를 운영하였고, 가족의 조상과 공통의 수호신을 경배하였으며, 불을 숭배하는 자연 종교를 가지고 있었다. 불은 고대인들의 삶 전체를 지배했는데, 그것은 불이 자신들의 운명에 영향을 주는 신과 관계되어 있다고 믿었기 때문이었다. 그런데 불에 대한 이 공공의 숭배는 부족 구성원이 아닌 외부인들에게는 감추어졌다. 어쨌든 불의 숭배에서 현재 알 수 있는 것은 "고대 그리스인들이 자연과의 대면에서 '어둠'보다는 '밝음'을 좋아했다"는[80] 사실이다. 그들은 자연의 힘에 대해 숭배감, 사랑, 공포감 등 혼합된 감정을 품고 있었으며, 그에 마주 선 인간의 힘은 나약하다고 느끼고 있었다. 이런 상태에서 부

---

79) Hansen(1993), p.51.
80) 퓌스텔 드 쿨랑즈(2000), 『고대도시』, 김용종 역, 아카넷, 165쪽.

족의 구성원들이 인간으로서 자신들의 나약함을 내면적으로 극복하는 방식에는 크게 두 가지가 있었다. 그것은 모두 자신들에게 힘을 줄 수 있다고 믿는 대상을 신으로 만드는 것, 즉 신격화의 작업과 관련이 있었다.

우선 부족 구성원들은 자신들보다 우월하거나 아니면 특이한 성질, 또는 특출한 내력을 가진 외부 사물들을 기도의 대상으로 삼고 그것들에 신격을 부여하였다. 올림푸스의 신들은 모두 바로 이런 부족 차원의 인정과 신격화를 통해 부족의 발전과 더불어 차례로 신의 지위로 격상되었다. 이런 각각의 신에 대해 여러 개의 부족이 공동의 숭배의식을 거행하게 되면서 부족 간의 배타적 관계가 해제되고 도시국가 형태의 운영구조를 갖는 폴리스가 결성되었다. 폴리스의 신들은 도시에 인간과 함께 거주하면서, 인간과 함께 울고, 웃고, 질투하고, 사랑도 하는 인간적인 특성을 발휘하였으며, 도시인들과 운명을 같이했다. 다시 말해서 고대 그리스인들에게 신은 우주를 처음 창조하거나 초월적 위치에서 인간에게 하향식으로 독점적 통치권을 행사하는 '지배자'(dominator)라기보다는 인간사를 같이 하면서 폴리스 구성원, 즉 시민에게 닥친 모든 문제를 해결하는 데 앞장서는 '지도자'(leader)에 가까웠다 할 것이다.[81] 따라서 신들은 우주의 창조가 아니라 도시의 건축으로 찬양받았으며, 바로 그 때문에 도시 구성원들이 거행하는 모든 공적 행위의 시원적 근거가 되었다. 각 폴리스 도시의 정체성을 상징하는 개별 신들과 관

---

81) 헤브라이 전통의 유일 절대신과 구별되는 고대 그리스 신들의 이런 위격은 홍윤기 교수의 도움에 의한 것이다.

련된 행사는 그 도시에서 일어나는 모든 문제가 토의되는 기회이기도 했다. 따라서 신을 위한 제사의식에 이방인들의 참여는 허용되지 않았고 또 허용될 수도 없었다. "도시는 자기의 신이 외부인들을 보호하기를 바라지 않았으며, 그들이 그 신을 숭배하는 것도 바라지 않았다."[82] 이 의식을 거행하는 행위는 그 폴리스 구성원들이 스스로가 그렇게 되기를 열망하는 정체성이 가장 탁월하게 구현되는 매체였고, 바로 이런 점에서 종교적인 제사의식은 정치적인 집회 즉 민회와 거의 구별되지 않았다. 현재의 관점에서 보면 분명히 권력배분과 관련된 정치적 행위로 간주될 공적 행위들은 모두 그 도시의 창설자인 신의 개입 아래 검토되었다. 정치(politics)라는 구미어의 어원이 된 '폴리스의 운영 또는 다스림'이 지속되는 한, 신은 그 행위 안에서 그 행위를 정당화시켜 주는 불멸의 근거로서 반복적으로 상기되고 그 영향력이 지속적으로 발휘되었다. 신들의 불멸성(immortality of gods)은 폴리스의 지속성(sustainability of polis)을 보장하는 역동적 토대였던 것이다.

바로 이와 관련하여 신격화의 두 번째 양상이 대두되었다. 즉 신이 창설한 폴리스가 위기에 빠질 정도로 심각한 문제가 발생할 경우 그것을 해결함에 있어서 탁월한 역량을 발휘한 영웅들(heros)이 신에 버금가는 숭배의 대상이 되었던 것이다. 영웅들은 폴리스가 바로 그 공의(共議)를 통해 합의하여 위임한 공적 요구를 자신의 행위와 업적을 통해 충족시킴으로써 폴리스의 창설에 맞먹을 정도로 폴리스의 존립에 기여한 것으로 인정받은 존재였

---

82) 쿨랑쥬(2000), 209쪽.

다. 바로 이들의 행적에 대해 폴리스 구성원들은 공적인 기억을 통해 지속적인 찬양을 가함으로써 단지 유한한 인간에 지나지 않았던 이들의 위상을 신적인 곳으로 격상시켰다. 이 신격화의 두 번째 양상은 고대 그리스 신들의 존립 구조를 더욱 분명하게 보여준다. 즉 '인간 존재자'는 유한하고 죽을 운명을 타고 났어도 '공동체의 존립에 유익한 그의 행위'를 통해 그는 자기 공동체의 동료 구성원들의 '공적 기억' 속에서 '불멸의 신적 존재자'로 재탄생한다. 아주 간단하게 요약하자면, 폴리스는 인간을 그의 행위(action)를 통해 신의 위치로 끌어올릴 수 있는 장치, 즉 '공적 영역'을 내장한 조직이었던 것이다.[83]

신의 '불멸적인' 능력에 대한 숭배는 공적 영역에서 신적 가치를 구현한 인간의 불멸성 추구로 이어졌다. 그리하여 사람들은 모든 행적의 공과가 마치 불에 비추어지듯이 낱낱이 드러나는 밝음의 영역 곧 공적 영역에서 문제되는 행위의 가치를 검토하여 신적 가치를 부여함으로써 지상의 유한한 삶을 사는 인간의 삶에 신적 위상을 부여하였다. 그리고 이렇게 신적인 것으로 공인된 행위들은 폴리스 구성원들이 누리는 자유의 토대로서 지속적 효력을 발휘할 것으로 기대되었다.

폴리스적인 삶이 이런 방식으로 전개된다면 그런 폴리스가 구성원 개개인에게 어떤 의미를 가질지 추정해보기란 그리 어려운 일이 아니다. 어떤 문화권에서 살든 한 개인의 삶은 덧없기 짝이

---

83) 고대 그리스에서 행해졌던 신격화 작업의 개념적 구조에 대한 이런 요약은 홍윤기 교수의 제언에 힘입은 바 크다.

없는 수많은 행위와 말로 점철되기 마련이다. 그런데 공적 영역을 내장하고 있던 그리스 폴리스는 이런 연약하기 짝이 없는 구성원 개개인의 말과 행위 가운데 어떤 것이 그 공동체의 다른 구성원들에게 의미 있는지를 검토하고 평가하고 결정하고 기억시킬 수 있다는 가능성을 그 구성원들에게 확신시키는 데 성공했던 것이다. 아렌트에 따르면 그리스 폴리스는 두 가지 기능을 발휘했다. 그중 하나는 사람들이 자신이 하고 싶은 어떤 일을 지속적으로 할 수 있게 해주는 기능을 발휘했다는 것이다. 즉 폴리스는 사멸적인 인간에게 신적 속성인 불멸의 명예를 얻을 기회를, 즉 말과 행위를 함으로써 자신의 정체성을 자신만의 차이성을 통해서 다른 사람들에게 보여주는 기회를 배가시키는 곳이었다. 둘째, 폴리스는 공통의 기억을 통해서 말과 행위가 가지고 있는 허무함을 기억되게 함으로써 불멸적인 행위들이 사라지지 않게 해주는 기능을 발휘했다는 것이다. 즉, "그리스인들에게 폴리스는 개인적 삶의 무상성에 대한 보증이다. 다시 말하면, 그것은 무상하기만 한 모든 것들을 막아주고 비교적 영속적인 것들을 허용하는 공간, 즉 죽을 운명의 인간에게 불멸성을 보장하는 공간이다."(HC 56)

공적 영역을 내장한 폴리스에서의 공적 삶(public life)은 사멸적이기 때문에 허망할 수도 있을 인간의 한시적 삶을 넘어 불멸의 삶을 보장해주는 곳으로 파악된다. 그리스인들은 폴리스에서 입법, 판결, 공적 업무를 떠맡았는데, 그들에게는 그러한 책임감의 행사가 단지 정치적 활동인 것만은 아니었다. 그것들은 기껏해야 행위와 말이라는 정치적 활동이 나타나는 공간의 창조와 유지를 위해 필연적인 절차였을 뿐이다.[84] 이 독립적인 현상의 공간은 허무하게 사라져가는 것에 두려움을 갖고 있는 사람들로 하여금 어떤 족적을 남길 기회를 주는 곳이며, 따라서 그들을 칭송해줄 시인이 없이도 그들을 영원히 기억하게 해주는 곳이다. 그 덕분에 행위자들은 시인의 도움 없이도 기념비적인 행적을 남길 수 있으며, 시공을 초월하여 찬사를 받을 수 있었다. 폴리스 내에서 사람들은 함께함으로써 공동의 존재로 살아가게 되고, 그러한 삶을 통해 자신들이 한 행위와 말, 행위와 이야기들은 지상에서 사라지지 않고 불멸성을 얻을 수 있었던 것이다. 따라서 폴리스는 행위자의 실존성과 위대성을 보존하고 돋보이게 해주는 "일종의 조직화된 기억체"였다. "법을 제정하고 동시에 위대성을 보존하는 폴리스의 능력에 대해 페리클레스가 지녔던 최상의 자부심은 정말로 짧게 갔다. 그러나 그것은 행위와 말을 인간 활동들의 체계 안에서 최상의 계열로 고양시키기에 충분했으며, 아직도 완전히 상실되지 않은 위엄을 정치에 부여하기에 충분한 것이었다."[85]

퍼스는 아렌트의 해석에 근거하여 아테네 시민의 삶의 양식에 대해 다음과 같이 말한다. 즉, "페리클레스의 '황금기' 동안 이상적인 아테네 시민은 우리가 이해하기에 낯선 종류였다. 그는 그

---

84) P. Fuss(1979), "Hannah Arendt's Conception of Political Community", *Hannah Arendt: The Recovery of the Public World*, ed. by Melvyn A. Hill, ST, Martin Press, p.168.
85) Fuss(1979), p.169.

의 아내에게 가정의 경영을, 그의 고용인이나 노예에게 그의 땅의 경작을, 이방인이게 상업적인 일을 맡겼는데, 정작 그 자신이 하는 일이라고는 폴리스에서 그의 동료들 사이에 나가 행위하고 말하는 것뿐이었다."[86] 아테네 시민은 사적 관심사들을 떠나 폴리스에서 자유를 향유했다. 여기서 여자, 노예, 이방인에게는 자유가 허용되지 않았다. 그러나 아렌트에게 이러한 불평등한 사회 구조는 중요하지 않다. 아렌트가 폴리스에 둔 일차적 관심사안은 **인간의 진정한 실존 양식, 따라서 인간 삶의 의미의 실현가능성**이었지 폴리스란 정치공동체의 구조가 아니기 때문이다. 그러므로 여기서 중요한 것은 폴리스라는 사회 구조의 윤리적 정당성 여부가 아니라 폴리스 구성원들이 누렸을 '폴리스적 삶의 형식'과 그것이 그 구성원들에게 준 의미라고 보아야 한다.

폴리스의 인민은 폴리스의 공적 영역에서 자신의 개별성을 드러내고, 그 자신을 다른 사람들로부터 구분하여 완전히 그 자신을 드러낼 기회를 가졌다. 행위와 말을 통해 공적으로 계시한 인간들의 독특한 정체성 자체가 정치의 내용이었다고 할 것이다.[87] 폴리스는 우선, 국민, 국가, 사회, 공동체, 교회 간의 근대적 구별을 갖지 않는 하나의 정치적, 도덕적, 종교적 통합체였다. 이렇게 여러 가지 측면을 가지고 있었던 폴리스에는 '지배적인 중심부'가 없었다. 따라서 그리스 폴리스에서는 우수한 정치지도자에 대한 이야기가 별로 없다. 폴리스는 철저히 대중의 자발적인 참여에

---

86) Fuss(1979), p.167.
87) Fuss(1979), p.167.

의해 형성되는 조직체였으며, 그것은 사람이 존재하는 곳이면 어디서나 생겨났다. 그리스 사람들은 복수의 사람들로 구성된 이 폴리스 내에서 자신의 실존성을 타자로부터 인정받음으로써 자신의 존재의미를 확인할 수 있었던 것이다.

여기에서 오늘날 정치학의 주된 주제인 '시민권'은 정치 활동에의 '참여'를 의미하였다. 폴리스는 시민들이 자유로이 출현하여 자신의 의견을 공개석상에서 타자들에게 제시하고 비판적인 토의를 거침으로써 합의에 도달하는 정치적 토론 공동체였다. 여기서는 자신의 의견을 자유롭게 표출할 수 있었으므로, 어떤 사안에 관해 찬성이나 반대의 의견을 제시하고 그 근거를 해명함으로써 타인을 설득할 수 있었다. 폴리스 내에서의 이러한 행위가 영원히 사람들의 기억 속에 살아남게 될 때, 인간은 자신의 사멸성을 극복하여 불멸성을 획득하고, 삶의 필연성으로부터는 얻어질 수 없는 자신의 삶의 의미를 창출해낼 수 있었으며, 인간 존재의 목적을 현실화시킬 수 있었던 것이다. 폴리스에서 시민들은 일인이나 소수의 지배하에 있지 않았으며, 지배자와 피지배자는 동일하였다. 따라서 이 인민의 통치 안에서는 일인이나 소수의 지배 아래에서 생겨나기 쉬운 삶의 무력감으로부터 해방될 수 있었으며, 정치적 사안이나 사건들에 대해 자기 관점에서 의견을 제시하여 타자를 설득하고 합의에 도달함으로써 타자와 조화로운 삶을 영위할 수 있었다.

그러므로 "폴리스에서 시민권은 권리의 소유란 의미를 갖지 않는다. 당시에 현대적 의미에서 개인에게 절대적으로 보장되는 권리 개념은 발전되어 있지 않았었고, 개인은 정치공동체에 대해 어떤 것을 요구할 권리를 갖는 것으로 보이지는 않았다. 시민적 의무, 사회적 책임, 폴리스에의 헌신이 시민권의 기본요건이었다."[88] 즉 폴리스 시민들은 그 자신이 배심관, 방어, 공적 업무 일반의 행정과 같은 부담을 기꺼이 떠맡았다.(HC 41) 그들은 공동체에 헌신할 것이 요구되었고, 시민으로서 공동체에 요구할 수 있는 적극적인 권리는 없었다. 시민이 순번제로 공직을 맡았다는 사실에서 우리는 폴리스의 공직이 지배력을 행사하는 자리가 아니었음을 알 수 있다. "시민의 책임감의 발휘는 단지 정치적 활동뿐"이었던 것만이 아니라 "행위와 말이라는 진정한 정치 활동들이 나타나는 '공간'의 창조와 유지에 있어서 필연적인 절차였다고 보아야 한다."[89] 그리고 폴리스에 참여한 모든 시민들은 동등체(equals)로서 모두가 평등한 발언권을 지녔다.

이처럼 그리스 폴리스에서 시민들이 정치공동체의 공적 활동에 참여하는 것이 의무이자 소극적 권리였다. 이러한 시민권의 범위는 다음과 같은 것으로 드러난다. 즉 "그리스인들은 1) 정치적 권리에 있어서나 법률 앞에 평등하였고, 2) 총회에서 공동문제를 토론하고 토의하였으며, 다수자 투표에 의해 어떤 문제를 직접 결정하여 타인들에 대한 궁극적 통제권을 행사하였고, 시민들에게 책임을 지는 공직자들을 선출했다. 3)그들은 비판, 반대의 권리를 포함하는 정치적, 시민적 자유를 향유하였다. 4)그들은 법

---

88) 이상구(1984), 『민주정치론』, 대왕사, 46쪽.
89) Fuss,(1979), pp.167-168.

률에 대한 존중과 정부에 대한 법률적 제약에 의해 참주(僭主) 정치로부터 보호받았다."90)

여기서 폴리스의 고유한 특성을 밝히는 것은 중요하다. "고대 그리스인들이 구축한 공동세계, 즉 폴리스는 사람들이 모일 집합 장소이지만, 여기에 모인 사람들은 모두 다른 관점을 가지고 다른 위치에 있다. 각자 다른 입장에 있기 때문에 타자들의 실존은 공적 삶의 의미와 관련이 있다."(HC 57) 그리고 의미 추구(quest for a meaning)는 말나눔 또는 담화(speech)를 통해 가능하다. 인간은 그 말 나눔 또는 담화를 통해 자신의 차이성을 타인에게 드러낸다. 따라서 인공적으로 만들어진 이 제도적 세계는 행위와 말에 적합한 환경을 조성하였으며, 그 자체 경제적 실익과는 전적으로 무관하고 제작 활동들과 질적으로 다른, 그리하여 차이를 통한 인간 삶의 의미와 관련된 활동들이 행해졌다고 생각된다.

따라서 폴리스(polis)는 개인의 독특한 행위가 발생할 수 있는 곳이었을 뿐만 아니라 그것을 촉진시키는 곳이었다. 폴리스의 바로 이런 면모는 아렌트에게 폴리스가 내장하고 있던 공적 세계, 공적 영역을 인간 삶의 '의미'(meaning)가 가장 적극적으로 실현될 수 있는 곳으로 비치게 만들었다. 아렌트는 시민들이 자발적이고도 적극적으로 참여할 수 있는 이런 종류의 공적 공간이 있다면 현대 사회에서의 굴절된 인간 삶을 바로잡고, 인간다운 삶을 살 수 있으리라고 추정하였다. 그런데 이러한 아렌트의 의도가 성공하는데 있어

---

90) 이상구(1984), 43쪽.

서 그 핵심은 현대 사회의 맥락에서 "공적 영역"(public realm)을 복원시키고 합리적으로 재작동시킬 방안이다. 그렇다면 공적 영역은 어떤 조건에서 합당하게 작동할 수 있는가 하는 것은 중요한 문제이다. 아니, 탈신화화 과정이 급격하게 관철된 현대 사회의 생활 맥락에서 '신격화'를 통한 불멸성의 인정이 사실상 무의미하게 되었다고 할 때, 새삼 어떤 근거로 공적 영역의 필요성과 실현가능성을 주장할 수 있을까?

나. 공적 영역의 개념규정과 그 의의

아렌트가 공적 영역(public realm)의 의의를 두드러지게 강조하여 개념적, 이론적 해명을 본격적으로 시도한 것은 그의 역작 『인간의 조건』에서이다. 여기에서 아렌트는 '공적'(公的 public)이라는 용어를 두 가지로 해석하는데, 이것들은 서로 밀접하게 관련되어 있긴 하지만 그렇다고 해서 전적으로 똑같지는 않은 현상들이다.

첫째, 어떤 것이 "공적으로 나타난다"(appear in public)라고 했을 때, 그런 것은 모두 모든 사람에게 시각적으로, 청각적으로 공개되어 가장 폭넓은 **공공성**(publicity)을 갖는다는 것을 일컫는다. 여기에 덧붙여 아렌트는 현상 내지는 '나타남'(appearance)이라는 용어를 해석한다. 그것에 따르면. 주관적이고 사적인 것들은 공적으로 나타나기에 적합하게 전형(轉形)되고(transformed) 탈사격화되고 탈개인화되어야만 불확실한 종류의 실존 상태에서 벗어나 현실을 이루게 된다는 것이다.

이는 우리가 무엇인가에 대해 그것을 현실감 있는 것으로 감각하고, 인지하고, 감정적으로 반응하려면 그것을 두고 모든 사람이 보고 말하면서 그 무엇인가로 인식하는 것으로 되어 있어야 한다는 것이다. 아렌트는 사적인 어떤 것이 공적인 성격을 띤 것으로 전형되는 데는 두 가지 방식이 있다고 한다. 하나는 "이야기 말하기"(storytelling)이고 다른 하나는 "개인적 경험의 예술적 위상전환"(artistic transposition of individual experiences)이다.(HC 50) 다시 말하면, 공적 영역은 어떤 것을 우리 자신과 같이 보고 들어줄 다른 사람이 현전하는 곳이며, 우리와 세계의 현실성은 그것으로부터 확보된다는 것이다. 따라서 이런 의미에서 '공적'이라는 말은 그 공적이라는 말이 통용되는 영역에 특정 개인 실존이 '출현'(出現) 또는 '등장'(登場)하여91) 공적인 성격을 가진 것으로 변모시키는 그런 것을 가리키는 셈이다.

둘째, "그것이 우리 모두에게 공통되고(common) 우리에 의해 사적으로 소유되는 장소와 구별되는 한", 아렌트가 지적하는 '공적'이라는 말의 두 번째 뜻은 "세계 그 자체"(the world itself)이다. 하지만 이때 세계란 지구나 자연같이 인간이 이동하고 유기체적 생명의 조건이 되는 제한된 공간이 아니라 "인간적인 인공물(human artifact), 즉 인간에 의해 만들어진 세계 안에 함께

---

91) 따라서 이런 맥락에서라면 appear는 단순히 '나타난다'가 아니라 '출현한다' 또는 '등장한다'로 번역되어야 정확할 것이다. 이 점은 홍윤기 교수가 지적해주었다.

거주하는 이들 사이에서 진행되는 여러 사안들과 아울러 인간의 손으로 제작한 모든 것"과 관련된 개념이다. 다시 말해 아렌트가 '공적'이라는 말로 표현하고자 하는 것은 '우리가 함께 사는 세상으로 의식하고 있는 것'이다. 즉 "세계 안에서 함께 산다는 것은 본질적으로, 마치 책상이 거기에 둘러앉은 사람들 사이에 위치하듯이, 사물들의 세계가 그것을 공유하는 사람들 사이에(between) 있다는 것을 의미한다. 다시 말해 세계는, '사이에 있다, 안에 있다'라고 말할 수 있는 모든 것이 그렇듯이, 사람들을 관계시킴(relate)과 동시에 분리시킨다(seperate)." 말하자면, **공통의 세계** (the common world)로서 공적 영역은 우리를 함께 모이도록 하지만, 그와 동시에 우리들이 서로 엎어져 포개지지 않도록 예방하기도 한다."(이상 HC 52) 따라서 공적 영역이라는 용어의 개념폭이 이렇게 공통의 세계라는 의미층까지 건드리고 있는 것이라면, 공적 영역에서 추구하는 행위의 명예로움, 즉 불멸성의 인정이 실질적으로 어디에 근거하고 있는지 확연히 알 수 있다. 즉 행위의 불멸성은 세계의 영속성과 맞물려 들어간다고 볼 수 있다. 공적 영역의 속성에 대한 아렌트의 설명은 다음과 같이 진행된다.

"공적 영역이 실제로 존재하게 되고 그 뒤를 따라 세계가 사람들을 결합시키는 사물공동체로 전형되는 것은 전적으로 **세계의 영속성** (permanence of the world)에 좌우된다. 세계가 공적 공간을 보유한다고 한다면, 그것은 한 세대 동안에 건립될 수도 없는 일이며, 그리고 살아있는 것들만 위해서도 기획될 수 없는 일이다. 그것은 죽을 운명에 있는 인간들의 수명폭을 초월하지 않으면 안 된다. 이와 같이 **이 지상에서의 잠재적 불멸성**(a potential earthly immortality)**에로의** 초월이 없다면, 어떤 정치, 엄격하게 말하자면, 어떤 공통 세계 및 어떤 공적 영역도 가능하지 않다. 왜냐하면 기독교가 이해하는 바와 같은 공동선, 즉 모든 이의 공통적 관심사로 되어 있는 자기 영혼의 구원과는 달리, **공통의 세계란 우리가 태어날 때 들어가 우리가 죽을 때 뒤에 남겨두는 그런 것이다.** 그것은 과거와 아울러 미래를 향해서도 우리의 수명폭을 초월한다. 그것은 우리가 오기 전에 거기 있었으며, 우리의 짧은 머묾보다도 더 오래 거기에 있을 것이다. 그 공통의 세계는 우리와 지금 함께 사는 사람들뿐만 아니라 예전에 여기 있었던 사람들과 우리 뒤에 올 사람들까지도 공유하는 세계이다. 하지만 그런 공통의 세계는 **오직 그것이 공적으로 나타나는(등장 또는 출현하는) 정도에 한해서,** 여러 세대의 부침에서 살아남을 수 있을 것이다."(HC 55. 강조 필자)

아렌트가 『인간의 조건』에서 제시하는 공적 영역은, 사실상 정치 이전에, '인간 삶 그 자체'의 공통 기반임과 동시에 그 '삶의 의미'를 획득하는 자기실현의 현장이기도 한 '인간 삶의 세계'인데, 그는 그것을 가장 넓은 시각으로 노출시켜 묘사하고 있는 것이다. 인간 삶의 세계는 자신의 영속을 위해 공적 영역의 존속과 지속을 필요로 한다. 그 반면에, 공적 영역은 그 안에서 성취한 것이 불멸의 가치를 갖고 지속되게 하기 위해서 그 구성원의 공통된 노력을 필요로 한다. 그렇지만 어떤 경우에도 사태의 주도권은 공적 영역에 놓여져 있다. 왜냐하면 사람들이 이 공통의 세계에 대한 관심을 갖고 있어서 자신들이 이 세계로 인해서 서로 결합되거나 분리되어 있다고 느끼기 때문에 그들은 하나의 공동체 안에 결집될 수 있기 때문이다. 오직 이것의 예외가 있다면 기독교인데, 기독교는 세속을 가리키는 공통의 세계에 대한 관심에 의해 결속된 것이 아니라 형제애나 사랑 같은 가족적 덕목에 의해 결속되어 있어서 몰세계성을 내장하고 있기 때문이다.

다. 불멸성에 대한 욕망과 권력(의 속성 및 의의)

정치가 당면한 현실적 문제를 해결하기 위해서 필요하다는 아렌트의 주장은 정치가 문제 해결의 수단으로 기여하는 것처럼 들린다. 그러나 정치적 문제 해결에 필요한 '정치적 사고'는 대화에 의한 소통을 필요로 하는바, 그 대화는 말에 의해 수행된다. 아렌트의 정치행위가 수단적 성격을 띠고 있지 않다고 말할 수 있는 이유는 정치적 대화가 갖고 있는 내재적 속성 때문인데, 말(speech)에는 진리 탐구가 아닌 의미 추구가 들어있다.[92]

복수의 사람들 사이에서 자신의 고유한 차이성과 정체성 및 인격을 드러내는 말에 의해 행해지는 정치행위의 결과, 즉 불멸의 위업은 공동체 전 구성원에게 의미를 부여한다.[93] 행위자의 헌신적인 위대한 행위로 인해 동료시민에게 혜택을 주고 얻은

---

92) 아렌트는 우리가 말을 할 때 나와 나 자신 사이의 대화인 생각함의 활동을 동반하게 되는데, 이것은 "의미에 대한 탐구와 관계있지 진리 탐구와 관계있는 것"이 아니다. T, 98쪽.
93) 행위자들은 자신들이 그러한 일을 성취하는 데 참여했다는 사실에 대해서 긍지를 갖기도 하고 그 결과의 수혜자가 되어 그들의 삶을 가치 있게 살기 때문이다.

것은 불멸적인 우주 내에 남겨진 그의 명예이다. 그런데 이 명예는 자신만의 사리사욕을 추구하거나 공동체를 외면한 상황에서는 획득될 수 없으며, 타자 앞에서 자신의 탁월성, 창발성을 발휘하는 가운데서만 가능한 것이다.[94] 이 탁월성의 발휘야말로 그 자체 목적적인 활동에서 요구되는 능력이며, 삶의 필연성 및 유용성과 무관한 불멸성의 욕구와 관련되어 나타나는 것이다.[95]

따라서 공적 영역, 다시 말하면 정치 영역에서는 인간의 능력에 고유한 행위능력에 의해 새로운 것을 시작하고, 그로 인해 새로운 삶의 세계를 열어갈 수 있으며, 그 결과로 세대를 뛰어넘어 존속 가능한 불멸성을 획득한다.[96] 다시 말하면, 인간은 전 구성원에게 의미를 줄 수 있는 행위를 통해서, 즉 불멸적인 행위의 업적과 사라지지 않는 흔적을 남길 수 있는 능력에 의해 자신의

---

94) 정치는 공동체와 연관된 문제를 다루는 활동이다. 그래서 정치의 전제조건은 타자의 현존이며, 개인은 타자 앞에서 자신의 가능성과 탁월성을 발휘함으로써 자신의 존재성을 보증 받는바, 이때 자신에만 관련된 사안에 헌신한다면 이는 누구의 관심도 끌지 못할 것이다. 따라서 공동체를 배려하는 마음으로 행위할 때 그의 행위는 정당성을 얻게 되고 그에 따라 찬사를 받게 된다.

95) 자신의 생계유지를 위해, 혹은 어떤 결과를 성취하기 위해 행위한다면, 그 행위는 자유롭지 못하게 될 것이나. 아무런 의도나 목적을 갖지 않고 활동 그 자체에 목적을 두고 행위할 때 개인의 탁월성은 발휘되며, 탁월성의 발휘는 결과와 무관하게 이루어진다는 점에서 자기 자신의 만족감과 더불어 타자에게 자신의 위대한 행위를 드러내어 칭송을 얻고자 하려는 욕망의 발로라 할 수 있다.

96) 아렌트는 인간의 활동을 노동, 작업, 행위로 구분한다. 노동은 생명유지와 연관된 활동이고, 작업은 자연물에 인공적인 변형을 가하여 인공세계를 건설하는 활동이며, 행위는 아무런 매개물 없이 이루어지는 활동이다. 이 중 행위만이 가장 고차적이며 인간만이 할 수 있는 활동이다. 행위는 인간의 가능성을 발휘하여 새로운 것을 시작하는 능력으로, 그로 인해 새로운 세계를 창조하며, 위대한 행위는 오랜 세월 세대를 초월하여 잊혀지지 않고 기억됨으로써 불멸성을 획득한다.

불멸성을 획득하고, 스스로를 신적 본성을 가진 존재로 확증한다.(HC 19) 이처럼 아렌트가 자기 삶의 의미를 공동적 삶과 연관시켜 찾고 그럼으로써 공동적 삶을 중요시한다는 점 때문에 어떤 사람은 그를 보수주의자로 분류한다.[97]

아렌트에 따르면, 정치 영역이 사멸적인 인간의 수명을 초월하여 존재한다는 점 때문에, 인간은 자기 삶의 흔적을 우주 내에서 사라지지 않게 남기고픈 욕망에 의해 정치 영역에 참여한다.[98] 요컨대 아렌트에게 정치행위를 촉진시키는 요인은 불멸성에 대한 욕망이며, 이것에 의해 현실적으로 처한 문제를 해결함으로써 인간과 세계와의 조화를 이루게 되고, 그것은 곧 인간의 삶에 의미를 부여한다는 것이다.

이 불멸성을 추구하는 과정에서, 권력이 발생하게 된다. 그런데 아렌트에게 권력의 의미는 독특하다. 기존의 정치철학에서 권력은 목적을 실현시키기 위한 하나의 수단으로 기능했으며, 권력은 한 개인이 자신의 주권을 행사해서 강제로 사람들을 복종시키는 힘을 의미한다. 그러나 아렌트의 권력개념은 공적 영역의 속성을 살펴봄으로써 알 수 있다.

---

97) 마가렛 카노반은 아렌트가 보수적이기도 하고 급진적이기도 하다고 평가한다. 그러나 아렌트의 정치적 사고는 세속적이고 인간적이라는 점에서 도그마적 종교의 명령에 정치를 종속시키는 다른 보수주의자들과 구분된다고 주장한다. Marget Cavonan(1996), 12쪽 참조.

98) 공적 영역은 인간이 태어나기 이전에도 존재했고, 그가 죽은 뒤에도 존재하는 것이기 때문에, 공적 영역에서의 뛰어난 행위는 그가 죽은 후에도 후세인들에게 어느 정도 영원히 기억된다. 그래서 인간은 자신의 훌륭한 행적을 통해 자신의 이름을 남기고 싶은 불멸성에 대한 욕망 때문에 공적 활동을 하게 된다는 것이다.

아렌트에게 공적 영역은 사람들이 스스로를 타자 앞에 드러내는 공간이다. 그래서 아렌트는 "현상"(appearance)의 중요성을 강조한다. 이 현상의 본성은 "드러냄"이다. 그리고 모든 인간과 동물은 자기현시(self-display)의 충동을 갖는다. 모든 피조물은 그 자신 현상이 되기도 하면서(주체-필자첨가), 세계의 일부가 되어 거기에 나타나기도 하므로(대상-필자첨가),[99] 세계에서 존재(Being)와 현상(appearing)은 일치한다.(TLM 19) 그럼에도 불구하고 철학은 현상의 중요성을 무시하고 보이지 않는 세계, 즉 존재만을 중시하였다. 그러나 아렌트에게, 이것은 "형이상학적 오류"이다. 아렌트는 이러한 형이상학적 전통에 반대하고, 철학자든 과학자든 초월의 세계로 가기 위해서는 현상을 넘어야 한다는 점에서, 현상은 존재보다 우선하며, "이 겉보기는 다수의 관찰자에 의해 지각된다"고 주장한다. 따라서 이 나타난다는 것(겉보기)은 관찰자들의 관점에 따라 다양하다. 그런데 현상의 선차성은 정신 활동과 연관성이 있다. 그리고 이 정신 활동은 현상세계로부터의 이탈, 자아에 대한 집착으로 특징지어지지만, 그것은 어디까지나 현상세계에 근거지를 둔 이탈이다.

이 정신 활동의 근거지가 되는 공적 영역은 사람들이 타인 앞에 나타난다는 광의의 의미에서 현상의 공간(space of appearance)이다. 사람들이 공적 토의나 행위를 통해 등장하는 "이 현상 또

---

99) 모든 피조물들은 나타나는 세계(주체로서의 현상)라는 것과 자신들의 출현 이전이나 소멸 이후에도 여전히 존재할 세계가 있다(대상으로서의 현상)는 사실을 공통적으로 가지고 있다는 것이다. 그들은 지각하는 존재이면서 지각되는 존재이다. H. Arendt(1971), *Think, The Life of Mind One*, Harbourt brace Jovanovich, p.20. (이하 TLM으로 약칭)

114

는 출현의 공간은 말과 행위의 방식으로 사람들이 함께하는 곳
이면 어디서나 존재하므로, 공적 영역의 형식적 구조와 다양한
형태의 정부, 즉 공적 영역이 조직화될 수 있는 다양한 형식들보
다 앞선다. 그래서 아렌트는 현상세계에서 발생하는 인간의 구체
적인 경험맥락을 중시하며, 이와 같이 경험적 사실에 대한 관심
때문에 그는 물화된 공통감각을 찬양한다고 비판받는다.[100] 현상
의 공간에서 사람들은 서로에게 현상한다. 그러나 그때 사람들은
단순히 수동적으로 존재하는 것이 아니라 뚜렷이 현상하지만, 이
것이 항상 있는 것은 아니라는 아렌트의 주장은 공적 영역과 권
력의 속성을 명확히 보여준다.[101]

　…… 이 공간의 두드러진 특성은 …… 사람들이 흩어지면 활
동 자체도 없어져 사라지면서 이것 또한 사라진다는 점이
다."(HC 199) 현상의 공간은 잠재적으로 존재할 뿐 필연적이거
나 영원한 것은 아니다. 그러나 이 잠재성은 완전히 상실되지 않
고 사람들의 말과 행위가 실행될 때면 언제나 다시 현실화된다
는 것은 원래 권력의 속성을 잘 보여준다. 다시 말하면, 권력은
이러한 현상의 공간에서 "사람들이 행위하고 말하는 순간 생겨났
다가 사람들이 흩어지는 순간 사라지는" 그 무엇이므로 저장도
비축도 불가능하며, "그것이 실현될 때만 존재한다는 것이
다."(HC 200) 따라서 권력은 영원하거나 필연적인 것이 아니며

---

100) Hansen(1993), p.8.
101) 공적 영역에서 사람들이 현상하는 것은 항상 일어나는 것이 아닌데, 사람
　　　들이 현상할 때 공적 영역도, 권력도 생기기 때문에, 사람들이 현상하는
　　　양식은 공적 영역과 권력의 속성을 드러낸다.

행위가 실현될 때만 존재하는 잠정적인 것이다. 그러나 비록 권력의 잠재성 때문에 권력이 항구적이지 못할지라도, 그것이 단순히 존재한다는 사실은 행위에 최고의 위상을 부여하며, 인간과 동물의 구분에 결정적인 역할을 하고, 정치에 위엄을 부여한다.

이와 같이 권력은 실현될 때만 잠재적으로 존재하기 때문에 저장도 비축도 불가능하다. 아렌트는 권력실현의 조건을 다음과 같이 제시한다. 즉 말이 의미를 갖고 행위가 힘에 의해 이루어지지 않을 때, 말과 행위가 일치할 때, 말이 자신의 의도를 은폐하지 않고 행위를 통해 실재를 드러낼 때, 행위가 관계를 확립하고 새로운 공간을 창조할 때, 권력은 실현된다는 것이다.(HC 200)

따라서 권력과 정치공동체는 밀접한 관계를 가지게 된다. 이 잠정적인 권력이 상실될 때, 정치공동체는 손상되고, 다음엔 죽게 된다.(HC 200)[102] 이 잠정적인 권력의 실현을 통해서 사람들은 자신을 타인과 구분할 수 있고, 타인을 능가할 수 있다는 점에서 공적 영역은 인간다운 삶의 중요한 조건이 된다. 공적 영역의 이 인공성은 인간이 자연적으로만 존재할 수 없다는 아렌트의 생각을 보여주는 것으로, 마가렛 카노반은 아렌트가 자연과 인공성을 대비시킨다는 점에서 아렌트의 사고에 낭만적인 보수주의적 특성이 있다고 평가한다.[103]

---

102) 권력은 사람들이 함께 말하고 행위할 때 발생하는 것이고, 그러한 "함께함"의 활동은 사람들이 모일 때만 잠정적으로 존재하는데, 이 권력이 상실된다는 것은 "함께함"의 말하기와 행위가 사라진다는 것이다. 이처럼 사람들이 정치행위에 참여할 수 없게 되면, 공동체는 치명적인 손상을 입게 되고, 결국엔 사라지게 될 것이다.

103) M. Canovan(1996), "Hannah Arendt as a conservative thinker", *Hannah Arendt: Twenty Years Later*, ed. by Larry May and Jerome Kohn,

116

인위적인 공적 삶의 필요조건인 타인의 현존은 동등한 동료에
의해 구성된다는 "공적 형식성"을 필요로 하며, 동등한 사람들이
나 열등한 사람들의 우연적이고 친숙한 현존이어서는 안 된
다.(HC 49) 동료 사이의 "동등성"(equality)은 근대의 평등개념이
자연적으로 주어지는 형식적 권리가 아니라 인간 세계에 참여해
서 행위함으로써 획득되는 적극적인 것이다. 아렌트는 이 인간
세계에의 적극적 참여를 "제2의 탄생"이라 불렀는데, 동등성은
제2의 탄생을 기반으로 해서 확보되는 것이다.[104]

아렌트는 여기서 철학자들이 주장하는 "의식"을 자신의 대화적
사고와 구분하면서, "의식"이 "차이"를 인정하지 않고 그 자신을
"동일한" 것으로 인식하기 때문에 유아주의의 오류로 이끈다고
비판한다.[105] 따라서 인간 정체의 차이, 다른 사람의 실존에 대
한 인정에 의해 확립되며, 사람들의 차이에 기초한 "함께함"의
조직화된 삶의 양식을 구성하여 대화를 통해 권력을 산출하게
되고 그 권력은 불멸의 업적을 남김으로써 행위에 참여한 사람
의 흔적이 사라지지 않게 해준다. 이처럼 권력은 인간이 타자에

The MIT Press. p.12.

104) 아렌트의 평등은 정치 영역에서만 확보되는 것이다. 이 "평등"은 정치에
　　참여해서 행위하는 사람들 사이의 인격적인 동등함을 의미하므로, 이것은
　　인간이 타고날 때부터 가지고 있는 천부적인 권리가 아니라 인간이 적극
　　적으로 정치행위를 할 때 획득되는 것이다.
105) 아렌트에 따르면, 현상은 구경꾼을 필요로 하고 잠재적 승인과 인식을 요
　　구하는데, 의식은 나는 나 자신을 자각하고, 그러므로 어떤 의미에서 나
　　자신에게 나타날 수 있다는 것으로, 그것은 실재를 보장하지 않는다. 데카
　　르트의 "생각한다"(cogito)로부터는 생각하는 실체 밖에 도출되지 않는다
　　는 의미에서, 오류가 된다. "나는 존재한다"는 "나는 생각한다"에 전제되
　　어 있다. 여기서 실재는 도출될 수 없다. 따라서 차이가 인정되지 않고 자
　　기 동일적인 자아만이 존재할 뿐이다. 그런 점에서 이것은 유아주의이다.

게 자신의 실존을 보증 받으려는 치열한 삶의 경험을 가능하게 하였으며, 이로 인해 인간은 드디어 자신을 '인간'이라고 부를 수 있게 되는 것이다. 생물학적 삶에의 몰두로부터 오는 허무감을 극복하기 위해 공적 공간이라는 인간의 극명한 실존적 조건을 마련하고, 그 아래서 자신의 의미를 치열하게 탐구하는 인간이야말로 진정한 인간의 삶을 살 것이다.

그러므로 인간의 권력은 불멸의 업적을 남길 뿐만 아니라 그 이상의 의미를 추구하게 한다. 즉 정치행위를 통해서 발생한 권력은 현상의 공간을 지속하게 해줌으로써 인간이 삶의 무상성을 극복하고 삶의 의미를 추구하게 해준다는 것이다. 권력의 의의는 이것에서 찾아질 수 있을 것이다. 따라서 권력은 공적 영역과 현상의 공간을 보존하며, 인간의 손으로 만든 세계의 생명줄이다.(HC 204)

라. 정치행위의 전제로서 복수성과 그 기능

정치는 공동체와 연관된 문제를 다루는 활동이다. 이것은 정치행위가 혼자만의 관심사에 의해서 이루어지는 것이 아니라는 것을 말해준다. 이것은 아렌트가 타자의 현존, 즉 복수성을 정치행위의 전제조건으로 본 이유이기도 하다. 정치행위를 할 때, 개인은 이 타자의 현존을 토대로 해서 자신의 빛나는 탁월성을 보여줌으로써 자신이 거기 그렇게 존재하고 있다는 것, 즉 그의 실존성을 보증 받게 된다. 그러나 정치가 아무리 개인의 실존성과 관련된 것이라 할지라도, 그것은 타인의 현존을 필요로 하기 때문에 타인의 관심을 끌어야 한다는 과제를 안고 있다. 그런데 개인이 정치행위를 할 때 자신에만 관련된 사안에 헌신한다면 어느 누구의 관심도 끌지 못할 것이다. 따라서 어떤 사람이 정치행위를 할 때는 다른 사람의 관심까지도 포함하고 있는 사안, 즉 공동사안과 관련해서 행위해야 행위의 의미가 온전히 살아날 것이다. 이것은 정치행위가 공동체를 배려하는 마음에서 촉발된다는 것을 말해준다. 그런 공동체를 배려하는 마음으로 행위할 때만이 그의 행위는 정당성을 얻게 되고 그에 따라 수많은 사람들이 보내는 공적 찬사를 받고 살아 남는다. 그러므로 불멸성(immortality)조차도 타자의 현존이 없다면 그 용어 자체가 무의미해지고 말 것이다.

정치행위의 전제로서 이 타자의 현존, 즉 복수성은 두 가지 점에서 중요한 원리를 떠맡는다. 첫째, 복수성(plurality)은 자유 실현의 원리가 된다. 복수성은 우리가 인간으로 존재하는 데 타인의 도움을 필요로 한다는 것을 의미한다. 따라서 불멸성의 근거인 "함께함"(being-together)의 양식을 살아가는 어느 누구도 자신의 존재를 자주적이거나 주권적인 의미에서의 자유로 정당화할 수 없다. 따라서 **자유는 그 어떤 경우에도 개인적 의지가 아니라 타자와 함께하는 정치행위에 의해 보장되고 실현된다고 보면 된다.**(BPF 143-171) 아렌트의 자유관은 자유를 개인이 보유하는 자유 의지의 발로로 보는 기존의 철학적 자유관과 대척점에 선다.

현대 철학은 자유와 주권을 동일시하는 경향이 있다. 여기서 주권이란 자기 행위의 결정에 있어서 그 행위자 개인의 의지에 최고의 우선성을 인정하는 배타적 결정 원칙이다. 이 주권 원칙에 입각할 경우 자기 행위의 결정에서 타인의 견해와 개입 여부는 전적으로 부차적이게 된다. 그런데 만약 한 행위자가 이 원칙에 입각하여 자기 행위를 결정하였음에도 불구하고 복수의 타자로부터 오는 여러 형태의 영향이나 개입 때문에 그의 의지대로 행위가 이루어지지 않을 경우, 그는 자기 자신이 아니라 바로 그 타인을 지배하려고 들 수밖에 없다. 다시 말해 자기의 주권을 최우선시하는 자유의 원칙은 타인의 주권에 대한 침해와 나아가 타인 자신에 대한 지배를 정당화하는 억압의 원칙으로 돌변한다. 이것은 사실상 복수의 타인과 함께 꾸려나가야 하는 정치를 포기하는 것과 마찬가지이며, 이 경우 자유는 오직 "정치로부터의 자유"가 될 뿐이다.(HC 234)

아렌트에 있어 자유는 인간의 그 어떤 형이상학적 특성에 의해 '선천적으로 보장'되는 것이 아니라 우리가 다른 사람과 함께 살아가고 있다는 삶의 조건 속에서 '정치적으로 실현'되는 것이라고 보아야 한다. 우리가 다른 사람들과 함께 살아가고 있다는 사실은 어느 누구도 자의대로 행위할 수 없음을 뜻한다. 그럼에도 불구하고 우리가 자유롭다고 한다면, 그것은 인간이 '함께' 행위하고 말하는 정치적 행위를 통해서 자신의 가능성을 발휘하여 새로운 것을 창설함으로써 자유를 실현한 것임을 뜻한다. 자유는 다른 사람들과 함께할 때, 바로 그런 조건 안에서 실현되는 것이며, 그 점에서 자유는 근본적으로 주권성(sovereignty)을 주장할 수 없게 된다. 이렇게 타자를 전제하지 않고 실현될 수 없다는 점에서 불멸성과 자유는 서로 긴밀한 내적 연관성을 갖고 있다는 것을 알 수 있다.

둘째, 이 복수성은 또 다른 중요한 원칙의 기반을 제공한다. 그것은 복수성이 도덕의 원칙으로 작용한다는 점이다. 한센은 『예루살렘의 아이히만』에서 아렌트는 시민의 책임감과 자율성을 손상시키는 관료주의를 비판하면서 정의를 다루고 있다고 옹호하지만,106) 많은 사람들은 아렌트의 정치이론에 도덕적 원리가 빠져있다고 비판한다. 피트킨은 사회적인 것의 문제들에 대한 고발의 중요성 때문에 아렌트가 정의의 문제를 의식적으로 생략했다고 본다.107) 그러나 아렌트의 정치이론은 도덕의 명시적 원칙을 상술하지 않고 있지만 복수성을 모든 정치행위의 전제로 정립하고 있기 때문에 바로 여기에 근거하여 도덕적 당위에 준하는 실천적 행위들을 수립할 잠재력을 내포한다. 무엇보다 우선 복수성의 전제는 정치가 필요하고 가능하다는 것을 근거 지운다. 그리고 이 정치행위와 그 과정 속에서 사람들은 자기 자신과의 내적 대화(생각함)와 실제적인 대화(토론)를 통해 자기 자신과의 일치나 조화를 지향한다. 따라서 복수의 사람들이 함께 살고 있다는 삶의 맥락에서는 별도의 실천 명령이 없이도 타자와의 관계에서 도덕적 의식에 의해 도출된 것과 맞먹는 정당한 행위

---

106) Hansen(1993), p.71, p.165~168.
107) d'Entreves(1994), p.61.

를 안출할 수 있게 된다.

그러나 정치행위를 비롯하여 복수의 타자 속에서 이루어지는 각종 행위에는 실천적으로 수많은 위험이 따른다. 무엇보다 어떤 행위는 그 기획과 결과에 이르기까지 수많은 우연적 요인들이 끼어듦으로써 간과할 수 없는 불확실성을 동반한다. 그리고 이와 나란히 그 행위의 의도와 결과에 대해 누가 책임을 져야 할지 불명확한 경우가 많다. 특히 권력의 행사가 기본적인 행위로 되어 있는 정치에서는 행위 동기의 우연성, 그 결과의 불확실성, 전 과정에 대한 책임 소재의 불명확성을 회피할 수가 없다. 이에 따라 플라톤 이후 정치철학은 이렇게 많은 위험감수요인을 안고 있는 '정치행위'를 대신할 방안을 모색하는 것으로 점철되어 왔다고 보아야 한다.

아렌트가 지적하고 있는 바와 같이, 행위의 우연선과 무책임성을 근본적으로 제거하기 위해 플라톤이 제시한 대안의 핵심은 행위의 기획에서 그 결과에 이르기까지 행위 진행과정 전체를 관장할 명시적 주인을 세우자는 것이었다. 이렇게 되면 행위는 불안정하기 짝이 없는 복수 주체들의 예측 곤란한 결정이 아니라 그 결과를 내다보기 비교적 쉬운 행위생산과정의 생산물이 된다. 플라톤이 복수성의 위험으로부터 벗어날 수 있는 구제책으로 '철인왕의 통치'를 제안하였을 때 그가 의도했던 것은 분명히 전제정치나 일인통치는 아니었다. 하지만 "행위를 통치로 대체한다"(HC 225)는 철인왕의 발상은 전제정치나 일인 통치를 옹호하는 쪽의 생각을 상당 부분 정당화시켜줄 여지를 갖고 있었다.

아렌트의 문제의식은 철인왕의 발상에서 가장 큰 오류는 행위의 어려움이 곧 인식의 문제에서 유래하는 것으로 속단하고 있다고 보는 데서 드러난다. 문제는 지식을 가진 한 인간이 아무리 온화하고 친절하게 통치를 시행하여 자비로움을 실천하는 것처럼 보일지라도, 그런 통치는 공적 영역에서 시민을 제외시키고 지배자만 공적 사안에 관여하고, 시민들은 사적인 일에만 내 몰린 채 모든 일이 명령에 따라 일사불란하게 움직이게 되는 결과를 가져온다는 것이다. 이것이 문제인 이유는 그 지배가 잔인하다는 것이 아니라 너무 잘 작동한다는 점이다.(HC 221) 그렇게 함으로써 분명히 안정성, 안보성, 생산성 같은 것은 확보된다. 하지만 그런 점들은 단기적 이점일 뿐 장기적으로 볼 때 이 장점들은 오히려 시민의 정치 참여를 배제한 결과 필연적으로 그 정치공동체 자체의 권력의 상실로 이어지게 된다.

이렇게 시민들의 정치행위를 지배자의 통치로 전적으로 대체할 경우 "행위의 영역에서 지배자는 고립된 지배권을 성취할 것이다. 하지만 이런 고립된 지배권은 다른 사람(타자)들은 자기 나름의 동기와 목적을 가지고 그들 자신의 조화를 만드는 일에 참여하라고 요구되는 것이 아니라 명령을 실행하는 데 익숙해 있을 때만 성취될 수 있을 뿐이다."(HC 222) 이 상태에서 아는 사람은 행위하지 않고 명령만 하며, 행위하는 사람은 사상이나 지식이 없이 명령만 이행하면 되기 때문에, 앎과 행위는 각각 다른 영역에 귀속되면서 서로 등을 돌리게 된다. 이것은 지배자가 처음부터 끝까지 행위의 주인, 통치자가 되는 것이다. 그는 생산의 관점에서 행위를 구상하여 미리 짠 청사진에 따라 명령을 내리며, 따라서 행위가 시작되는 순간 그는 이미 그 결과를 알고 있다. 그러나 정치를 수단화시킨 이런 행태에서 가장 치명적인 결과는 그 정치공동체의 구성원들이 명령만을 수동적이고 기계적으로 이행하는 방식으로 행위하게 하기 때문에 행위능력이 상실된다는 것이다. 이 행위 능력의 상실은 자유의 상실로 이어진다.

그러므로 인간의 정치적 행위는 권력을 발생시키는 것으로만 끝나는 것이 아니라 그 이상의 어떤 것을 추구하게 만들어주어야 한다. 즉 인간의 공동체적 결합을 바탕으로 이루어지는 정치적 행위를 통해 권력이 발생했으면, 이번에는 그 권력은 바로 현상의 공간이 지속되게 해줌으로써 인간으로 하여금 불멸성을 획득할 토대를 마련해 주는데, 이 과정에서 인간은 자유를 실감하고 실연한다.

제7장 정치적 행위와 정치적 사고

가. 공적 영역에서의 말나눔을 통한 자기 현시

아렌트는 공적 영역을 복원시키고 그 안에서 시민들의 정치적 행위(political action)를 활성화시킴으로써 어떤 정치체제를 막론하고 현대 사회를 지배하는 '부의 전체주의'에 맞설 실천적 가능성을 어느 정도나마 확보할 수 있다고 믿었다. 하지만 아렌트는 부의 전체주의가 전일적으로 지배하는 현대 사회에서 어떤 집단의 어떤 인간들이 과연 그것에 맞설 저항의 주체로 나설 수 있을지에 관해서는 두드러지게 지적한 바가 없었다. 다만 아렌트는 폴리스의 상황을 철학적으로 이상화시키고 나서 그것을 경제 일변도로 돌아가는 현대인의 편협한 가치관과 대조시킴으로써 삶의 경제적 풍요와 그 실존적 의미성의 빈곤이 서로 부사연스럽게 공존하는 상태를 극적으로 보여줄 뿐이다. 그러나 일단 정치적 행위가 활성화되기만 하면 생물학적 필연성에서 벗어나 지기 삶의 의미를 추구하는 생활방식이 가능하다고 믿었던 것은 분명하다.

정치행위의 이런 측면에 주목할 때, 아렌트의 정치행위론이 목표로 삼고 있는 것이 무엇인지, 그리고 그것은 어떤 방식을 통해서 달성 가능한 것인지가 어렵지 않게 포착된다. 즉 기존의 정치학이 지배와 복종, 명령, 조정 행위, 포괄적으로 말하자면, 권력의 행사를 중심으로 정치를 고찰했던 반면, 아렌트는 정치행위의 핵심이 공적 영역에서 만나는 복수의 동료 인간들을 상대로 한 말나눔 또는 담화(speech)에 있다고 보았다.(HC 26) 이미 언명한 바와 같이 공적 영역에서 말나눔을 통해 수행되는 정치행위는 그 행위가 더불어 하는 인간들의 복수성에 기반을 두는데, 이 복수성은 단순히 공적 영역에 참여하는 그 구성원의 수가 다수라는 사실을 함축한다. 그뿐만이 아니다. 그것은 그들 각자의 구체적인 삶의 경험을 토대로 한 "다양한 의견(doxa)"과 각자 삶의 개성적 양식을 담지하는 "개인의 창발성"(individual initiative)을 표현할 수 있게 만든다는 점에서 생활양식의 다양성의 근거이기도 하다.

따라서 다수의 구성원이 다양한 생활양식을 통해 다채로운 의견을 쏟아내는 공적 영역은 객관적으로 확정되는 그런 '진리'를 결정할 수 있는 곳은 아니다. 여기에서 아렌트는 세계로부터 고립되어 그 자체의 논리적 일관성에 의해 규정되는 이성적 진리(rational truth)와 사람들이 사는 세계 안에서 발생하는 다양한 사실들에 기초한 사실적 진리(factual truth)를 구분한다.(BPF 231) 사실적 진리는 사람들의 증언과 증명을 필요로 하며, 현실화되거나 말해져야 한다. 그것이 해석적 맥락에 놓일 때, 그것은 본성상 정치적이다. 즉 "사실적 진리를 말하는 사람이 정치 영역으로 들어가서 그 자신을 어떤 당파적 이익 및 권력형성과 동일시할 때, 그는 그의 진리를 타당하게 만들 유일한 성질들, 즉 불편부당성, 성실성(integrity), 독립성에 의해 보증된 그의 인격적 진실성(truthfulness)과 타협한다."(BPF 250) 따라서 사실적 진리와 의견은 같은 영역에 존재한다. 그런 점에서 아렌트는 정치 영역(political realm)의 구성요소를 보편적 기준에 의해 판정되는 진리의 강제성이 아니라 사실로부터 발생하는 다양한 "의견"이라고 본 것이다. 다양한 의견을 배제한 강제성을 띤 진리에 의해 정치가 지배되면 정치는 폭정으로 이어진다. 전체주의는 이러한 상황 아래서 발생한 대표적 사례이다.

인간사 영역(the realm of human affairs)에서는 함께 행위하는 복수의 인간들이 살기 때문에 다양한 문제들이 발생하며, 인간들은 이러한 현실적 문제들을 해결해야 하는 과제를 안게 된다. 공적 영역이 이러한 문제들을 해결하기 위한 다양한 의견을 발화시키는 영역이라는 사실은, 특정 문제가 제기될 경우 그 다양한 의견들을 내놓은 주체들 사이에 조정의 과정과 절차가 있어야 한다는 요구와 직결된다. 서로 다른 의견들의 조정이 폭력과 같은 수단에 의해 강압되지는 말아야 한다면 유일하게 남는 방도는 '대화'(dialoguc)와 '토론'(discussion)일 것이다. 바로 여기에서부터 공적 영역은 단지 개인 구성원들이 공동으로 살아가는 공통 기반이라는 차원을 넘어 각 개인들이 본격적으로 자기 삶을 실현하는 '정치적 행위의 현장', 즉 '정치 영역'으로 발전한다.

종교나 진리 탐구가 인간 세계 밖의 것과 관계하는 것과는 달리, 정치는 사람들 사이에서 형성되는 인간 관계망 속에서 발생하는 인간의 문제들을 사람들 사이의 말과 행위를 통해 다루기 때문에, 철저히 인간의 삶과 관련이 있다. 정치는 사람들의 공동의 행위에 의해 발생한다. 그리고 사람들이 함께 행위한다는 것은 무엇보다 우선 말과 행위를 '공유한다'는 것을 의미한다. 이에 따라 '정치적'(political)이라는 용어의 의미는 다음과 같이 규정될 수 있다. 즉 '정치적'이란 말에는 첫째, 개인만의 차원을 넘어 '공동체 전체와 관련성을 갖는다'는 광의의 의미가 있다. 그리고 둘째, 그것은 '사람들 사이의 말을 통한 권력 창출이나 권력 사용과 관련성을 갖는다'는 협의적이고 규범적인 의미를 갖는다. 그렇게 본다면 "행위는 공통적인 부분과 밀접한 관계를 가질 뿐만 아니라 모두가 참여하는 공적 영역을 구성하는 활동"이 된다.(HC 198)

아렌트가 정치행위를 통해 인간의 다양한 삶의 의미를 복원시킬 수 있다고 믿는 것은 정치가 인간의 삶에서 중요한 역할을 하고 있다고 보기 때문인데, 이것은 정치의 필요성과도 관련된다. 아렌트는 정치 영역이 인간사 영역에서 사람들이 복수성을 기반으로 한 "함께 행위함"(acting together)의 양식을 조직화함으로써 발생한 것으로 간주한다. 아렌트는 언어(lexis)와 행위(praxis)를 아리스토텔레스가 명명한 '함께함'이라는 의미에서의 "정치적 삶"(bios politikos)을 구성하는 요건으로 본다. 말과 행위는 인간으로 하여금 자신을 타인과 능동적이고 적극적으로 구분하게 함으로써 인간 고유의 차이성을 드러내주는 매체이다. 그리고 이렇게 말과 행위를 통해 자신을 남과 차이나는 존재로 드러내려고 할 때, 그때 특출하게 부각되는 '차이'에는 의미 추구(quest for meaning)가 내재되어 있다.(TLM 98) 그러므로 정치에서 사용되는 언어의 기준은 진리냐 허위냐가 아니라 의미(meaning)이다. (같은 쪽) 이런 맥락에서 정치적인 말하기(political speaking)는 진리 탐구가 아니라 의미 추구(the quest for meaning)와 관련되는 것이다.

여기서 '의미'(meaning)라는 것이 무엇인지에 대한 정확한 규정이 필요하지만, 아렌트는 의미라는 것이 무엇인지 정확히 말하지 않는다. 그러나 아렌트의 논의나 관점으로부터 추측해보면, 그것은 간단히 답할 수 없는 매우 복잡한 것이다. 따라서 그것에 대한 논의는 다음으로 미룰 것이다. 언어에서 문장을 형성하는 단어들은 의미를 지니고 있으며 이것들은 생각(noēmeta)과 유사하다. 따라서 언어는 "의미 있는 소리"이기는 하지만 반드시 진리(truth)와 허위(falsehood), 존재(being)와 비존재(non-being)를 문제 삼는 진술이나 명제가 아니라 발화된(uttered) 담화이다.(TLM 99)

이와 같이 각기 다른 사람이 공개된 장소에서 말과 행위를 통해 타자 앞에 나타남으로써 인간은 극명한 자기 삶의 실존조건을 마련하고, 그 위에서 삶의 의미를 실현시킨다. 이러한 실존저 조건을 상실한 자, 즉 다수의 타자 앞에서 말하는 삶을 거부하거나 거부당한 자는 생각하고 분별하고 행위할 가능성을 갖지 못한다는 점에서 가장 야만적인 삶을 살고 있는 자이다. 아렌트에게 인간의 자기실현은 타자와 고립된 상태, 즉 불결한 다수의 무리를 떠나 적막의 상태에서 홀로 진리를 인식하는 철학자의 삶에서가 아니라 타자와 함께함(being together with others), 즉 타자와 세계를 공유하는 활동(activity sharing world with others)에서, 그리고 적막 속에서 말없이 이루어지는 봄(seeing)이 아니라 다수의 사람들 사이에서 소란스럽게 나타남(appearing)으로써 가능하다. 공적 영역은 다수의 타자들의 나타남을 허용하는 공간이며, 그에 따라 인간의 정치적 행위가 수행되는 장(場)이자 의미 창출의 직접적인 장(場)이다. 거기에서는 어떤 경우에도 가치관의 획일화가 일어나지 않는다. 공적 영역의 바로 이런 작동방식에 의거하여 아렌트는 '부의 전체주의'에 대항하는 '진정한 인간 실존 양식', 즉 '진정한 삶의 양식'을 제시하고 있는 것이다. 그리고 아렌트가 정치적 행위를 통해 이것을 성취할 수 있다고 확신한 것은 정치가 근본적으로는 권력 공학이 아니라 인간적 실존의 의미 실현을 위한 가장 본원적 활동이라고 생각하였기 때문이다.

나. 정치의 존재 이유로서 자유의 지향

정치학자로서 아렌트의 특이한 점은 정치적 행위를 그 어떤 목적을 위한 권력적 수단이 아니라, 행위 하는 것 그 자체가 목적이고, 바로 그렇게 해서 유의미한, 자기 목적적이고 자기완결적인 활동으로 본다는 것이다. 정치적 행위는 그 행위함 자체가 행위자의 인격적 탁월성을 그대로 드러내는 일종의 실연(實演)이다. 무엇보다 정치적 행위는 노동이나 작업과는 달리 생존의 필연성이나 도구적 유용성에 구속받지도 않고 구속받을 수도 없는 '행위'이다. 거기에는 창발성이나 우연성, 예기치 못함의 요소들이 수시로 개입할 여지가 다분히 포함되어 있다. 또 그것은 일정한 규칙의 지배를 받지도 않는다. 따라서 정치적 행위는 일정한 생산물이 나오면 그때그때 완결되는 생산 활동과 분명히 구별된다.

어느 면에서 정치행위는, 아리스토텔레스의 비유대로, 피리를 부는 것과 같은 예술적 행위와 유사한 측면이 있다. 피리를 부는 것에는 피리를 잘 부는 것 이외의 다른 목적이 있을 수 없다. 아렌트 자신도 정치적 행위를 예술 활동에 비유하고 예술과 정치의 친화성을 주장한다.(BPF 153-4) 거기서 성취는 실행했다는 것, 그것도 그것을 잘 실행했다는 것 그 자체에 있지 그것을 수행함으로써 마지막으로 생겨나는 최종 생산물이 아니다. 따라서 정치행위는 피리를 부는 행위처럼 다른 것의 수단이 되거나 그 자체의 기능수행 외에는 다른 목적을 갖지 않는다는 의미에서 자기충족적(self-sufficient)이다.[108]

그러나 정치적 행위는 그것으로써 드러나는 자기목적이 예술 활동에서처럼 그 어떤 대상화된 작품이 아니라 그것이 실행되는 과정에 관여했던 가능한 한 많은 인간들, 즉 정치적 행위자들의 자기만족과 그에 따라 이들이 새로이 성취하게 될 자유의 더 많은 실현에 있다는 점에서 예술 활동과 구별된다. 이런 경우의 자유란 행위자 자신이 보유하고 있는 특장(virtuosity)을 보다 완벽하고도 만족스럽게 실현하는 것과 연관되어 규정된다. 공적 영역에서 특장의 발휘는 의지를 통한 내적·주관적 선택이 아니라 사람들 가운데서 들려질 수 있는 '말'에 의해, 또 보일 수 있는 '모습'에 의해, 또 말해질 수 있는 '사건들' 속에서, 기억되고 서사

---

108) 다나 빌라(2000), 『아렌트와 하이데거』, 서유경 역, 교보문고 참조.

(narrative)로 변형되어 사건의 의미를 산출하는 것이다. 어떤 사건에서 특정한 의미를 산출한다는 것이야말로 인간이 자기 가능성, 그의 특장을 발휘해 이루어낸 자유의 실현이다. 따라서 "정치의 존재 이유는 자유이고, 그 분야의 경험은 행위이며, 인간은 행위하는 한 자유로운 것이다."(BPF 146) 그리고 인간들의 관계가 자유로운 한 그 안에서의 행위는 곧 자유의 실현이라 할 수 있다.

이와 같이 행위가 타자 앞에서 그 자체 목적인 탁월성(arete)의 발휘를 통해 자유를 실현한다는 것으로 귀속된다는 점에서, 그것은 원칙적으로 동기라든지 아니면 예측 가능한 결과로서의 의도된 목표에 구속되지 않는다. 즉 그것은 지적 판단이나 특정한 의지의 명령 아래 있지 않다. 자유가 실현된다는 것은 곧 행위가 동기나 결과 및 목표를 초월해야 한다는 것이다. 이렇게 행위가 구체적인 삶의 경험 맥락 내에서 이루어진다는 점에서 그것은 "정치의 일상화"를 의미하며, 이것은 참여적인 "시민권"(citizenship)의 길을 열어 놓는다. 이러한 정치개념은 현대의 정치개념이 갖고 있던 소수의 정치 엘리트만에 의한 정치개념의 포기를 의미한다. 따라서 아렌트에게 자유는 주권 원칙, 즉 자유를 순전히 배타적으로 규정되는 내적인 주관적 자유로 이해해 왔던 자기통제의 확실성을 포기해야 함을 의미한다. 이것은 정치 "로부터의" 자유(freedom "from" the politics)에 의해 동기 지어졌던 현대의 자유 개념에 대한 도전으로, 정치를 통해 더 많은 사람들에게 자유로운 삶을 보장해주려는 기획이라 할 수 있다.

다. 정치적 자유의 특징

아렌트는 『의지』와 「자유란 무엇인가?」에서 자유에 대해 논한다. 그에 의하면, "자유"의 의미는 "정치적인" 문제로부터 "철학적인" 문제로 변형되었는데, 즉 그것은 고대의 가시적인 공적 행위의 문제로부터 근대의 "내적인 문제", 즉 "생각함"이라는 나와 나 자신간의 대화라는 "내적 활동"으로 변형되었다. 이와 같이 자유개념이 철학적 경험으로 변형된 결과는 "자유와 의지의 동일시"였다. 아렌트는 자유와 의지의 동일시의 기원을 플라톤과 아리스토텔레스의 시민의 대립에서 찾고 있다. 그러나 근대에 이르러 자유는 완전히 의지와 결합되어 자유 의지(the freedom of will)가 되었다. 말하자면 근대에 자유는 정치 영역을 벗어나 있는 것으로 간주된 것이다. 이 철학적 자유는 의지의 행사에 있거나 혹은 적어도(만일 우리가 모든 체계들을 참작해야 한다고 할지라도), 우리가 우리의 의지를 행사한다는 의견에 있다.[109] 그런데 이러한 철학적 자유, 즉 의지의 자유는 연대적 개인들로서 정치공동체 바깥에서 살고 있는 사람에게만 타당하다.(WLM 199)

이러한 자유 의지는 진정한 의미에서의 인간의 자유를 부정하거나, 공동체나 타자의 주권(sovereignty)을 희생해서만 획득될 수 있는 것이다. 정치적으로, 자유와 자유 의지의 철학적 동일시

---

109) H. Arendt(1978), *Willing. The Life of Mind Two*, Harcourt Brace Jovanovich, p.199. (이하 WLM으로 약칭)

134

의 유해한 결과로 자유와 주권은 동일시되었다. 여기서 "주권"(sovereignty)은 자기 자신만의 의지에 기초해 있다는 점에서, 그리고 한 사람만이 완전히 독립적일 수 있다는 의미에서, 반정치적(counter-political)이다. 그러므로 아렌트는 인간이 자유로워지고자 한다면, 그들이 포기해야 할 것은 정확히 "주권"이라고 주장한다.(BPF 165) 아렌트는 그 이유를 인간(man)이 아닌 인간들(men)이 지구상에 살고 있다는 사실에 의해 규정되는 인간의 조건 아래서 자유와 주권은 동일적이지 못하므로, 그것들은 심지어 존재할 수조차 없기 때문이라고 본다.(PBF 164) 그런데 근대의 자유개념은 여기서 더 나아가 자유는 정치로"부터의" 자유(the freedom from politic)가 되면서, 덜 정치적일수록 더 자유롭게 되었던 것이다.

자유가 목적을 실현하려는 "의지력 속에 존재한다"는 사고는 자유에 관한 가장 "근대적인 사고의 특색"을 이루었고, 근대에 자유는 "자기해방의 기관"이었으며, 목적의 실행을 명령하는 의지는 "고립된" 상황에서 더 잘 발휘되었고, "적대적인 세계의 한계들"을 넘어설 것을 허용한다.[110] 이처럼 근대 자유의 이론들은 자유가 행위의 속성이라고 하기보다는 의지나 사고의 속성이라고 본다. 따라서 근대의 자유개념은 반-세계적(counter-worldly) 특성을 갖는다.

　"기독교의 구원을 위한 이러한 자유는 삶의 가장 고매하고 자유로운 방식에 대한 선행요건으로서 정치에의 철학자의 불참, 즉 관조적

---

110) Hansen(1993), p.55.

삶에 의해서 선행되었다. 이러한 전통의 거대한 무게에도 불구하고, 그리고 아마도 심지어 우리 자신의 경험의 절박함을 더 말하는데도 불구하고, 양자를 억압해서 정치로부터 자유를 분리시키는 것과 같은 방향을 취하기 때문에, 나는 내가 정치의 존재이유는 자유이고 이 자유는 행위 속에서 우선적으로 경험된다고 말했을 때, 그는 독자가 오래된 판에 박힌 문구만을 읽은 것으로 믿는다고 생각한다. 또 나는 단지 이러한 오래된 자명한 문구에 관해 반성해볼 것이다."(BPF 151)

위의 인용문에서 나타나는 아렌트의 시도에서 알 수 있듯이, 아렌트는 자유의 개념을 정치 영역에서의 경험으로부터 도출하고 있다. 근대의 자유개념이 I-will의 의미에 입각해 있는 것과 반대로, 그의 자유개념은 I-can의 의미에서 능력(power)에 입각해 있다.(WLM 199) 따라서 아렌트에게 자유는 행위하는 사람들에 귀속된다. 행위하는 사람들은 자유에 헌신하는 사람들이다. 그들은 세계를 변화시키려는 목적을 갖고 있지 그것을 해석하거나 아는 데 목적이 있지 않다.

아렌트에게 자유는 다른 사람 앞에서 잠재적인 자신의 가능성을 끄집어내어 자신의 "독특함"(distinction)을 표출함으로써 자기를 실현하는 것이라 할 수 있다. 따라서 아렌트의 자유개념은 혼자 고립된 상태에서 이룩하는 내적 행위가 아니다. 그것은 공동체와 결합하여 자신을 드러냄으로써 실현되는 것이다. 이처럼 아렌트는 자유를 의지가 아니라 행위와 결합시킨다. 그러므로 삶의 맥락 안에 놓여있는 "자유"(freedom)의 행위는 공적 공간 속에서 발생하는 구체적인 경험에 기반을 두고 있다. 아렌트의 "자유"(freedom)개념은 이러한 인간의 현실적인 "행위"와 밀접한 관계를 맺고 있는 것으로, 이것은 전통과 근대의 확실한 가정에 틀 지워져 있는 것이 아니다.

그런데 이처럼 자유를 정신적인 현상이 아닌 정치적인 것으로 이해한다면, 즉 진정으로 자유로운 행위가 '외적 문제'라고 한다면, 그것은 정치가 청중을 요구한다는 것을 확인하는 것으로, 이것은 위험천만한 일이다.[111] 그 이유는 청중이 적대적일 경우가 있을 수 있기 때문이다. 그런 경우엔 불신과 증오가 행위의 원칙이 될 수 있지만, 그렇다고 해서 사람들이 비도덕적으로 행위하는 것은 아니다. 왜냐하면 완전한 함께함을 가능하게 하는 연대성은 복수성에 기반을 두고 있기 때문이다. 사람들은 행위의 도덕적 원리가 없을지라도 복수의 사람들이 함께 행위한다는 사실 때문에 도덕성을 잃지 않게 된다. 그런 점에서 아렌트는 칸트의 정언명법의 행사를 위한 현상학적 토대를 칸트보다 더 강제적으로 제공하려 한다는 한센의 주장은 옳다.

요컨대, 아렌트에게 자유는 주권의 포기, 즉 순전히 내적 자유로서 자유에 대한 이해가 가능해지게 한 통제와 확실성을 포기해야 한다는 것을 의미한다. 이것은 정치로부터 벗어나는 자유(the freedom from politic)를 추구했던 근대의 자유개념에 대한 도전으로서 정치로의 자유(freedom to the politics)에의 권유이다. 다시 말해서 그것은 "정치를 함으로써 더 많은 사람들이 더 자유스러워진다"[112]는 확신이 없으면 불가능한 발상이다.

---

111) Hansen(1993), pp.58-59.

라. 정치행위의 기본적 토대로서 정치적 사고

아렌트는 정치의 본질이 '함께 행위함'에 있다고 보고, '행위하다'(to act)란 동사의 그리스어 어원인 archein , prattein이나 라틴어의 어원인 agere, agerere의 원래 의미를 추적하면서 그 '함께함'의 원초적 양상을 추출해 낸다.(HC 189) 이 단어들은 서로 다른 면을 부각시키는 두 개의 의미를 가지고 있다. 그 가운데 하나는 "지도하다"(to lead), "시작하다"(to begin), "통치하다"(to rule)이고, 다른 하나는 "관철하다"(to pass through), "달성하다"(to achieve), "완성하다"(to finish)이다. 이 의미들을 총괄적으로 연관시키면 어떤 일을 '시작'하는 것은 지도자 한 사람이지만, 그 일을 수행하여 최종적으로 '완수'하는 것은 다수라는 뜻이 된다. 하지만 이 말들이 이렇게 통합적인 의미로 쓰이던 고대로부터 시간적 거리가 점차 멀어지면서 행위 일반을 의미하는 단어, 즉 prattein, agerere와 아주 특수하게 '지배한다'(to rule)와 '지도한다'(to read)를 의미하는 archein, agere은 전혀 다른 내포를 가진 것으로 분리되었다.(HC 189) 이 단어들의 의미 분화과정은 같은 정치공동체 안에서 지배자와 피지배자가 분화하는 과정과 정확하게 맞물린다. 즉 '행위'로부터 '통치'에로의 탈출이 이루어진 것이다.

'행위하다'의 어원 동사들이 겪은 변화를 거슬러 아렌트는 본래 이 단어 밑에 공존하던 위의 두 가지 의미를 다시 관련시켜 정치적 행위자의 특성을 소묘한다. 즉 정치행위자는 인간사의 영

---

112) 이 정식은 홍윤기 교수의 정식에 의한 것이다.

역에서 규칙이나 명령으로 통하지 않는 문제에 대해 뛰어난 지도력, 즉 주도권이나 창발성을 발휘함으로써 다수의 동료들, 즉 시민의 힘을 결집시켜 합의를 이끌어내고(archein) 거기에 실행력을 부여하여 동료들, 즉 시민으로 하여금 그들의 힘을 분출시키고 그로부터 발생하는 이익을 분배함으로써(prattein) 공동체의 전 구성원이 행복한 삶을 살 수 있게 해야 한다. 정치가 필요한 이유는 이 때문이며, 이 경우 문제 해결에 임할 기본적 전제조건이 정치적 사고이다.

아렌트에 오면, 정치에 관련된 모든 개념과 용어가 궁극적으로는 '남'(他人)과의 연관 속으로 접속되어 간다. 그가 구상하는 자유로운 행위가 일상적인 삶의 맥락을 전제하고 있으면서도 그것을 뛰어넘는 "초월"113)의 계기를 함축하고 있다면 그것은 '나'의 정치적 행위가 '나'를 넘어 '남'과 연관되지 않으면 안 되기 때문이다. 따라서 '나'는 정치적 행위를 하기 이전에 그 행위가 연관될 '남'이 어떤 상태의 누구인지를 분명히 알고 있을 수 있어야한다. 정치 영역에서 수행되는 정치적 행위는 복수의 사람들 사이에서 수행되는 외적 대화로서의 토론(discussion)을 뜻하지만, 이때 우리는 정신 영역에서의 내적 대화인 생각함(thinking)을 동시에 진행시킨다. 즉 '나'의 정치적 행위는 무조건 말하는 것이 아니라 생각하면서 하는 말(speech with thinking)로 이루어지는 것이다. 그리고 아렌트의 정치이론에서 이것은 1958년에 출간된 『인간의 조건』에서는 각기 대립적인 가치를 구현하는 것으로 상

---

113) Hansen(1993), p.59.

정되어 있었던 '활동적 삶'(vita activa)과 – 정신의 삶(the life of the mind)이라는 의미로 재정비된 – '관조적 삶'(vita contemplativa)이 정치적 행위(political action)에서 하나로 어우러지게 되었음을 뜻한다.

『인간의 조건』에서 활동적 삶을 구현하는 '행위'는 공적 영역에서 공통의 가치를 추구하는 인간들의 관계망에 의해 세계의 구조로써 객관적으로 보장되는 것으로 상정되었다. 그러나 1961년 예루살렘에서 진행된 아이히만 재판을 방청하고 난 다음 아렌트는, 초월적인 세계를 전제로 별도의 생활양식을 구축하려하는 '관조적 삶'의 형이상학적 근거로서가 아니라, 인간의 모든 정치적 행위를 내면에서 동반하는 자기반성적 정신 과정, 즉 '생각함 – 의지함 – 판단함(thinking-willing-judging)의 정신 활동계열'을 활성화시킨다는 그런 의미의 '정신의 삶'을 구상하기에 이르렀던 것이다.

흔히들 인정하고 있는 것이지만, 특히 아렌트에게 생각이 수반되지 않는 정치는 공허하다. 생각함이 동반되지 않고 단순히 내뱉는 말은 그냥 하는 말(talking)이지 진정한 의미의 말(speaking)이 아닌 것이다. 그것은 행위에 어떤 의미도 부여하지 못한다. 정신의 내적인 공적 영역에서 다른 사람과의 조화에 힘쓰며 행하는 대화의 결과를 현상의 공적 영역에서 실제로 말할 때 공동체에 유익한 결과를 가져오게 된다. 정신 내면에서 현상계의 재현으로 진행되는 생각함은 그 자체 현상세계를 벗어나서 발생한다. 그것은 "가까이에 있는 것, 감각적인 것으로 주어진 것을 배제"

140

하면서 "멀리 있는 것을 드러나게 한다."(TLM 84) 그런데 생각함의 활동은 그 결과물인 정리된 관념들을 갖고 현상세계로의 복귀를 지향한다는 점에서 "세계적"이며 "정치적"이다. 정신의 삶은 인간의 살아있음과 더 잘 살려고 함을 확인시켜 주는 중요한 활동이 된다. 그래서 생각한다는 것(thinking)은 곧 살아있다는 것(living)이 된다. 이런 맥락에서 보원-무어는 생각함은 태어남과 행위함에 이어 사실상 "제3의 탄생"이라고 주장하게 된다.114)

그런데 정치적 행위에 있어 생각함이 중요한 이유는 그 안에서 우리가 경험하는 사건의 의미를 이해하고 행위의 미래를 탐색적으로 예견하는 능력이 내재되어 있기 때문이다. 우리는 상상력을 통해, 우리 앞에서 발생한 것에 관한 이야기를 시작함으로써 의미에 관해 생각함의 활동을 시작한다. 즉 우리는 어떤 사건을 보고(관조하고)나서 그것의 의미를 이해한다. 따라서 "생각한다는 것(thinking)은 사건을 이해하기 위해서 사건을 관조하는 것"이 된다. 그러므로 살아있다는 것은 항상 생각하는 것과 동시에 이해하는 것이다.115)

따라서 이제 정치적 행위자가 지녀야 할 자질로서 '정치적으로 생각한다는 것'(thinking politically)이 무엇인지를 구상해볼 수 있다. 그것은 '나'와 '나 자신' 사이의 대화 속에서 다른 사람들의

---

114) Bowen-Moore(1989), p.70. 보원-무어는 여기서 정신의 경험의 궁극적 실재는 사고의 무시간성 속에서의 탄생이라고 주장한다. 그는 아렌트가 정신이 세계를 무시하거나 평가절하하지 않고 세계로부터 어떻게 이탈하는지를 보여주기 위해서 정치적인 것에서 철학적인 것으로 이동한다고 주장한다. 그러나 그것은 전통적인 철학함의 활동과 다른 성격을 갖는다.

115) J. Kristeva(2001), *Hannah Arendt: Life is a Narrative*, Trans. by Frank collins, University of Toronto Press, p.85~86.

심중을 관찰하고(보고), 그것을 이해하는 것, 다시 말하면, 다른 사람들의 생각에 휩쓸려 들어가지 않고 독립적으로 사고(selbstdenken)하는 가운데 다른 사람들의 심중을 관조하고 헤아려서 그것을 이해하는 것이다. 그것은 '남'을 '나'의 일에 동조하게끔 설득하여 정치적 행위의 영향폭을 넓히는 데 있어서 절대 없어서는 안 되는 능력이다. 하이데거에 의하면, 대화는 보는 일을 추구하며, 담론을 가능하게 하기 위한 직관을 준비한다. 이것은 대화하다(logein)란 말이 그 어원을 봄(seeing)에 두고 있다는 사실을 생각해보면 수긍이 가는 일이다. 그리고 한스 요나스의 말대로, 보는 일은 구경꾼과 맞닥트리게 되어 있다. 그런데 보는 일을 행하고 생각함의 활동을 수행하는 행위자는 관찰자들을 만나 그 관찰자들의 심중을 헤아려야 하며, 그들이 무엇을 원하는지를 파악해서(이해해서) 판단을 내려야 한다. 이때 판단이 올바르려면 "여러 사람에게 열려 있는 자유롭고 개방된 검토를 거쳐야 하는데, 이런 시험의 실행으로서 비판적 사고(critical thinking)에는 사람들이 많이 참여할수록 더 나은 결정이 나오게 된다."

그런데 이때 타자들의 마음을 끌어 설득하기 위해서 정치적 행위자가 어떤 방법을 사용하는가 하는 문제가 생긴다. 여기에서 아렌트는 칸트를 도입한다. 칸트에 의거해서 아렌트는 설득은 우리가 넓은 마음을 갖고 편견에서 벗어나있을 때 가능하다는 입장을 취한다. 특히 아렌트는 칸트가 미적 판단에서 '생각 속의 가상 대화'라는 예를 들어 요구한 "확장된 심성"(enlarged mentality)의 중요성을 강조한다. 확장된 심성에서 나오는 "확장된 사고"

(enlarged thought)란 사람들이 다른 사람의 생각을 고려할 수 있을 정도로 자신의 생각을 확장하는 것이다. 이 "확장된 심성"은 우리의 판단을 타인의 실제적 판단이 아닌 가상적 판단과 비교하여 우리 자신을 타인의 입장에 놓음으로써 이루어진다. 이것은 개인을 구속하는 사적이고 주관적인 요소, 즉 자기의 이해관계에 얽힌 상태에서 벗어남으로써 얻어진다. 이렇게 사고가 확장되는 폭이 넓어질수록 개인의 생각은 더욱 높은 일반성을 획득하며, 그것이 계속 확장되어 그 극점에 도달하게 될 때 획득하는 것이 불편부당성(impartiality)이다.

이 불편부당함의 관점의 극점에 세계시민(world citizen)의 관점이 위치한다. 그러나 세계시민은 칸트의 관점을 따라 통상적으로 우리가 알고 있는 것으로서의 **"전 지구적으로 통일되고 통합된 통치력을 발휘하면서 그 시민에게 책임과 의무, 권리를 부여하는 세계정부의 시민이 아니라 세계관찰자(Weltberachter, world-spectator)"를 의미한다.**116) 이 관점은 확장된 사고로 다른 사람의 마음을 관찰하고 이해할 때 획득되는 결과이다. 따라서 정치적 사고, 즉 확장된 사고는 정치적 행위자의 필수적인 자질이 된다. 공적 정체성(the public identity)이란 이 확장된 심성과 사고를 핵심으로 형성되는 인격이다.

---

116) H. Arendt(1982), *Lectures on Kant's Political Philosophy*, ed. by R. Beiner, Chicago Univercity, Press. p.144. (이하 LKPP로 약칭)

마. 정치행위로부터 의미를 산출하는 이, 관찰자

공적 영역에서 모든 이들이 보고 듣는 가운데 벌어지고 있음에도 불구하고, 정치적 행위는 그것이 이루어질 때마다 마치 기적이 일어난 것 같은 평가를 받는다. 비단 정치적 행위뿐만 아니라 인간사에서 이루어지는 행위라는 것은 언제나 미리 법칙적으로 예기할 수 없는 방식으로 발생하며, 인과율의 지배를 받는 자연과정과 사회과정을 교란시킨다.

행위는 언제나 새로운 시작이다. 행위의 본질은 사람들의 공동세계에서 새로운 어떤 것을 시작하는 것이다. 우리는 여기서 '기적'이란 용어가 종교적 맥락이 아닌 정치적 맥락에서 사용되는 것을 보게 된다. 시작을 뜻하는 행위에 있어서, 예측 가능성이 있는 통계 법칙이나 확률과는 반대로, 새로운 것은 '기적'처럼 발생한다. 인간이 행위할 수 있다는 것은 예상할 수 없는 것을 기대할 수 있다는 것과 동일하다. 하지만 인간의 행위는 끝이 없기에 예측불가능하다. 따라서 "자신의 위대한 행위로 목숨을 잃는 자만이 자신의 정체성과 가능한 위대성의 확고한 주인으로 머물 수 있다."(HC 193) 모든 역사의 의미는 역사의 종점에서만 나타나며 그것이 빛을 발하려면 모든 참여자들의 죽음을 필요로 한다. 그러므로 행위는 역사가에 의해 드러나고 의미를 얻게 된다. 사건의 이야기를 이해하고 만드는 자는 행위자가 아니라 이야기꾼인 것이다. 그리고 이야기 자체는 종국에 가서야 알 수 있다.(HC 193) 따라서 어떤 행위의 의미는 그 행위에 직접 참가하여 그것을 실행한 행위자(actor) 당사자가 아니라 사건의 전모를 관찰할 수 있는 위치에 있는 역사가나 시인, 더 일반적으로 말하자면, 구경꾼 또는 관찰자에 의해 비로소 파악된다. 따라서 정치적 행위에는 직접적 행위자들은 물론이고 그들의 행위를 바라보고 이해하고 판단하는 관찰자도 관여한다.

여기서 관찰자와 행위자를 비교해보면 행위에 있어서 관찰자의 특성과 중요성을 알 수 있다. 관찰자는 직접 행위에 참여하지 않지만 세계 안에서 벌어지는 온갖 광경을 보고 판정한다는 점에서 그 자체 세계로서의 성격을 갖는다. 행위자는 명성과 이익을 위해 경쟁하지만, 그들의 명성은 판단하는 관찰자들에 의해 부여된다. 그런 데 반해서 불멸성의 욕망에 의해 행위에 참여한 정치적 행위자는 자신의 행위를 보고 평가하여 자신에게 명성을 부여해줄 관찰자를 의식하지 않을 수 없다. 그런 점에서 행위자는 관찰자에 의존적이게 되며, 이 때문에 그는 자율성을 확보할 수 없다. 관찰자의 고귀함은 여기서 드러난다. 관찰자는 사건에 참여하지 않고 멀리서 그것을 단순한 광경으로서 관찰한다는 점에 그 고귀함이 있다.(TLM 93)

본래 이 세계의 실상을 투시하고 관조한다는 의미를 가진 "이론적(theoretical)이라는 용어의 어원은 구경꾼들이라는 뜻을 가진 theatai였다."(TLM 93) 관찰자는 직접 사건에 연루되지 않기 때문에 행위자에게는 보이지 않는 신이나 자연의 계획을 지각할 수 있다. 그런 점에서 정치적 행위자는 헤겔의 시대정신처럼 자기를 실현하는 과정에서 사건을 연출하는 데 사용되다가 사용이

다하면 역사의 뒤안길로 사라지는 대행적이고 소모적인 존재라 할 수 있다. 반면에 그런 행위자의 전체 행로가 띠는 의미를 담지하는 것은 그런 행위를 탈관심성(disinterestedness)과 "비참여"(nonparticipation)의 관점에서 조망하는 관찰자이다. 이때 관찰자는 바로 다수의 동료 시민이다. 관찰자들은 복수로 존재하며 그래서 그들은 고독하지 않다.(TLM 95) 행위가 유발한 사건의 전 과정을 멀찍이 떨어져 보기 때문에 관찰자는 자율적이며, 이것이 관조적 삶의 탁월성에 도달하게 해준다.

아렌트는 정치적 행위자 속에 관찰자가 앉아있다고 주장함으로써 양자를 통합시키는데, 이것은 아렌트의 정치적 행위에 있어서 중요한 의미를 갖는다. 이것은 정치하는 사람이 갖추어야 할 정신적 태도가 정치적 사고와 정치적 판단이라는 것을 말해준다. 아렌트의 정치적 사고에는 이미 다른 사람을 '이해한다'는 의미가 포함되어 있다. 그러므로 바로 이런 견지에서 정치적 행위자는 정치행위를 할 때 다른 사람의 관점까지 고려 안에 넣고 볼 수 있는 확장된 사고에 입각하여 다수의 관찰자, 즉 시민을 염두에 두고 행위해야 한다. 이러한 주장 때문에 그의 사고에 낭만적인 공동체적 이상주의의 요소가 있는 것으로 평가받기도 하지만,[117] 그의 주장 속에는 정치의 본질에 대한 새로운 규정이 담겨있다. 관찰자를 염두에 둔 확장된 심성을 가지고 정치행위에 참여하라는 그의 주장은 현재 강하게 대두되고 있는 "새로운 참여민주주의"를 촉진시키기에 충분하다.

---

117) 카노반은 상실된 Gemeinschaft에 대한 향수가 아렌트의 현대성 비판의 토대가 된다고 본다. Canovan(1996), p.13. 참조.

146

　정치적 행위가 관찰자와 행위자로 구성된다는 아렌트의 주장
은 라캉의 "보는 나"가 "보이는 나"를 통해 자신을 객관화한다
는 "거울단계론"118)과 일치하는 점이 있다. 라캉에 의하면, 거울
단계란 어린아이가 거울 속에 비친 자신의 모습을 자기 자신과
동일시하는 현상을 말한다. 라캉은 어린 아이가 자신이 보인다는
사실을 깨닫지 못한, 자기 자신을 객관화시키기 이전의 상태의
자아를 "이상적 자아"(Ideal-I)라 부르고, 이러한 거울단계를 "상
상의 세계"(Imaginary)라고 규정한다. 라캉은 거울단계의 의식은
상상의 세계에 고착되어 있기 때문에, 가상을 실재로 오인한다고
주장한다. 의식이 오인의 구조 속에 갇혀있는 한, 실재의 세계나
타자의 현존을 무시하는 것은 당연하다. 이 의식의 자기애는 거
울에 비친 자기의 이미지를 파괴할 정도로까지 자기를 사랑한다.
자아가 형성되는 바로 그 순간에 자기 파괴가 벌어지면, 이 소외
로부터의 유일한 탈출구는 소외의 악화이다. 이러한 주체 내부의
동일시 기제의 진행은 시각적 지각에까지 영향을 미치게 되고,
자기 동일시의 원초적 충동이 거울 너머의 세계에도 영향을 미
친다. 이러한 현상은 신경증 환자에게도 나타난다고 라캉은 주장
한다. 거울단계의 "이상적 자아"는 데카르트의 생각하는 주체와
마찬가지로 "바라봄"의 차원만 강조하고 "보인다"는 사실은 무
시한다. 그러나 라캉은 어린아이는 자기가 바라보는 대상이 허위
라는 사실을 깨닫고 고착된 거울단계에서 벗어나 언어와 상징
및 질서의 세계로 진입해서 점차 사회적 자아로 성장하게 된다

---

118) 멜컴 보위, 『라캉』, 이종인 역, 시공사, 1999. 참조.

고 주장한다. 마찬가지로 정치적 행위자가 "보이는 나"를 의식하지 않을 때, 양자의 동일시가 일어나면서, 그는 외부세계, 즉 자신을 관조하는 시민을 무시하고 행위하게 된다.

관찰자들은 행위의 광경 밖에서 단지 그것을 '보기 위해' 본다. 그러한 봄은 '봄 그 자체'를 목적으로 한다. 이 때문에 관찰자는 눈앞에서 이루어지는 행위에 대해 사적인 이해관계가 없으며, 바로 이렇게 사적 조건들로부터 해방되기 때문에 "심판관의 관점"을 갖게 된다. 이것은 "dokei moi", 즉 네게 그럴듯하게 보이는 것과 타인에게 그럴듯하게 보이려는 욕망 혹은 의견과 명성이 될 수 있는 "doxa"를 포기한 것이다.[119] (LKPP 56) 이처럼 관찰자는 주관적 견해를 벗어나 있을 뿐만 아니라 "개별적 사건을 어떤 큰 과정과 연결시키지 않고 그 자체의 방식대로 조화를 바라보고 판단(하고 그 진리를 발견)한다."(LKPP 56) 관찰자가 관심 갖는 것은 개별 사건 혹은 특정한 행동이다. 시민은 가시성 속의 비가시성을 인식함으로써 정치적 행위자의 행위를 판단한다. 구경꾼의 판단에 의해 비로소 행위자가 수행한 행위의 '의미'가 결정된다. 그러므로 세계에 구경꾼이 없다면 그것은 죽은 세계이며 불완전한 세계이다.

아렌트는 인간이 살아 숨쉬고 북적이는 이 현상의 세계에서 구경꾼, 즉 관찰자에게 특별한 위상을 부여한다. 그것은 자신의 장기를 선보이는 삶의 축제 현장, 즉 현상세계라는 무대에 등장하는(나타나는) 인간들을 위함이기도 하다. 삶의 축제에 등장하는 구경꾼

---

119) dokei moi는 주관적인, "나에게 보이는 것"을 의미한다. 관찰자는 다른 사람들의 관점으로부터 동일한 것을 검토하는데 이때 dokei moi를 변화시켜야 한다.

은 모든 인간사 영역에서 특정 행위가 어우러져 조화를 생산해 내도록 알려준다. 삶의 축제에서 구경꾼은 축제에서 멀찍이 떨어져서 행위자들이 행위하는 것을 보고 그것이 전체와 조화를 이루는지 아닌지, 그것의 의미가 무엇인지를 판단함으로써 행위자들이 올바로 행위하도록 인도한다. 이것은 정치에 있어서 관찰자(시민)의 역할이 얼마나 중요한지를 보여주는 것이다. 그런데 "조화 자체는 감각 기관에 주어지지 않으며, 비가시성을 고찰하고, 존중하고 이야기를 정리하여 이것을 말로 표현하는 관찰자"를 통해 드러난다.(TLM 133) 그리고 이들의 판단은 공적을 쌓은 행위자에게 불멸의 명성을 부여한다. 따라서 아리스토텔레스가 신의 활동과 동일한 관조 활동(theōrētikē energeia)이라고 말했던 것에 참여한다는 것은 불멸화하는 것(immortalize) 즉 "가능한 한 본질적으로 우리들을 불멸적이게 해주는 활동에 참여하는 것, 그래서 우리 내부에 가장 고차원적인 것에 일치해서 살도록 전력을 다하는 것"을 의미한다.(TLM 136) 따라서 관찰자들이 경쟁에 참여하는 행위자들을 관찰하고 판단하게 되려면 직접적인 행위과정에서 "물러남"을 시행해야 하고, 바로 이 때문에 관찰자들은 자율성을 확보하고 객관적 입장에서 전체의 조화를 생산해낸다는 것이다.

이와 같이 시민 모두가 주권의 보유자인 현대 민주주의 국가에서 아렌트가 구경꾼의 위상을 강조한 것은 그 자체만 놓고 보면 마치 시민들로 하여금 정치과정을 방관하라고 권유하는 듯한 인상을 받는다. 그러나 아렌트가 그의 학문의 역정 후기에 가서 '관찰자의 판단에 관한 이론'을 주장하게 된 가장 큰 계기가 다수 시민을 의

사결정과정에서 배제한 채 정치전문가들의 과두제로 전락한 대의제(representative system)에 있다. 따라서 아렌트는 각 시민이 관찰자의 정신을 가지고 정치적 행위에 개입하는 시민의 참여정치를 촉구하고 있는 것이다. 그런 점에서, 아렌트는 참여민주주의의 열렬한 지지자이다.[120] 그는 정치적 행위자 역시 행위자로서의 판단능력만으로는 부족하며 관찰자로서의 판단능력까지 갖추어야 한다고 주장함으로써 행위자와 관찰자 양자를 통합시킨다.

그렇다면 누가 불멸적인 존재일까? 이 질문은 정치적 행위의 의미를 규정하는 데 중요한 단서가 된다. 아렌트는 칸트의 판단이론에 비추어, **사건을 보고 판단하는 관찰자가 사건의 의미를 산출해 낸다는 점에서 행위자보다 더 우위에 있다**는 점을 강조하였다. 그러나 아렌트는 이들 양자를 대립적인 관계로 두지 않고 통합시켰다. 아렌트의 이러한 시도는 행위자와 관찰자 모두 서로 내재적으로 연관되어 있음을 보여준다. 행위자는 자신이 행위할 때 그 행위가 관찰자의 입장이나 의견과 연관되게끔 실행되어야 그 공동체에 유의미한 불멸성이 확보될 가능성이 높아진다. "(호머가 모든 그리스인의 스승이라는 점은 누구도 부인할 수 없지만) 페리클레스는, '헬라스의 학교'였던 아테네의 위대성이 자체를 불멸적인 것으로 만들기 위해 호머와 같은 사람 …… 그의 재능과 같은 어떤 것을 더 이상 필요로 하지 않는다고 주장했다. 왜냐하면 아테네인들은 용기의 힘으로 땅과 바다에서 불멸의 기념비를 남겼기 때문이다."(TLM 133) 페리클레스와 철학자들은 모든 인간들이 불멸성

---

120) Cannovan(1996), p.11.

을 위해 노력해야 한다는 그리스인들 공통의 가치관을 공유했으며, 이것은 신들과 인간들 사이의 유사성 때문에 가능했다.(TLM 134) 따라서 행위하고 판단하는 사람 모두, 즉 공동체 구성원 모두에게 불멸성은 추구될 가치가 공통의 목표였다. 이렇게 될 경우 결국 행위의 완성은 행위자 당대를 넘어 그 행위의 연관 사슬에 접속된 모든 관찰자들의 판단을 통해 사후적으로 이룩된다. 행위자 자신을 아주 무력하게 만들지도 모르는 이런 통찰을 통해 "탄생과 동등하고, 우리의 낯설음에 대해 은신처를 제공할 정치적 행위에 대해서, 아렌트는 물론 거의 환상을 갖지 않고, 우리를 생각하도록 초대하여 현재 속에서 그것을 살아남게 한다."121)

---

121) Cristeva(2001), p.89.

제8장 정치적 판단

가. '정신적 활동'이라는 개념과 성격

아렌트의 사상적 발전과정에서 볼 때, 실제로 행위를 실행하는 '행위자'가 아니라 구경하고 생각하고 판단하는 '관찰자'가 특정한 정치적 행위의 의의를 규정하는 데 있어 가장 결정적 역할을 한다는 생각은 우선은 상당히 당혹스러운 발상임에 틀림없다. 1958년 출간된 『인간의 조건』에서 아렌트는 "인간이 지상에서 살아가는 데 (life on the earth) 꼭 충족시켜야 하는 기본조건들"인 노동, 작업, 행위로 이루어지는 '활동적 삶'(vita activa)과 이러한 기본조건들에서 완전히 해방된 상태에서 "정신적 관조의 삶"(bios theoretikos) 속에서 "자유로운 생활방식"(free way of life)을 추구하는 '관조적 삶'(vita contemplativa)을 확연히 구분하였다. 현대 이전 시양의 사상적 전통은 세계에 관한 형이상학적 통찰을 중시하는 고대 그리스 철학에서부터 탈속적 구원을 추구하는 중세 기독교에 이르기까지 '활동적 삶'에 대해 '관조적 삶'에 압도적 우월성을 인정했던 것이다. 이 시기까지의 아렌트는 자신이 보기에 활동적 삶에 지워진 두 가지 문제 상황을 타파하는 데 주력하였던 것 같다.

우선 아렌트는 활동적 삶에 대한 관조적 삶의 우월성을 전면적으로 부인하려고 하였다. 무엇보다 아렌트는 관조적 삶의 추구를 이상시하는 전통적인 철학 및 신학의 발상에 인간이 사는 이

지상의 삶의 건강한 의의를 근본적으로 부정하는 '세계소외'(world alienation)의 태도가 내재되어 있다고 믿었다. 다음의 인용문은 세계소외의 발생 징조를 담고 있다.

"활동에 대한 관조의 우선은 인간의 손으로 만든 어떤 작품도 그 아름다움과 참됨에 있어 저 자연적인 우주(kosmos)와 동등할 수 없다는 확신에 근거한다. 이 우주야말로 그것이 인간이든 아니면 신이든 외부로부터 일체의 방해나 도움 없이 불변의 영원성(changeless eternity) 속에서 그 자체로만 전변을 거듭한다. 이 영원성은 인간의 모든 운동과 활동들이 완벽하게 정지되는 오직 그 때에만 죽음이 예정되어 있는 눈에 그 모습을 드러낸다."(HC 15)

어떤 경우에든 이런 생활 방식은 "바로 이 현상세계의 사태들에 능동적으로 대처해야 하는 인간의 조건에 비추어 볼 때 결코 바람직하다고 할 수 없는 것이었다. 그리고 다음으로 아렌트는 특히 현대에 와서 활동적 삶 안에서도 오직 목숨을 부지하는 데 주력하는 노동의 생활방식이 세계를 창출하는 작업과 인간들이 더불어 인간다운 삶을 추구하는 (정치적) 행위를 압도하고 부의 전체주의를 구축하여 나가는 추세에 제동을 걸고자 했던 것이다."

전체적으로 이런 문제 틀 안에서 아렌트는 『인간의 조건』에서 두 가지 일에 집중했다. 우선 그는 자신이 "관조와 행위의 전도"(the reversal of contemplation and action)라고 부른 현대 사회의 상황에 근거하여 관조적 삶에서 벗어나 활동적 삶의 의의를 적극적으로 부각시켰다. 그리고 바로 이 활동적 삶 안에서 이루어진 두 번째 전도, 즉 제작인에 대한 노동의 동물의 승리와 그에 뒤따른 목숨 부지의 원칙의 우선권을 역전시키고자 하였다. 이 때문에 『인간의 조건』에서 아렌트는 공적 영역을 배경으로 그 안에서 '더불어 사는 동료 인간들'과 벌이는 정치적 행위의 양상은 제시했지만,[122] 이런 정치적 행위에 수반하는 그 어떤 정신적 조건에는 전혀 신경을 쓰지 않았다.[123] 행위를 본격적으로 주제화시킨 이 책 V부에서 아렌트는 정치적 행위를 실질적으로 구성하는 speech(말나눔 또는 談話), relationship(관계 맺기), 공적 영역에의 appearance(出現 또는 登場) 그리고 보다 적극적으로 표출되는 행위로서 forgiving(容恕)이나 promise(約束) 등의 행위 양상들을 부각시키기는 하지만, 이런 정치적 행위들에 참여하는 이들을 행위자와 관찰자(구경꾼)로 나누는 가운데 그들의 내적인 정신과정 및 그것의 의의나 특질에 주목하지는 않았다.

그러나 1971년 『정신의 삶』(the Life of the Mind) 3부작 중 그 첫째 권에 해당하는 『생각함』(Thinking)이 나왔을 때[124], 문제 상황은 상당히 달라져 있다. 무엇보다 이 책 서론에서 아렌트는 생각함과 관련된 일련의 정신과정들을 "정신적 활동들"(mental

---

122) HC 230~247. 이곳은 『인간의 조건』에서 행위를 다루는 V부 중 32장(행위의 과정적 성격), 33장(비가역성과 용서의 힘), 34장(예측불가능성과 약속의 힘)에 각기 해당된다.

123) 홍윤기 교수는 이 점을 지적해주었는데, 그 덕분에 『인간의 조건』과 『정신의 삶』 3부작을 주제의식 면에서 연관시킬 수 있었다.

124) 보통 thinking은 사유, 사고 등으로 번역하지만 '생각함'이라는 명사화된 동사형을 사용함으로써 추상적 체언이 주는 개념적 폐쇄성을 지양하고자 한다. 같은 발상으로 willing은 '의지함'으로, judging은 '판단함'으로 옮기지만, 맥락에 따라서는 각기 사고, 의지, 판단 등의 일반명사로 옮기기도 한다.

154

activities)이라는 용어로 표현하기 시작하였다.(TLM 3) 이것은 정
신작용을 주로 비활동적이고 "정적인"(quiet) 관조(contemplation)
와 연관시키면서 결코 '활동'이라는 말과 한자리에 붙여 쓰지 않았
던 『인간의 조건』에서의 용어법과는 달라진 생각을 반영하는 것인
듯하다. 바로 이 용어를 써서 그는 『생각함. 정신의 삶 1』, 「서론」
에서 "내가 정신적 활동들에 우선적인 관심을 두게 된"(my
preoccupation with mental activities) 두 가지 각기 다른 연원
(two different origins)을 직접 소개하였다.

이 관심을 불러일으킨 직접적 충격은 과거 나치 친위대장으로서
아우슈비츠 유대인 수용소에서 가스 학살을 기획하고 실행했던 아
이히만에 대한 예루살렘 재판을 참관한 경험이었다.125) 거기에서
아렌트가 "그 사악함에 있어서 누구하고도 경쟁할 수도 없을 만한
그 행실", "괴물스러운 행실들"을 했다고 한 사람에게서 본 것은
전통적으로 악의 현상을 그릴 때 부각되곤 했던 "그 어떤 악마적
인 것"(something demonic)이나 괴물스러운 것(monstrous)이 아
니라 "그 행위자에게서 확연하게 드러나는 천박성"(a manifest
shallowness in the doer)으로서 "지극히 일상적이고 상식적인
것"(quite ordinary, commonplace)이었다. 또한 그에게서 "확고한
이데올로기적 확신이나 특출하게 사악한 동기들"의 표징이 있었던
것도 아니었다. 다만 재판이나 경찰 조사 기간뿐만 아니라 그의 과
거 행태에서도 일관되게 나타나는 유일한 특이 성격은 "몰사고

---

125) 아렌트가 직접 쓴 이 재판 참관기가 그 유명한 *Eichmann in Jerusalem*
   (New York: Viking Press 1963. New ed. 1965)이다.

성"(沒思考性 thoughtlessness), 즉 "도대체 생각이란 것은 해 본적이 없는 그런 상태"(absence of thinking)였다. 아이히만이 몰사고성에 매몰되어 있었다는 증거로 아렌트가 지적한 것은 "상투적 말투(clichés), 진부한 구절들(stock phrases), 표현과 행실에 있어서 관습적이고 표준화된 예법(conventional, standardized code of expression and conduct)에의 집착" 등이다.

아이히만이 보여준 이런 특징들은 "사람들을 현실로부터 보호한다는 사회적으로 공인된 기능"을 수행한다. 다시 말해 그런 태도들은 "모든 사건이나 사실들이 단지 그것들이 있다는 바로 그 이유 때문에 '우리들로 하여금 생각해서 주목하도록 요구하게'(claim on our thinking attention) 만드는 그런 일이 일어나지 못하도록" 차단하는 역할을 하는 것이다. 물론 "만약 우리가 이런 요구에 일일이 반응한다면 우리는 곧장 기력이 소진될 것이다. 그러나 아이히만은 분명히, 그런 식의 요구가 있다는 사실조차 일체 알지 못했다는 바로 그 점에서만 우리와 달랐다."[126] 아이히만 재판에서의 이런 체험에서 아렌트는 다음과 같이 정식화되는 문제를 끌어내었다.

"이런 생각함의 부재, 우리가 모든 것을 **중단하고**(stop) 생각해볼 마음새는 고사하고라도 그럴 수 있는 잠간의 시간조차 갖기 힘든 매일의 우리 생활에서 아주 일상적으로 체험할 수 있는 그런 종류의 일이 나의 관심을 일깨웠다. (법에서 부르는 대로 말하자면) 바로 그 어떤 '기본 동기' 같은 것이 없어서가 아니라 동기 같은 것이라곤 일체 없기 때문에, 다시 말해 그 무슨 관심이나 의지를 특별나게 촉진시킬 일 따

---

126) 이상의 인용은 전적으로 TLM, p.4에 의거한다. 강조 필자.

위라곤 전혀 없어서도 (그 어떤 일을 행해서 저지르게 되는 죄뿐만 아니라 빼놓고 안 해서도 저지르게 되는 죄까지 포함하여) 악행(evil-doing)을 한다는 것이 가능한 일인가? 우리가 그것을 무엇이라고 정의하든, 사악함(wickedness), 즉 '악한으로 입증되게끔 결정지어져 있는 이런 존재'(this being determined to prove a villain)라는 것이 악행의 필요조건이 아니란 말인가? 선과 악의 문제, 그른 것과 올바른 것을 구별해 말하는 우리의 능력(our faculty of telling right from wrong)이란 우리의 사고 능력(our faculty of thought)과 연관되어 있다는 말인가? …… 따라서 이런 문제가 부과된다. 즉 생각함의 활동 (the activity of thinking) 그 자체, 다시 말해 그 결과나 내용과 무관하게 어떤 일이 일어나 무슨 주목을 끌게 되는지 그 모든 것을 꼼꼼히 검토하는 습관(the habit of examining whatever), 이런 활동이야말로 사람들로 하여금 악행을 꺼리게 만들거나 악행에 '저항하도록 조건지우는' 그런 조건들 가운데 하나라고 할 수 있는가?"(TLM 4~5. 강조 원 저자)

이렇게 되면 바로 그 다음 문제는 가장 전형적인 철학의 문제로 발전하게 된다. 즉 "생각함이란 도대체 무엇인가"(What is thinking?)가 그것이다. 하지만 바로 여기에서 아렌트는 『인간의 조건』에서 자신이 정신적 활동들에 걸어놓은 제약 조건들과 부딪친다. 이것은 『인간의 조건』을 출간한 출판인이 그렇게 부르기는 했지만 자신은 본래 아주 겸손하게 '활동적 삶'이라고 부르고자 했던 그런 주제에 관한 연구를 종료하고 난 이래 자신을 시달리게 만든 의혹"과 연관되었다.(TLM 6)

"나는 정치이론에서 가장 오랜 관심사였던 행위의 문제에 관심을 가졌었다. 그런데 이 문제에서 항상 나를 괴롭혔던 것은 내가 그 주제에 대한 반성을 위해 채택한 '활동적 삶'(vita activa)이란 바로 그 용어가 관조적 삶의 방식에 헌신했고 바로 그 관점에서 모든 종류의 '살아있음'(all kinds of being alive)을 고찰한 사람들에 의해 만들어졌다는 사실이었다."(TLM 6)

사양 철학의 오랜 전통에 따르면 사고 활동으로서 생각함은 대부분 "정신의 최고 상태로서 관조"(contemplation as the highest state of the mind)를 부각시키는 결론에 다다랐다. 즉 "생각함은 관조를 목표하고 관조에서 끝나는데, 관조는 능동성이 아니라 수동성이며, 일체의 정신적 활동들이 정지되는 점이기도 하다. 철학이 신학의 시녀가 되었던 기독교 전통에 따르면 생각은 심지어 명상이 되었고, 명상은 다시 관조로 끝났다. 관조야말로 정신이 더 이상 진리를 알기 위해 밖으로 뻗어나갈 필요 없이 미래의 상태를 예감하는 가운데 그 진리를 간간히 직관 속에서 받아들이기만 해도 충분한, 축복받은 영혼의 한 상태였다."(TLM 6~7) 따라서 아이히만 재판에서 생각함의 중요성을 새삼 깨달은 아렌트에 있어서 이론적으로 가장 긴급한 문제는 정신적 활동들을 철저하게 추구하면서도 그것이 비활동적 관조로 귀결하지 않는다는 근거를 찾아내고 그 실제적인 작동방식을 정립하는 일, 한마디로 말해 **"하나의 활동으로서의 생각함"**(thinking as an activity)을 정식화시키는 일이었다. 자신이 처한 이 문제 상황을 아렌트는 카토에 관한 유명한 경구를 원용하여 다음과 같이 정식화한다. 즉, "생각하는 것 말고는 우리가 하는 일이라곤 전혀 없을 때 우리는 무엇을 '하고 있는가'?"(What are we 'doing' when we do nothing but think? TLM 8)[127]

정신을 하나의 활동체로서, 그 자체의 삶을 가진 것으로 규명하고자 하는 시도에서 아렌트가 가장 먼저 경계했던 것은 "형이상학적 오류"(metaphysical fallacies)였다.(TLM 12) 이것은 철학에서 생각함의 가장 우선적인 기능, 즉 사고를 통한 진리 인식의 기능을 단순히 인식 수준을 넘어 "삶의 방식"(a way of life)으로 채택하는 태도에서 유래한다. 즉 형이상학적 오류란 어떤 이가 생각에 몰두하는 데 주력하는 그런 방식의 삶을 통해 어떤 '지식' 체계나 '교설'을 얻었는데, 그것들을 이 세상의 절대적 '진리', 다시 말해 형이상학적 진리로 격상시켜 주장하고 나설 경우 발생한다. 흔히 과거 전통철학자들이 우리에게 전해준 이런 것들은 그 전통으로부터 멀리 비켜서있는 현대의 우리 독자들에게 더 이상 설득력을 갖지 못한다. 하지만 이런 것들이 '진리'가 아니라고 해서 "자의적이라든가 아니면 순전히 무의미한 난센스로 폄하되어서는 안 된다. 반대로 형이상학적 오류들은 생각함의 활동을 행하는 사람들로 하여금 생각함이 무엇을 의미하는지를 알게 해줄 단서들을 내포하고 있다. 바로 이렇게 진리가 아니어도 생각하게 되고 또 생각해야만 하는 아주 중요한 것으로 아렌트가 적시한 것이 바로 '의미'(meaning)였다.

생각함을 진리의 인식이 아니라 의미와 연관시키면 "사고의 부재

---

127) '정신의 삶'에 관련된 아렌트의 문제의식을 이렇게 '비관조적·활동적 정신'이라는 틀로 정리할 수 있게 된 것은 전적으로 홍윤기 교수의 지도 덕분이다.

가 단순히 머리 나쁜 바보성(stupidity)을 뜻하는 것이 아니라 아주 지능적인 사람들에게도 나타나는"(TLM 13) 이유가 설명된다. 아렌트는 인간의 생각함에 나타나는 이런 역설을 인간의 인식능력에 대한 칸트의 구분법, 즉 이성(reason, Vernunft)과 오성(intellect, Verstand)의 구분을 빌려 해명하였다. 이 구분법에 따르면 오성 또는 지성은 "확실하고 검증 가능한 지식"(certain and verifiable knowledge)을 추구한다. 그러나 인간은 "자신이 알 수 있는 것뿐만 아니라 자신이 알 수 없는 것까지 포함하여 모든 것을 성찰할 필요성"을 가진다. 보통 "궁극적 문제"라고 불리는 신, 자유, 불멸성 같은 것들도 바로 이런 사안에 포함된다. 따라서 그 어떤 지식을 목표하는 "앎"(knowing)과 달리 "생각함"(thinking)은 자기 사고(thought)의 의미를 파악하는 것에 대한 관심이며, 더 나아가, '진리를 아는 것'보다 '사고된 것의 의미를 생각하는 것'이 인간 정신 활동에 있어서 더 우선적인 일차적 범주이다.(이상 TLM 14) 이에 따라 아렌트는 생각함의 핵심을 다음과 같이 요약한다.

"생각함과 이성은 지성(오성)이 관여하는 것에 관여하지 않는다. 그런 사정을 요점만 추리면 이렇게 표현된다. 즉 **이성의 욕구는 진리에 대한 탐색이 아니라 의미에 대한 탐색에서 그 영감을 얻는다.** *(The need of reason is not inspired by the quest for truth but by the quest for meaning.)* 그리고 진리와 의미는 같은 것이 아니다. 형이상학에 특유한 모든 오류들을 지배하는 근본적 오류는 진리의 모델을 기초로 의미를 해석한다는 데 있다."(TLM 15. 강조 원 저자)

아이히만의 악행은 우리가 기존의 인습이나 규칙에 무조건 순응하여 구체적인 사건이나 사실들의 의미가 무엇인지를 반성적으로 생각하지 못한 데서 발생했다. 아이히만은 자신이 명령을 충실히 이행하는 사람이라고만 생각했다. 그는 사회적으로 오랫동안 용인되어온 인습적 규범이나 습속 등을 왜 따라야 하는지에 대한 아무런 숙고도 없이 그것을 맹목적으로 따랐기 때문에 올바른 판단, 아니 아무런 판단도 할 수 없었다. 아이히만은 도덕적 악에 대해 철저하게 무감각했다. 그는 유대인의 추방, 수용소 수감, 학살에 적극적으로 가담하면서도 그 의미가 무엇인지 전혀 생각도 해보지 않은 탓에 그것이 옳지 못한 행위라는 것을 의식하지 못했다. 아이히만은 판단 자체를 하지 않았다. 따라서 생각함이란 무엇보다 자기가 직면하는 자기 현실의 의미에 관해 끊임없이 생각하는 것이다. 의미의 이러한 맥락을 잘 포착한 콘에 따르면, "아렌트는 '의미'(meaning)를 동명사나 축약 명사(verbal noun)로 취하며, 그에 따라서 어떤 것의 결론이라기보다 오히려 활동적 경험을 나타내고자 했다. …… 따라서 모든 길은 활동으로 인도하며, 정신적 활동 일반은 노동, 작업, 혹은 심지어 행위보다 더욱 순수하게 활동적이다."[128]

---

128) J. Kohn(1996), "Evil and Plurality: Hannah Arendt's Way to *The Life of the Mind*", *Hannah Arendt: Twenty Years Later*, MIT Press, p.157.

나. 생각함과 판단함의 연관성

자기 파괴적이고 혼란을 야기하는 생각함의 활동은 현상으로부터의 이탈을 수반한다. 그리고 우리는 반성상태가 되어 현상으로 돌아간다. 그리고 현상세계 내에서 일어나는 것이 판단이다. 따라서 생각함은 판단의 예비적 단계이다. 생각함은 판단을 "촉진시킨다." 다시 말해서, 정신 속에서의 복수성은 현상의 세계에서 우리의 실재감을 고양시키며, 악행을 저지르지 못하게 하는 한정적인 결과를 갖는다. 따라서 생각 없이 하는 행위는 악행으로 이어질 개연성이 아주 높다. 아이히만은 생각이라곤 해본 적이 없었기 때문에 자기 자신이 무슨 짓을 하고 있는지를 몰랐으며, 자신의 악행이 악행인 줄도 몰랐기 때문에 서슴없이 악행을 저지를 수 있었다. 이런 사실로부터 판단은 사고와 행위, 이론과 실천을 연결하는 중간항이라는 것을 알 수 있다. 이것은 판단능력이 생각함의 능력과 연관이 있을 뿐만 아니라 행위와도 연관이 있다는 것을 말해준다.[129] 이런 정식화에 따라 아렌트는 판단활동을 파국을 방지하는 기능이라고 간주하였다.

생각하고 판단하는 정신은 그 주위에서 진행되는 것에 무조건 순응하는 것이 아니라 계속적으로 발생하는 사건들에 우리를 대면시킨다. 그리고 우리는 자기 자신과의 소리 없는 대화라는 고

---

129) T. Parvikko(1999), "Comitted to Think Judge and Act, Hannah Arendt's Idealtypical Approach to Human Faculties", *The Judge and The Spectator: Hannah Arendt's Political Philosophy*, ed. by Joke J. Hermsen & Dana R. Villa. Peeters. p.117.

립된 생각함의 순간으로부터 현상세계에서 발생하는 판단이라는 활동적 순간으로 거의 알아차리지 못하게 이동할 수 있다. 이러한 현상세계로부터 정신의 세계로 이동하는 정신 활동은 우리로 하여금 자신이 처한 특수한 상황에서 다른 사람들의 생각에 부지불식간에 휩쓸려 세계에서 발생하는 악행을 방관하지 않게 하거나 악행을 만드는 데 참여하지 못하게 한다. 나치 독일 치하에서 독일 국민들 중 정치적 판단에 참여한 사람들은 그 악에 가담하기를 거부하고 기꺼이 그 땅을 떠났다. 전례 없는 역사적인 그러한 엄청난 사태 속에서 사람들이 의존할 수 있는 그 어떠한 지지대도 존재하지 않았다. 그들은 그런 상황에서 생각했고 판단했던 것이다.

그런데 커티스는 하이데거의 경우를 들어 이 주장을 부정[130] 하면서, 비록 생각함의 활동이 수행된다고 할지라도, 그것이 잘못 수행될 때 문제가 된다고 주장한다. 커티스의 평가대로, 하이데거의 사고는 가시적인 세계에 관여하지 않고 사고의 바람에 붙잡혀 여전히 비가시적인 세계에 머물러 있었으므로, 그는 무세계적인 사상가였다. 이것을 커티스는, 하이데거가 서민적인 소크라테스와 달리, 가시적인 세계와 비가시적인 세계 사이에서 앞뒤로 이동하지 않았기 때문이라고 분석한다. 커티스의 논조를 따르면, 하이데거의 생각함 자체는 실천과 분리되어 있었다. 하이데거는 타자들로부터 그 자신을 차단했던 것이다.

커티스에 따르면, 복수성 속에서 쾌를 느끼는 것과 관련된 소

---

130) Curtis(1999), p.62-63.

크라테스를 이러한 은폐된(underground) 하이데거로 대체하면, 엉뚱한 결과를 낳는다. 하이데거처럼, 앞뒤로 이동하지 않는 사상가는 다른 사람을 필요로 하지 않는다는 점에서 자율적이며, 자기-폐쇄적인 복수성 속에서 쾌를 느낀다. 이렇게 복수성에 대해 반응하지 않는 사상가의 생각함은 실재에 주의를 기울이지 않으므로 적극적인 태도를 취하지 않는다. 따라서 하이데거는 아렌트의 정신 활동의 부정적 사례가 된다.

반대로, 앞뒤로 이동하며 생각하는 사람은 세계로 회귀할 때 반성상태에 있다. 이것을 실천한 아렌트의 생각함의 모델은 야스퍼스이다. 야스퍼스는 현상세계 및 복수의 사람들과 관계하기 때문이다. 생각함은 세계 사건의 의미를 파괴시키고, 우리가 그런 활동을 할 때만이 쾌를 느끼게 한다. 그리고 그러한 상태는 곧 '반성판단'의 상태에 이르게 한다.

판단의 선행조건인 생각함은 "길고 깊게" 이루어지지만 판단은 "신속하게" 이루어진다. 그러나 커티스의 말대로, 생각하는 반성은 정의(definition)를 산출하지 않으며, 그런 점에서 의미는 결과 없이도 존재한다. 그리고 결정은 복수성의 조건 속에서 이루어지는데, 이것은 인간이 복수성 속에서 쾌를 느끼도록 조건지어진 존재이기 때문이다.[131] 그러므로 정신 활동은 앞뒤로 자유로이 이동해야 한다. 비록 정신 활동을 수행한다 할지라도, 그런 이동이 수반되지 않으면, 잘못된 행동을 할 수 있는 것이다. 생각과 판단의 연관성은 다음과 같이 요약될 수 있다.

---

131) Curtis(1999), p.60.

첫째, "생각함"은 고정관념이나 미리 확립된 보편성에 의존하지 않고 특수한 사안들을 판단하는 활동을 준비한다.[132] 생각함은 판단에게 특수자들을 포섭시킬 보편적인 규칙을 제공하는 것이 아니라 반대로 사고의 "바람"(wind)[133]에 의해 보편을 해체하여 특수와 관련된 판단을 해방시킨다. 따라서 생각함은 역사적인 위기의 시대에 기존의 확립된 기준들과 가치들을 해체하여 판단이 등장할 공적 공간을 마련함으로써 그 위력을 발휘한다. 현실이 위기에 처했을 때 판단을 발휘할 필요성이 커지기 때문에, 판단은 예외적인 순간인 비상시에 작동하는데, 그때 판단은 "재현적으로 생각하는 능력"(the ability to representatively think), 즉 "자기 자신 밖의 관점에서 생각하는 능력"과 동일시된다.

둘째, 생각함은 나와 나 자신 간의 대화(the dialogue between me and myself)에서 현실화되는, 양심(conscience)이라고 불리는 부산물에 의해 판단이 된다. 여기서 양심은 기존의 전통철학에서 말하는 것처럼 내적인 명령에 의해 강제적인 행위규칙을 제공하는 것이 아니라, 오히려 그것은 우리가 기존의 규범이나 보편적 규칙들을 해체하고 특수한 상황에서 행할 것과 행하지 말아야 할 것을 분별해주는 것이다. 아렌트는 나와 나 자신의 내적 조화 (the inner agreement)를 강조하는 소크라테스의 긍정명제, 즉

---

132) d'Entreves(1994), pp.109-110.
133) 소크라테스는 생각을 '바람'에 비유했는데, 그는 『Memoralila』에서 "생각은 바람처럼 눈에 보이지는 않지만, 바람으로 인한 결과는 우리에게 뚜렷이 나타나며, 우리는 어쨌든 바람이 접근하는 것을 느낀다"고 말한다.(TLM, 145) 아렌트는 소크라테스를 따라 바람의 은유를 사용하여, 생각은 바람처럼 파괴적이며, 모든 것을 들추어내고 휩쓸어 간다고 말한다.

"내 자신과 조화하지 못하고 나와 모순되느니, 다른 사람들과 조화하지 못하는 것이 낫다"라는 도덕명제로부터 행위의 지침을 제시하는바, 그는 그 명제의 타당성을 생각함의 활동에 함축된 복수성에서 도출해낸다. 원래 판단은 생각함의 활동 속에 포함된다. 그럼에도 불구하고 아렌트는 생각과 판단을 구태여 구분하면서 자신의 사고를 전개해나간다. 다음의 아렌트 글에는 생각과 판단의 차이가 분명하게 드러나 있다.

"(칸트가 밝힌) 특수한 것들을 판단하는 능력, 즉 '이것은 그르다,' '이것은 아름답다'라고 말하는 능력은 생각하는 능력과 같지 않다. 생각은 비가시적인 것, 즉 드러나지 않는 사물들의 표상을 다루며, 판단은 특수한 것을, 그리고 가까이 있는 사물들과 연관된다. 그러나 양심과 의식이 연관되어 있듯이, 생각과 판단은 상호 연관되어 있다. 무언의 대화 속의 둘, 즉 생각함은 의식에 주어진 동일성 내에서 차이를 현실화하며, 따라서 그의 부산물로서 양심을 생산한다면, 생각의 해방적 결과인 부산물, 즉 판단은 내가 결코 혼자 있지 않고 항상 너무 바빠서 생각할 수 없다. 현상세계에서 생각은 구체적으로 드러나게 된다. 생각의 소용돌이의 구체화는 지식이 아니다. 이것은 아름다움과 추함, 옳음과 그름을 말하는 능력이다. 이것은 판돈이 탁자 위에 있는 흔치 않은 경우에도 적어도 자아를 위해 파국을 방지할 수 있다."(TLM 193)

칸트의 예지계와 현상계의 구분을 연상시키는 생각과 판단의 차이를 드러내는 위의 구분에서, 아렌트는 가장 정치적인 판단 활동이 어떤 것인지를 보여준다. 정신 속에서 발생하는 비가시적인 것과 관계하는 현상세계로 복귀한 정신은 생각함의 부산물, 즉 생각함의 현실화(표명)이다. 구체적으로 말해서, 판단은 어떤 광경을 보고 잠재적으로 공개된 공적 공간에서 확장된 사고로 정신의 대화를 통해, 자신의 의견을 다른 사람의 의견에 노출함으로써 검토하고 그것을 이해한 후, 무엇이 옳고 그른지, 무엇이 아름답고 추한지를 분별하고 결정하여, 다른 사람들 앞에서 '이것은 옳다', '이것은 그르다', '이것은 아름답다', '이것은 추하다'고 말하는 능력이다. 그러므로 판단은 인간의 행위에 대한 반성이라 할 수 있다.

아렌트에게 판단 활동은 사건들이나 행위들에 의미를 제공하는 생각함의 활동에 상응하는 활동이다. 그것은 어떤 것이나 역사적인 사건의 존재이유를 탐구하는 관찰자의 활동인데, 그 관찰자는 현실적인 이해관계에 무관심하며, 그것의 존재의미를 해석하려 한다. 그는 과거 사건의 의미를 이해하고, 조명하는 과정에서 '상상력'(imagination)의 자유로운 발동을 필요로 하며 과거 사건을 기억의 저장고에서 끄집어내어 부재하는 정신에 제시한다. 그런 견지에서, 아렌트에게 정치적 판단은 정치적 사고와 더불어 자신의 가능성의 발휘를 통해 확보되는 자유 실현을 통한 올바른 삶을 구성하는 데 있어서 중요한 구성요소가 된다.

우리는 우리의 삶에서 판단의 상황에 봉착한다. 그리고 이 판단에는 올바른 사고활동이 요구된다. 그리고 행위자의 '일차적' 판단에 입각해서 행하는 인간의 행위는 또 다시 그것에 대한 '이차적' 판단을 요구한다. 이러한 판단들은 우리의 세계에 특정한 영원성을 부과한다. 왜냐하면 우리가 우리의 세계를 이해할 수 있고, 그러므로 저항할 수 있다면, 그들이 타자들과 대면할 심오하고 난해한 필요성을 조명하는 한, 우리는 그것들에 의해 감동받고 그것들이 아름다운 것을 발견하기 때문이다.

다. 판단에 대한 탐구 이유

아렌트는 우리의 정치판단이 일어나고 있는 삶과 관련하여 판단을 장황하게 다루고 있는데 그 이유는 무었인가? 그 이유는 하버마스의 다음과 같은 탐구에서 드러난다.

하버마스는 「정치와 공적 의견의 과학화」란 에세이에서, 정치가 인식적 판단의 영역이 아님을 지적한다. 그는 판단의 인식적 위치를 부인하기 때문에, 그리고 합리적인 담론으로부터 실천적 (정치적) 담론을 해체하기 때문에 아렌트에게 다가간다.[134] 현대 사회에서 정치의 과학화는 실재적인 현상으로, 하버마스는 그 정치의 과학화의 세 모델로 결단론적 모델, 기술지배적 모델, 실용주의 모델을 제시한다.[135] 여기서 그는 베버의 견해를 수용한다.

첫째, 베버는 행정가에 의한 행정과 정치적 리더십을 분리한다. 전문가의 객관적 지식이 합리적인 행정 기술을 결정하고, 그리하여 과학적 규칙이 정치적 실천의 수단을 지배할 때, 실천적 결단은 이성을 통해 합법화될 수 없다고 주장한다. 따라서 하버마스

---

134) Kristeva(2001), p.76.
135) W. Harbermas(1996), "The Scientization of Politics and Public Opinion", in *Habermas Leader*, edited by William Outhwaite, Polity Press, pp.44-52.

는 오늘날 지배의 합리화 측면에서 결단론적 모델(the decision model)의 유효성을 의문시한다. 이것은 수단에 의해 선택을 합리화할 뿐으로 정치가 전문주의라 할 수 있다.

둘째, 기술 지배적 모델은 전문가나 행정가에게 정치적 결정을 맡기는 것으로, 과학적 인텔리는 구체적 환경에서 객관적인 함축, 유용한 기술 및 자원을 요구하며, 함축적 전략과 통제의 규칙을 위해 노력한다. 그러나 기술국가에서 정치가가 실천적 문제에 대해 결단을 합리화할 수 없다면, 그는 오직 가상적인 결단을 만드는 권력이 될 뿐이다. 국가는 효과적인 기술의 사용을 위해 권력의 실체를 거부하도록 강제된 듯하다. 이런 상황에서 국가는 합리화된 행정기구의 기관이 되고 만다. 이렇게 기술적 통제의 권력을 행사하는 틀 속에서 우리는 가치체계에 대해 적절한 진술을 할 수 없게 된다.

셋째, 실용주의모델은 민주주의적 성격을 내포하고 있으나 자기 정당화의 틀을 벗어나지 못한다. 나름대로의 대화를 강조하나 궁극적으로 그 모델 안에서 결정을 내리는데, 이때 기준은 기술적 관점에 의한다는 것이 문제이다. 즉 이 모델은 전문가들 사이의 토론을 강조하나 그것이 결정되는 과정은 여전히 기술 지향적 관점에서 이루어지고 공중의 의견은 배제된다. 여기서 최선의 것은 이들 정책결정자가 공중 앞에서 그들 자신을 정당화하는 것이다. 그러나 이런 방법의 권력은 정당화될 수는 있으나 합리화될 수는 없다. 합리화의 주장은 과학화된 정치의 기술주의적 모델에 의해 지지된다. 따라서 이러한 정치권력의 합리적 행정기

관으로의 환원은 민주주의의 희생을 수반한다. 이처럼 공적 의견에 대한 과학의 관계는 "정치의 과학화"에 대해 구조적이다. 그러므로 실용주의 모델은 현대 대중민주주의 아래서 정책입안에 적용될 수 없다.

하버마스에 따르면, 여기서는 정치의 과학화가 몰고 오는 시민의 심의에 의한 결정의 배제가 문제시된다. 정치가 기술에 의해 대체될 때 왜곡된 정치형태를 낳을 수 있다. 베이너 역시 이렇게 규칙-지배적 합리성에 의해 정치가 대체될 때 정치적 이성은 좌절된다고 본다. 이들이 주장하는 바에 따르면, 현대의 정치체계들은 도덕적이고 정치적 정당성의 자원들을 고갈시킨다. 정치 영역이 전문가의 영역이 되면, 일반 시민들은 사적 영역으로 퇴각할 수밖에 없으며, 공통의 시민의 목소리는 찾을 수 없게 되고, 탈-정치화된다.

아렌트가 판단기능에 주목하는 이유는 바로 이 때문이다. 아렌트는 판단능력이 인간의 복수성을 거부하는 이러한 기술적 합리성이 가져오는 문제점을 해소시킬 수 있다고 본다. 판단은 규칙들의 지배를 받지 않으며, 규칙의 지배를 받는 보편적인 지식의 범위를 넘어서서 작동하기 때문에 특수들에 관계한다. 그러나 판단이 보편과 무관하고 특수와 관계한다고 해서 규칙이나 이성이 완전히 없는 것은 아니다. 판단이 추구하는 것은 보편성이 아니라 일반성(generality)이다.

판단은 규칙에 구속되지 않고도 세계에서 편히 거주하게 하며, 일반적인 동의에 호소함으로써 주관성을 벗어나게 한다. 베이너의 말로, "이런 식으로 정치적 이성은 해방되며, 공통의 시민은 전문가들에 의해 단일화된 정치적 책임과 결정의 권리를 재전유할 수 있다. 만일 모든 인간이 정치적 세계에 관해 심사숙고한 의견들을 형성하기에 충분한 판단의 기능을 공유한다면, 전문가와 전문 기술자의 단일화는 더 이상 정당성을 갖지 못한다. 이렇게 되면 정치적 이성은 실천적 과학으로 복원된다."[136] 이것은 기존의 기술합리성에 의해 지배되어온 전문가의 임무를 시민의 임무로 바꾸는 것이다. 시민들은 복수성 가운데서 정치판단을 발휘함으로써 새로운 정치적 경험을 하게 된다.

데니의 말대로, 아렌트가 판단의 우선성과 의견의 복수성을 재주장하려고 시도한 이유는 아렌트가 고대사고와 근대사고가 정치세계를 설명하는 데 어려움이 있다고 보았기 때문이다.[137] 고전형이상학의 특징은 영원하고 운동 없는 "참인 존재"의 영역에 접근하도록 허용하는 인간의 이성(reason)을 중시하는 것이었다. 그런데 불변적으로만 참인 고전철학은 행위 및 운동과 변화, 즉 탄생성과 사멸성으로 성격 규정되는 정치의 세계를 설명하기 어렵다.

근대사고의 핵심은 인간이 운동이나 과정에 참여할 수 있게 하는 의지였다. 의지의 역동성 때문에 근대철학은 정치에 적절한 것 같다. 그러나 의지(will)는 복수성을 인정하지 않는다는 것이 문제이다. 의지(will)는 다양성이나 모순을 낳을 수 없다. 의지하

---

136) R. Beiner(1983), *Political Judgment*, The Univ. of Chicago Press, p.2.
137) Denny(1979), p.249 참조.

지 않는 것(nolle)은 의지의 부재(non-velle)가 된다(어거스틴). 따라서 의지개념을 정치에 적용하면 의지의 다양성을 하나의 일반의지(루소나 홉스)로 통일시키는 결과를 가져온다. 그런데 이것은 구성원들의 복수성을 파괴하는 것이다. 여기서 행위의 특수성이나 다양성의 문제점은 행위하는 새로운 주체, 즉 리바이어던이나 일반의지, 국가를 창조함으로써 해결된다. 의지개념은 자기 자신 안의 의지의 다양성을 보여줄 뿐이다. 그리고 다양한 의견은 자기-이익의 혼란을 보여준다. 여기서 판단은 계산 가능한 이기심, 규제적인 이성에 봉사하는 도구로 전락된다. 즉 복수성은 모두에 적대적인 것이 되며, 정치의 임무는 자신속의 내전(inner conflict)을 복수성을 폐지함으로써 종식시키는 것이 된다.

이상에서 살펴본 바에 따르면, 판단기능을 탐구하는 목적은 명료한 규칙들과 방법들에 의존하지 않고 정치적 세계 안에 우리 자신을 위치시키는 정신기능을 드러내는 것이 된다.[138] 이러한 판단기능 아래서 공통의 시민의 "공적 이성"은 침몰하지 않으며 시민권(citizenship)의 재정의가 도출될 수 있다. 우리가 판단기능을 발휘할 권한을 부여받은 상황아래서 판단에 대한 책임의 문제가 따라나온다.

따라서 아렌트가 탐구하는 판단은 모든 사람, 즉 모든 시민과 관계있으며, 전문가의 특권을 인정하지 않는다. 이런 이유로 아렌트는 소크라테스를 판단이론의 모델로 삼아 그를 탐구한다. 소크라테스의 생각함은 정치에 대립되는 것이 아니라 그 자체 세계 내에서 다

---

138) Beiner(1983), p.3.

른 사람들 사이에서 움직이는 문제였으며, 그들 자신의 의견들을 탐구하는 문제였기 때문에 아렌트는 그를 소수의 진정한 정치사상가 중 하나로 간주한다.[139] 공통의 판단으로부터 나오지 않은 결정사항들은 진정한 정치적인 결과라 할 수 없으며, "전도된" 정치의 결과라 할 수 있다. 그런데 판단은 추론 오성으로부터 자유롭지만, 인간 소통이 불확실한 경우에 가장 취약하다. 이렇게 볼 때, 아렌트에게 보편적 진리에 무게를 둔 과거 서구 철학의 역사는 현상세계로부터 벗어난 이념들과 진리들을 진정한 것으로 다루려고 헛되이 시도하는 슬픈 이야기에 지나지 않는다.[140] 아렌트는 판단 활동의 의미를 전도시킨 서양 철학의 전통에 반대하고 그것의 의미를 복원시키려고 시도하면서 칸트의 판단이론을 자신의 이론으로 재구성하였다. 이러한 시도로부터 그는 독특한 판단이론을 형성하였다.

---

139) J. J. Hermsen(1999), "Who is the Spectator? Hannah Arendt and Simone Weil on Thinking and Judging", *The Judge and The Spectator: Hannah Arendt's Political Philosophy*, ed. by Joke J. Hermsen & Dana R. Villa. Peeters. p.60.
140) Parvikko(1999), p.117.

제9장 정치적 판단의 성격 및 미적 판단개념의 정치적 판단개념으로의 전유의 근거

가. 정치적 판단의 성격

판단은 인간 복수성에 내재한 수많은 대립과 갈등을 해결하는 수단을 제공하며, 붕괴된 고대, 근대 형이상학이 의존했던 정치이론을 제거하고, 과거와의 화해를 통해 인간에게 의미를 제공하며, 인간들 사이의 갈등을 해결함으로써 인간으로 하여금 세계 내에 거주하기에 적합하게 해준다. 그래서 데니는 판단이 인간 삶의 정치적 조건의 중심적인 작동원리이며 정치이론의 중심적 원리라고 주장한다.

판단의 활동이 이와 같은 것이라고 한다면, 그것이 작동할 조건을 탐색하는 것은 빼놓을 수 없는 과제일 것이다. 무엇보다 판단은 현상성(appearingness)을 필요로 한다. 다시 말해서 정치적 판단은 전람회나 미술관 또는 전시장에 공개되어 관람되는 예술작품처럼 공적 영역에서 만인이 주시하는 가운데 출현하는 정치적 행위들을 대상으로 행해진다. 그리고 그런 행위가 과연 위대한 것인지 아니면 저열한 것인지를 판단하는 데는 당연히 그 행위와 직접 관련되거나 전혀 관련되지 않은, 하지만 그 정치적 행위가 그것을 위해 이루어지는 정치적 공동체의 구성원임에는 분명한, 시민적 관찰자들이 있어야 한다. 따라서 정치적 판단의 전

174

제는 현상하는 하나의 공적 영역에서 다수의 행위자와 관찰자가 더불어 한다는 '하나-속-다수'(many-in-one)의 복수성 구도이다. 그러므로 생각과 판단은 인간사 영역을 벗어난 곳에 거주하는 것이 아니라 인간의 경험에 구속되어 있다고 보아야 한다. 그런 점에서 생각과 판단은 지구 밖에 지렛대를 설치하여 지구를 움직일 생각에서 고안된 "아르키메데스적 이상"과는 정반대되는 입지점에 서있다.[141]

이와 같이 판단이 현상의 공간에서 발생하는 인간의 경험에 구속되어 있다고 한다면, 관찰자는 중요하다. 더욱 특수한 실천적 종류의 정치판단은 관찰자들, 관객들, 그리고 이야기꾼들에 의해 표현된 판단 속에서 보인다. 카텝의 지적대로, 그들은 정치가 올바른 정신으로 행해지는지 살펴보거나 아니면 그로 인해 직간접적으로 영향을 받는 그 사회의 구성원이거나 혹은 찬미자들이며, 그들 스스로가 정치적 행위자로 변신할 수 있다.[142] 그들의 활동은 자아를 넘어 타자의 실존에 근거한 세계에 대한 배려, 세계성으로 특징지어지며, 그들의 위대한 말들과 빛나는 행위들을 가능하게 하는 현상에 대한 매력, 그리고 자유의 원천인 용기에 대한 매력에 의해 촉진된다.

판단은 다른 사람과 아무런 연관성도 없이 진리를 획득하는 '이론적 삶'이 아니라 인간 공동의 행위를 비판적으로 봄으로써 형성

---

141) L. J. Disch(1994), *Hannah Arendt and the Limits of Philosophy*, Cornell Univ. Press. p.167.
142) G. Kateb(2001), "The Judgment of Arendt", in *Judgment, Imagination and Politics: Themes from Kant and Arendt*, ed. by Ronald Beiner and Nedelsky, Rowman & Littlefield Publishers, Inc. pp.128-129.

되는 '활동적 삶'(bios politikos)을 구성한다. 따라서 아렌트에게 판단은 "활동적 비참여"(active nonparticipation)143)에 의한 비판적인 봄(the critical vision), 즉 차별적인 봄(discriminative vision)과 관계있다. 디쉬의 말대로, 아렌트의 "판단하는 주체"는 정치에 무관심한 관찰자가 아니라 "주변적인 비판가"(the marginal critic)이다. "판단하는 관찰자는 존재하는 바대로의 세계에서 편안함을 느끼지 못하고, 결코 그것을 원하지도 않으며, 아직도 그 자신의 양식을 따라 항상 여전히 그것에 헌신한다."144) 따라서 철학자의 사랑은 영원한 형상(eternal form)들에 대한 사랑이 아니라 '현상에 대한 사랑'이라 할 수 있다. 달리 말해서, 철학의 활동인 theorein은 누우스의 관조적 응시가 아니라, 우리가 공통으로 취미라 부르는 이상하고 나쁘게 정의된 능력에 의해 판단, 분간, 분별을 취할 수 있는 활동이다.(BPF 214-5) "개별자들의 성질을 보편자에 귀속시키지 않고 그것들 자체로 식별할 줄 아는 그런 판단의 능력은 현시로서의 정치의 본질과 밀접하게 연결된다. 따라서 인간의 판단이 항상 현상세계에서 진행된다는 것은 중요한 의미를 갖는다."145) 왜냐하면 관습화되고 화석처럼 굳어진 사고들은 우리들이 판단하도록 출현한 사건이나 사물에 대한 현상적 이해의 다양성에 우리가 접근하지 못하게 하고, 그에 따라 개별적 사건이나 사물의 의미

---

143) P. Brimingham(1999), "Hannah Arendt: the Spectator's Vision", *The Judge and The Spectator: Hannah Arendt's Political Philosophy*, ed. by Joke J. Hermsen & Dana R. Villa, Peeters, p.33.
144) Dish(1994), p.143.
145) R. Beiner(1982), "Hannah Arendt on Judging", *Lectures on Kant's Political Philosophy*, Chicago Univ. ed. by Ronald Beiner, Press, p.111.

는 인정받지 못하게 되기 때문이다.

이러한 맥락에서 판단의 특성은 두 가지로 요약할 수 있다. 첫째 판단은 항상 세계에서 그 속에 등장하는 특수한 것들과 관계하고, 그것을 다른 사람들과의 관계 속에서 식별한다는 점에서 '활동적'이고 '세계적인' 특성을 갖는다. 그런 의미에서 미에 대한 사랑, 지혜에 대한 사랑과 같이 상태들이나 성질들로 이해하는 것은 일종의 활동성이라고 말할 수 있다.(BPF 213) 예술과 정치를 연결하는 공통의 요소는 세계의 "현상"(appearance)이다. 문화와 정치는 모두 "나타난다"(appear)는 특징을 가지며, 그것이 나타날 "현상의 공간", 즉 세계를 필요로 한다는 점에서 똑같이 공적 성질(public quality)을 갖는다. 그리고 아름다움의 이런 공적 성질은 취미판단의 성격에서 더욱 확실하게 입증된다. 내가 나의 취미판단에서 어떤 대상에 대해 즐거움(快 pleasure)을 느꼈다고 하면 나는 그런 느낌이 다른 사람과 공유되기를 희망하기 때문에 나의 취미판단은 토론에 열려 있는 것이다. 그리고 내가 즐거운 것에 대해 다른 사람들의 동의를 기대하기 때문에 나의 개인적 취미는 언제나 논쟁에 회부된다(BPF 222). 판단은 그것을 통해 내려진 결론이 타인과 공유되기를 바라는 한 공공성을 지니지 않을 수 없으며, 타자들의 관점들과의 접촉을 통해서 검토되기 때문에 강요되는 것이 아니다. 판단은 설득을 요구하고 그 의견의 공유를 요구한다.

따라서 판단이 거주하는 장소는 진리의 영역이 아니라 다른 사람과의 대화를 통한 의미 추구의 과정에서 발생하는 의견의 영역이다. 이러한 사실은 판단의 두 번째 성격, 즉 "자율성"을 드러낸다. 즉 판단은 보편적 원리 아래로 포섭되지 않고 그것이 없는 상황에서 개인의 "자율성"을 드러내는 활동이 된다. 판단이 진리가 부과한 기준에 의해 작동되는 것으로 되면, 인간이 예측 가능성을 뚫고 나가 정신의 자유로운 발휘를 통해 기적과도 같은 빛나는 광채를 획득할 수 있는 가능성은 소멸되며, 자유를 향한 열정이나 열망들 역시 소멸된다. 그러나 판단이 보편적 원리나 궁극적 가치들에 의해 방해받지 않는 상태에서 발휘되는 능력이라는 것은 인간만이 일탈할 수 있고, 위반하고 초월함으로써 인과율을 깨고, 자발적인 행위를 수행하는 능력을 갖는다고 보았기 때문에 가능한 일이다. 카텝의 다음 말은 아렌트의 판단의 특성을 압축적으로 정리하고 있다.

"아렌트는 직접적인 미적 현상에서 정치현상으로 이동하는 다른 하나의 주요한 고찰을 제시한다. 예술작품들은 독특한 인간능력, 새롭고, 창조적이고, 예기치 않고, 폭발적이고, 일상적인 지각과 반응을 방해하는 그 무엇을 하는 인간능력의 표현이다. 비록 규칙들과 훈련이 예술의 만듦으로 들어갈지라도, 아렌트는 올바른 정치적인 행위를 같은 식으로 개념화한다."[146]

아렌트는 판단을 두뇌의 본성을 따르는 합리적인 논증의 맥락에서 제거하기 때문에, 그것은 자율적이다. 아렌트는 현상들로서 현상들을 탐구함으로써 규칙이나 기준이라는 준거점(the reference

---

146) Kateb(2001), p.124.

point) 없이 특수를 다루는 판단기능의 탐구에 헌신한다. 정치적 사태를 미적 관점에서 보는 미적 판단은 더 큰 원칙이나 과정에 특수가 포섭되는 것을 거부한다. 그래서 그것은 비일상적인 봄을 통한 판단 속에서 비일상성, 예외성, 자율성을 드러낸다. 그러므로 판단은 보편적인 기준이 상실된 상황, 즉 사고와 행위의 지지대를 상실한 상황에서, 위기의 순간, 파국의 순간에 그 위력을 더 잘 발휘하게 된다. 이처럼 아무 기준이나 규칙이 없이 특수에 대해 다루는 아렌트의 판단이론은 비정초적 사고(the non-identifying thought)이다.

19세기 형이상학의 종말로 이어지는 과거 전통과의 단절로 인해 인간의 사고와 행위를 위한 지지대를 상실한 상황에서 발생한 전체주의의 전례 없는 참극은 판단의 필요성을 예증해준다. 벨머의 자율적 판단에 대한 파악은 아렌트의 판단의 특성을 잘 드러내준다. 그에 따르면, 판단의 자율성은 신이 없는 세계에서 한편으로 형이상학적 확실성, 및 궁극적 가치들이 생각을 멈추라는 유혹에 저항하고 이데올로기의 거짓된 위안(consolation)에 굴복하라는 유혹에 저항하거나 혹은 다른 한편으로, 순전한 순응주의로 도피하라는 유혹에 저항하는 사람들에게서 나타난다.[147] 아렌트는 『전체주의의 기원』과 『인간의 조건』 자체를 통해 판단의 실질적인 사례를 제시하는데, 그것들은 관찰자의 시각에서 일정한 해석을 시도한다. 그러나 이처럼 판단이 보편적 원리의 도움 없이 형성된다고 해서, 판단이 임의적으로 행해져도 무방한 것은

---

147) A. Welmer(1996), "Hanhah Arendt on Judgment: the Unwritten Doctrine of Reason", *Hannah Arendt: Twenty Years Later*, ed. by Larry may and Jerome Kohn, The MIT Press, p.35.

아니다. 그렇다면 도대체 판단의 자율성은 어떻게 확보될까? 다음의 글은 그 단서를 제공해준다.

> "판단으로서 그 자신의 개별적 한계들을 어떻게 초월하는지를 아는 생각함의 이 확장된 방식은 다른 한편으로 엄격한 고립이나 고독 속에서 기능할 수 없다. 그것은 타자의 현존을 요구하는데, 그것은 '그 입장에서' 생각해야 하며, 그 관점들을 고려해야 하고, 타자의 현존 없이는 결코 작동할 기회를 갖지 못한다."(BPF, 220-221)

위 인용문에서 드러난 바와 같이, 판단에서 자율성을 확보할 단서는 다른 사람들과의 관계에서 찾을 수 있다. 그러므로 특이하게도 아렌트에게 판단은 다른 사람들과의 관계 속에서 형성되고 그 타당성을 부여받는다. 따라서 판단이 필요로 하는 요소는 복수성이다. 그런데 이것은 아렌트가 칸트의 초월적인 판단개념을 실제적인 대화에서 발생하는 판단으로 대체한 것을 생각하면 모순이다. 칸트의 불편부당성은 추상적인 일반성을 의미하는데, 그것은 타자와 무관하다. 그러나 아렌트의 판단개념은 실제적인 대화에 기초해 있으면서도, "타자들의 관점들과 자율적인 판단 사이의 연결을 보는 칸트의 객관성을 공유하며, 한 사람의 실존에 대해 불가피한 한계들, 이해관계들, 그리고 경향성들을 초월할 수 있게 된다."[148] 베이너는 아렌트의 판단개념이 타자와 관련되는 성격을 갖기 때문에 자율적이지 않다고 주장한다. 그러나 네

---

148) J. Nedelsky(2001), "Judgment, Diversity, and Rational Autonomy", *Judgment, Imagenation, and Politics: Themes from Kant and Arendt*, ed. by Roman & Littlefield Publishers, Inc. p.109.

델스키는 "관계적 자율성"(rational autonomy)이라는 개념으로 베이너의 비판으로부터 아렌트를 방어한다. 네델스키에 따르면, "우리는 우리의 특이성들로부터 우리 자신을 자유롭게 하기 위해서 다른 사람들의 입장에서 생각하는 우리의 능력을 사용할 때, 우리가 어떤 일반적인 동의에 우리의 판단을 복종시키기 위해서 다른 사람들의 의견들에 호소하는 것이 아니다."[149] 그러므로 판단과정은 타자들의 의견에 복종하는 것이 아니다. 타자들의 실제적 관점을 채택하는 것은 자율적인 판단과 대립적인 것이 아니라 오히려 자율적 판단의 선결조건이 된다.

이와 같이 자율적 판단은 타인들의 관점에 참여할 것을 요구한다.[150] 타자들의 판단과 관계하는 것은 일치된 행위를 이끌어 내어 자신의 가능성을 실현하고 새로운 것을 창조한다는 점에서 '참된 자유'를 만드는 데 필연적이다. 이 타자와의 관련성은 아렌트 판단이론의 중심점이라 할 수 있다. 베이너에 따르면, 아렌트에게 인간의 자유가 긍정되는 유일한 길은 인간의 자유로운 행위에서 나오는 쾌락을 그 자유로운 행위에서 반성하고 판단하는 것뿐이다.[151] 정치는 판단하는 관찰자들의 이야기들에 의해 의미를 부여받고 정당화된다. 따라서 판단의 기능은 세계에 우리의 행위를 적합하게 하고, 세계 내에서 우리의 적절한 거주지를 찾게 하는 것이다. 판단기능이 없다면, 우리는 세계 내에서 우리 자신의 실존적 의미를 찾기 어려울 것이다.

---

149) Nedelsky(2001), p.110.
150) Nedelsky(2001), p.106.
151) Beiner(1982), p.118.

나. 정치적 판단의 이론적 지평

앞 절에서 논의한 바와 같이, 판단의 자율성이 다른 사람과의 관계에서 찾아진다고 할 때, 이것은 판단이 보편적인 기준이나 보편적 진리라는 지지대 없이 이루어진다는 것을 말하는 것이다. 그런데 이렇게 판단이 지지대 없이 전개된다면, 그것은 특수한 것이 어떻게 합리적으로 일반적인 것이 될 수 있는가? 하는 의문이 제기될 수 있다.

그러므로 아렌트의 판단개념이 어떤 지평에 서있는지를 고찰할 필요가 있다. 아렌트의 판단이 "이성의 기능"이라는 주장은 여러 사람에 의해 제기된다. 아렌트의 "반성판단"은 상호 주관적으로 타당한 판단들, 즉 모든 사람의 동의를 이끌어낼 것으로 기대되는 판단을 낳는다. 이것은 아렌트의 의도, 즉 정치판단을 미적 판단에 동화시키려는 시도에 적합한데, 이는 반성판단(미적 판단)이 추론이성처럼 강제적이지 않다는 것을 의미한다.

따라서 우리는 판단이 논리적인 추론의 영역에 있는 것도, 또 진리의 영역에 있는 것도 아니며, 객관적인 것도 아니고, 주관적인 것도 아님을 알 수 있다. 진리 주장은 객관적인 증명이 가능하며, 그래서 인식에 있어서 타인들의 동의를 구할 필요가 없다. 그러나 판단은 객관적인 증명이 불가능하다. 그럼에도 불구하고 그것은 "이성의 활동"으로 간주된다. 즉 취미는 주관적인 선호와 객관적인 진리 양자로부터 구분된다. 그런데 그 구분은 상호 주관성에 의해 이루어진다. 그것은 상호 주관적(intersubjective)이다. "좋아하는 것을 표현하는 것이라기보다 오히려 미를 주장하는 것의 차이는 무엇인가?" 칸트의 용어로, 미를 주장하는 것은 다른 판단하는 주체들에 관한 "동의"를 구하는 것이다. 그것은 공통감각에 의존한다. 이 공통감각이 취미를 비규제적인 것으로 만든다.

벨머는 판단이 "이성의 기능"임을 주장한다. 벨머에 의하면, 아렌트는 판단과 추론이성 사이의 내적 관계를 보존하려 했다. 즉 그는 생각과 판단을 결합시킴으로써 판단을 "이성적 기능"으로 보존하고자 했다. 벨머의 말을 들어보자.

> "아렌트에게 생각함은 원래 토대를 분명히 하고, 판단기능의 발휘를 위한 장애물을 제거하는 구성적인 활동이라기보다 오히려 파괴적이다. 그러한 장애물들은 규칙들, 개념들, 혹은 무반성적인 삶의 근본적인 경계병으로 우리의 판단을 규정하는 경향이 있는 가치들처럼 거짓된 일반성이다. 무반성적인 사회적 삶의 거짓된 일반성을 해체하는 것, 즉 '생각의 바람'(the wind of thinking)은 규칙들의 안내 없이, 특수로부터 보편으로, 상승하는 기능으로서 판단의 기능을 해방시키고, 특히, '그름으로부터 옳음을, 추함으로부터 아름다움을 말하는' 기능으로서 판단의 기능을 해방시킨다."[152]

빌라 역시 아렌트의 판단이론에 대해 논하면서, "의견"이 출현하는 무대는 "공적 영역"이며, 여기서 진리는 강제적이거나 "명료한" 것이 아니라 다른 사람들의 관점을 고려한다는 점에서 "관점적"이며, 다른 관점을 토대로 형성되는 의견이나 판단은 공적

---

152) Welmer(1996), p.34.

존재인 "인간의 이성적 활동"이라고 주장하고, 판단이 이성의 영역에 위치함을 역설한다.[153] 한센도 아렌트의 판단이 이성의 영역에 있다고 주장하는데, 그는 그것을 "공적 이성"(public reason)이라고 부른다.

칸트 이전 취미개념은 원래 미학적 개념이라고 하기보다 도덕적 개념이었다. 발타사르 그라시안은 감각적 취미는 이미 사물에 대한 정신적인 평가에서 수행되는 식별의 싹을 가지고 있는바, 그 식별은 단순한 본능이 아니라 감각적 본능과 정신적 자유의 중간항에 있다고 보았다. 이 식별하고 선택하는 데는 평가의 거리가 필요하며, 이 거리는 의식적으로 확보된다.

다. 미적 판단의 정치적 판단으로의 전유의 근거

아렌트에게 판단은 복수의 타자(다른 사람)들과 함께하는 가운데 발생하는 활동이라는 점에서 가장 정치적 성격의 활동인 것으로 간주된다. 그러나 아렌트는 도덕규범 정립의 기초를 논구한 『실천이성비판』이나 흔히 칸트 말년의 정치적 저술들이라고 알려진 『역사에 관하여』, 『영구평화론』 그리고 『학부간의 논쟁』 등이 아니라 기묘하게도 미학적 판단을 집중적으로 다룬 칸트의 『판단력 비판』을 자신의 정치적 판단의 이론을 정립하는 작업과

---

153) D. R. Villa(1999), "Thinking and Judging", in *The Judge and the Spectator*, Peeters, p.18.

연관시켰다.(LKPP 7) 이 이유는 판단개념에 대한 칸트의 구분과도 연관된다.

왜 아렌트가 하필이면 하고 많은 정치철학이론을 두고 미적 판단이론을 택했는지에 대한 비밀을 풀 열쇠는 바로 칸트의 판단에 대한 구분에서 찾을 수 있다. 『판단력 비판』에서 칸트는 인간이 행하는 판단을 크게 두 가지로 구분하였다. 우선 '규정적 판단'(bestimmendes Urteil)은 특수한 것들을 일반적인 법칙 안에 포섭하여 그 특수한 것의 보편적 성격을 규정하는 '합법칙적' 판단이다. 칸트가 『순수이성비판』에서 다루는, 오성의 범주에 의거한 감성 자료들의 구분과 관계설정, 그리고 『실천이성비판』에서 정언명법에 따를 개별 도덕규범의 보편화가능성 검증은 모두 규정적 판단에 해당된다. 이에 반해 '반성적 판단'(reflektierendes Urteil)은 특수한 것들을 근거로 하여 그것이 지향하는 일반적인 성격의 규정을 결론으로 도출해내는 '합목적적 판단'이다. 두 가지의 상이한 판단 유형에 관한 칸트의 구분을 전제하는 가운데 아렌트는 정치적 활동에 대한 판단의 형태가 이론적 결론의 도출이나 행위의 보편화가능성을 따지는 데 활용되는 규정적 판단보다는 개별 존재자들에게 일반적 의미를 부여하는 반성적 판단과 일치한다는 입장에 서게 된다.

도덕이나 진리는 연역적인 논리나 보편적인 기준에 의해 어떤 것을 수용하도록 강요한다. 그러나 정치적 판단은 보편적인 것보다는 정치적으로 행위하는 각 인간마다 특수하게 나타나는 개별 행위의 양상이나 사건의 의미에 중점을 둔다. 그런데 칸트의 미적 판단의 이론도 개개의 예술작품이나 미적 감상의 대상에 대해 그 어떤 일반론을 도출하는 것이 아니라 그 개별 작품이나 대상 자체가 '개별자로서 아름다운가 아닌가'를 판정하는 것에 일차적 관심을 둔다. 따라서 아렌트가 보기에 바로 이렇게 그 자체 유일무이하게 존재하는 개별적이고도 특수한 것에 쏠리는 관심 방향에 있어서 칸트의 미적 판단이론은 자신이 의도하는 정치적 판단의 이론과 전적으로 동일한 것이다.

　미적 판단과 정치판단은 그 구조나 성격에 있어서 서로 동일한 측면을 가지고 있다. 첫째, 예술작품의 존재 그 자체가 정당화를 필요로 하지 않듯이 살아가는 각각의 인간의 삶도 살아간다는 사실 자체에 대해서는 정당화를 필요로 하지 않는다. 마치 예술작품처럼 각각의 인간도 자기 나름의 독특한 방식으로 살아가는 삶의 모습을 가진다. 정치는 이런 삶의 모습에 광채를 제공하며, 살아있음의 생생한 감각과 그 의미를 제공한다. 아렌트가 보기에 개별자의 존재에 대한 이런 배려는 예술과 정치만이 할 수 있는 것이다. 예술과 정치는 인간에게 독특한 위상을 부여한다. 둘째, "정치가 그것이 등장할 공적 공간을 필요로 하듯이 예술적 생산물들 역시 그것이 보이고 말해질 수 있는 모종의 공적 공간을 필요로 한다. 예술 활동이 일어날 때는 예술가가 혼자서 고립된 상태에서 자기가 주인이 되어 그 과정을 주도해서 작품을 만들어 내지만 그것이 일단 만들어지면 그 다음엔 예술작품도 교환시장이라는 공적 영역에 나타나게 된다. 그래서 예술과 정치는 그들의 공통적인 세계(common world)에서만 그들 나름의 존재

(their own being)를 등장하게 할 수 있는 것이다."(BPF 218) 셋째, 이렇게 현상의 공적 공간에 등장하는 예술과 정치에 있어서 그 평가의 기준 역시 불멸성이다. 인간은 정치와 미를 통해서 불멸성을 달성하고 자기 삶의 흔적을 남긴다. 이 흔적으로 인해 정치행위자나 예술가 모두 불멸성을 획득하게 되고, 이것은 인간의 세계 내에서 빛나는 영광으로 표명된다. 이 때문에 인간의 삶은 무익함과 덧없음으로부터 벗어나 스스로의 존재했음을 확증하는 것이다. 이것이 바로 위대성이 고난과 고립을 견뎌내는 이유이다. 이런 동일한 특성은 활동 그 자체에 몰두함으로써 위대성을 표출하여 불멸성을 획득하는 예술과 정치가 유비적 관계에 있다는 것을 보여준다. 이런 이유로 아렌트는 칸트의 미적 판단 이론이 자신의 정치 이론적 기획을 관철시키기에 적합하다고 본 것이다.

이런 맥락에서 아렌트는 칸트가 제4비판서인 '정치적 비판서'를 저술하지 못한 것이 아니라 제3비판서인 『판단력 비판』 자체가 칸트의 정치철학서로 간주되어야 한다고 주장한다. 『판단력 비판』 제1부는 복수로서의 인간에 관해 언급하고, 2부는 유적 존재(類的存在)로서의 인간에 대해 언급함으로써 판단 문제의 기본 단위는 '인간'(Mensch)에 한정되었다. 이것은 『실천이성비판』에서 이 우주의 '모든 이성적 본질체'(Vernunftwesen)에게 실천이성을 귀속시킨 것과 비교할 때 칸트 사고의 관찰점이 변했음을 알게 해준다. 아렌트는 정치적 판단이 지적 존재로서의 도덕적 인간이 아니라 복수적 존재로서 정치적 인간의 활동임을 주장하고 있는 것이다. 아렌트는 도덕과 관련된 사고방식으로는 다양하게 현상하는 삶으로부터 발생하는 (정치적) 문제들에 적절하게 대처할 수 없다고 본 것이다. "나 자신은 하나이므로, 나 자신과 부조화하느니 차라리 전체적인 세계와 부조화하는 것이 더 낫다"라는 소크라테스의 무모순성 공리는 자기 자신의 양심과의 일치를 강조하는 윤리학이나 모순의 공리를 강조하는 논리학의 출발점이 되었다. 아리스토텔레스는 이 공리를 생각함의 제1원리로 삼았었는데, "생각함에만 해당되었던 이 원리가 칸트에 와서는 윤리학의 원리가 된 것이다."(LKPP 37) 도덕규범의 측면에서 보편적 법칙의 가능성을 탐구하는 칸트의 『실천이성비판』은 "항상 너의 행위의 준칙이 일반적인 법칙이 되는 그러한 방식으로 행위하라"는 "그 자신에 동의하는 합리적 사고의 필연성에 기반을 두고 있다"고 보아야 한다.(BPF 219) 그런데 이처럼 실천이성으로부터 나온 정언명법은 그 자신에만 토대를 두고 있으므로 여기서는 자기-모순적이지 않은 그러한 준칙만 추구하는 고독한 개인만 출현할 뿐이다. 이와 같이 실천이성에 등장하는 고독한 개인의 일원론적 관점은 정치 현상에서 최우선적으로 전제되는 "복수성"(plurality)의 상황과 상반된다는 것이 문제이다. 따라서 칸트의 실천이성비판에서 제시하는 도덕적 근거정립과정은 아렌트가 제시하는 정치적 사고에 부적절할 수밖에 없다. 도덕판단의 문제를 당연시하는 정언명령은 절대적이고 일원론적 관점에서 일률적인 기준을 가지고 판단하므로 인간적으로 복잡한 상황이나 상대적인 문화의 상황에서 나오는 준칙들은 상호 주관적 의미에서 보편화될 수 없는 것이다. 경험적 인식과 도덕적 판단에서 생각함의 보편적 형식에 대한 순응은 오성 범주들에 의해 필연적으로 산출되고 정언명령에 의해 개별적으로 산출되므로, 거기서 판단은 종속적 역할만 하게 된다. 그런데 정치적 판단은 보편적인 원리에 의해 획일적으로 결정되는 것이 아니라 다양한 관점에서 나오는 다양한 의견들을 토대로 형성되기 때문에 아렌트는 판단에 있어 진리개념을 거부하게 된 것이다. 따라서 아렌트에 따르면, 칸트는 자기 자신과의 일치만을 강조하는 윤리학의 원리로써 생각함과 판단함의 방식을 규정하기에 불충분하다고 생각하고, 그에 대한 대안으로 '**다른 모든 사람들의 입장에서 생각하기**'(thinking in all others' place)를 제시하게 된다.[154]

그러나 칸트에서 실천이성비판이 아니라 판단력 비판의 구도가 아렌트의 정치적 판단의 이론과 부합하는 보다 결정적인 측면이 아직 하나 더 남아있다. 실천이성은 보편법칙을 대전제로 설정하고 그로부터 추론하여 그것들을 근로로 내려진 결론에서 '내가 해야 할 것'과 '내가 하지 말아야 할 것'을 알려준다. 실천이성은 법칙들을 구성하고 거기에 의지를 일치시키며 행위하라는 명령을 내린다.(LKPP 15) 그러나 정치적 판단에서 대상이 되는 것은 살아가는 존재인 인간들 각자의 삶의 상태나 그때마다의 행위, 그리고 개별적인 사건이다. 그러나 이런 것들에 대한 판단은 행위하는 사람 자신이 아니라 그것을 구경하는 사람들이 내리는 것이다. 그리고 설사 행위하는 사람 자신이 자기의 행위를 판단하더라도, 그는 판단하는 그 순간에 있어서 행위자는 자기 행위의 관찰자로서 판단

---

154) Welmer(1996), p.42.

해야 한다. 따라서 판단대상들의 현장에 직접 관여되어 있지 않은 관찰자로서의 판단자는 판단대상이 위치하고 있는 이해관계를 떠나 전체를 볼 수 있는 지점에 서게 된다. 그러므로 이런 상황에서 내리는 판단은 이해관계를 의식한 판단을 행할 수밖에 없는 다른 어떤 상황에서의 판단보다도 '모든 이해관계에서 초탈한', 다시 말해 '탈관심적인'(dis-interested) 성격의 것이 될 가능성이 높아진다. 정치적 행위나 사건의 의미가ー주로 그런 일이 벌어지는 정치 공동체의 시민들로 이루어진ー구경꾼들에 의해 규정되는 정치적 판단의 바로 이런 성격은 예술작품에 대해 관람객 또는 감상자의 판단이 갖는 성격과 전적으로 일치한다고 볼 수 있다. 예술작품의 감상자는 예술작품의 존립 자체와 그것이 존립하게 된 배경 또는 맥락과 일체 관여된 바 없이 그 작품을 감상하고 그에 관해 아름답다거나 아름답지 않다는 식으로 자신의 소견을 피력한다. 즉 예술작품에 대한 미적 판단은 예술작품이 놓여 있는 일체의 이해관계나 관심사안과 무관할 수밖에 없다. 이런 상태에서 내리는 판단은 단순한 쾌락 또는 비활동적인 즐거움(inactive pleasure)에서 내려진다.(LKPP 15) 이런 비활동적 즐거움에 좌우된다는 의미에서, 정치적 판단의 활동은 엄격한 규범을 중심으로 옳고 그름이 결정되는 실천철학의 기본 발상과 무관할 수밖에 없는 것이다.

그래서 칸트는 도덕성과 시민성을 분리한다. 아리스토텔레스는 "좋은 사람은 좋은 국가에서만 좋은 시민이 될 수 있다"고 주장하였다. 그러나 칸트는 도덕적으로 선한 사람과 악한 사람을 나누어 도덕적으로 선한 사람만 좋은 시민이 될 수 있다고 보지 않았다.

190

그는 도덕적으로 선한 사람이 아니라도 좋은 시민은 될 수 있다고 보았다. 그리고 좋은 헌법의 원천은 도덕성이 될 것이라고 기대할 수 없겠지만, 역으로 좋은 도덕적 조건은 좋은 헌법을 갖추었을 때 나오리라고 기대할 수 있다고 본 것이다. 이것은 좋은 행위란 개인의 도덕적 품성으로부터 나오는 것이 아니라 적극적인 정치적 활동이 가능한 여건이 마련될 때 그런 활동으로부터 나온다는 것을 지적하는 것이다. 그런 차원에서 칸트는 국가의 조직 문제는 악마의 종족일지라도, 그 악마들이 오성을 가지고 있으면 해결된다고 보았다.[155] 즉 정치는 진리나 도덕성으로 이루어지는 것이 아닌 것이다. 이런 생각을 더 진전시키면, 칸트의 말대로, 나쁜 사람도 좋은 국가에서 좋은 시민이 될 수 있는 것이다.(LKPP 17) 칸트에게 나쁜 사람이란 스스로 예외가 되려는 사람이지 악을 의도한 사람이 아니다. 칸트에게 "악마의 종족이란 "비밀리에 예외가 되려는 성향을 가진" 이들이다. 그리고 여기서 초점은 "비밀리에"라는 말에 있다. 왜냐하면 아렌트는 도덕과 달리 정치에서는 모든 것이 "공적 행위"에 의해 처리되기 때문이다. 사람들이 어떤 것을 비밀리에 수행하려고 하는 이유는 그것이 자신들의 이익과 직결되지만, 공동체의 이익에는 반하기 때문이다. 자신들의 이익과 공동체의 이익이 상충할 때 자기 이익을 택함으로써 정당하지 못하게 행위하게 된다. 따라서 칸트에게 정치에서의 정당성의 척도는 도덕적 양심이 아니라 '공공성'이 된다. 정치에 관한 칸트 입장으로부터 관조의 위상과 관련된 아렌트의 통찰들이 이끌

---

155) I. Kant, *Perpetual Peace*, pp.112-113. 여기서는 LKPP, p.17에서 재인용.

려나온다. 관조란 사람들의 공동의 행위를 평가하는 관찰자의 판단을 위한 비가시적인 '봄'(vision)의 활동이다.

첫째, 칸트의 입장에서는 행위하는 사람들의 배후에서 작용하는 자연의 위대한 목적을 가정하는 한에서만 관찰자의 판단이 유의미하게 작용할 수 있다.(LKPP 18) 자연의 계획 혹은 자연의 목적이 없다면, 악 또는 악마의 종족은 전혀 필요하지 않게 되므로, 스스로 파괴될 것이다. 그러나 자연의 계획은 인간들 사이에 궁극적으로 조화를 생산하는 것인데, 여기서 부조화, 불일치는 자연의 계획에서 중요한 요소이다. 따라서 악마의 종족은 사람들로 하여금 아름다움과 조화를 전파할 기초와 필수적인 사항들을 제공하는 데 꼭 필요한 것이 된다는 가정이 있을 수 있다. 다시 말하면, 불일치는 진보를 생산해내고, 진보는 조화를 생산하는 데 필요하므로, 불일치는 자연의 전체적인 계획에 있어서 필수적인 요소가 되는 셈이다. 그리고 그러한 자연의 계획을 파악하는 사람이 바로 판단하는 관찰자이다. 전체의 조화를 목적으로 하는 자연의 입장에서 볼 때, 세계에 등장하는 모든 것은 전체의 조화를 위해 중요한 것이며, 각자의 고유한 가치를 갖고 있다고 해야 할 것이다.

둘째, 보다 나은 변화를 일으키기 위해 인간의 어떠한 도덕적 전환이나 심성의 혁명도 필수적이라거나 요구된다거나 희망되지 않는다는 확신이 있다.(LKPP 18) 즉 정치적 판단의 문제는 도덕적 심성의 전환이나 혁명의 문제가 아니라고 보아야 한다. 판단은 탈관심적 태도를 가진 관찰자의 활동에 의해 발생한다. 그런데 관찰자의 '탈관심성'(disinterestedness) 속에 이미 사적 이해 관계를 벗어나 공평하게 판단한다는 '도덕성'(morality)이 내재되어 있으므로 보다 나은 삶 즉 진보를 위해서 구태여 별도의 도덕이 있을 필요가 없게 되는 것이다.

셋째, 한편으로는 헌법, 다른 한편으로는 공공성에 대한 칸트의 강조는 중요하다.(LKPP 18) 이 '공공성'은 칸트의 정치적 사고에서 핵심적인 것 중 하나이며 『학부간 논쟁』에서 그 의의에 대한 강조를 찾아볼 수 있다. 칸트에게서 가장 나쁜 것은 공공의 눈을 피해 비밀리에 숨기는 것이다.

아렌트에게 판단의 중요한 난점은 그것이 특수들과 관련되었다는 것이지, 일반화시키는 수단과 관련된 것이 아니다. 판단은 특수를 다루며 특수로부터 일반으로 상승하는 기능이다. 그러므로 판단은 특수와 일반을 결합시키는 기능이다. "그것은 보편적인 진리를 향한 논리적 주장을 전개해서가 아니라 오히려 다른 관점들에 입각한 의견을 형성함으로써 특수와 일반을 결합시킨다. 아렌트는 이 지점에서 확장된 심성을 도입하는데, 그것은 다른 사람의 관점을 제시하는 능력이다."[156] 여기서는 특수를 특수 그 자체로 다루기 때문에 특수가 존중된다. 결국 아렌트의 관심에 비추어, 『판단력 비판』의 주제는 자연적 사실이든 역사적 사건이든 특수자, 그리고 그것을 다루는 인간의 정신기능으로서 판단의 기능, 이러한 기능의 작용조건으로서 인간의 사교성, 즉 신체적이고 물리적인 조건을 위해서뿐만 아니라 생각함과 판단이

---

156) Hermsen(1999), p.59.

라는 정신의 기능을 위해서도 인간은 다른 동료들 없이는 살 수 없다는 것, 다시 말해서, 정치적인 것이 된다. 그리고 정치적인 것은 아렌트에게 영원성과 불멸성을 제공함으로써 인간의 삶에 '의미'를 부여하는 것이다.

아렌트가 보기에, 칸트는 이러한 정치적 주제에 대해 문제의식을 가지고 있었음에도 불구하고 비판서들과 관련된 작업을 끝마친 노년이 되어서야 이 관심사로 돌아왔다. 아렌트는 이러한 칸트의 정치적 문제의식이 『판단력 비판』에서 명확하게 드러났다고 본다. 그런데 이처럼 정신적 활동에 중요한 역할을 부여한 아렌트의 후기 사상을 놓고 어떤 비판가들은 후기에 그가 정치에서 철학으로 회귀했다는 입장을 보인다. 그러나 디쉬의 주장대로, 아렌트가 후기에 칸트 철학으로 전환했다고 해서, 이것이 정치에서 철학으로 퇴각한 것이라고 보는 것은 잘못이다. 디쉬는 아렌트가 "공통감"(the common sense)이나 "확장된 사고"(enlarged thinking)와 같은 칸트의 핵심 개념들에서 칸트 자신은 놓치거나 예견하지 못했던 의미를 취한 것이라고 설명한다.[157] 따라서 필자 역시 칸트 철학으로의 아렌트의 전환은 철학으로의 퇴각이 아니라 칸트 철학의 창조적인 전유라고 해석한다. 도스탈은 이러한 아렌트의 칸트 해석이 "비정통적 방식의 전유"라고 주장한다.[158] 사실 미적 판단에 의거하여 정치적 판단의 근거와 작동방

---

[157] Disch(1994), p.146.

[158] R. J. Dostal(2001), "Judging Human Action: Arendt's Appropriation of Kant", *Judgment, Imagination, and Politics: Themes from Kant and Arendt*, ed. by Ronald Beiner and Jennifer Nedelsky, Rowman & Littlefield Publishers, Inc, p.140.

194

식을 정립하는 아렌트의 기획은 가장 비-칸트적, 반-칸트적이라고 할 수 있다. 게다가 그 기획에서는 니체와 고대 그리스인들의 강력한 영향을 결코 지울 수 없지만, 그럼에도 불구하고 그것은 아렌트 고유의 것이다.[159] 그리고 네델스키의 주장대로, 이처럼 "칸트에 의해 발전되고 아렌트에 의해 전유된 판단의 언어는 우리에게 선택지를 제공한다. 그들은 우리에게 주관적이지만 그러므로 단지 임의적인 것이 아닌 인간 독특한 인간의 기능으로서 판단의 개념을 제공한다."[160]

정치적 관심의 핵심적 성격은 원래 '실천적'이거나 도덕적인 것이 아니며, 그 태도를 추상적이고 보편적인 진리로부터 취하지도 않는다.[161] 이러한 이유로 아렌트는 복수성에 대해 대립적인 입장을 견지하는 칸트의 도덕철학을 배제하고 복수의 사람들과 관련된 "미적 판단"을 선택한다. 아렌트에게 정치적 행위는 실천이성의 명령 아래 있는 것도 아니고 지성의 아래 있는 것도 아니다.(BPF 152)

지성과 의지는 어떤 관심에서 나온 특수한 목적을 추구하는 데는 적합하지만, 특정 행위에 대한 판단은 그럼으로써 충족시켜야 할 별도의 관심이나 목적을 갖지 않는다. 이것은 아렌트가 칸트의 '목적 없는 합목적성'(purposiveness without purpose) 개념의 영향을 받고 있음을 보여준다. 이와 같이 아렌트가 "인간의 위상을 미적인 것에 결부시켜, 특히 예술작품들과 타인을 배려하

---

159) Kateb(2001), p.121.
160) Nedelsky(2001), p.104.
161) Kateb(2001), p.121.

고 전체(세계)를 배려하는 '바른' 정신으로 행해진 정치에 결부시켜 방어"하는 것은 "인간됨과 인간 최상의 열망들을 방어"하는 것이다.[162] 미적 판단은 인간이면 누구나 할 수 있는 기능이다. 따라서 이 판단능력을 정치와 결부시키는 것은 그것이 특수를 특수 그 자체로 다룸으로써 특수의 존엄성을 인정하기 때문이다. 여기서 카텝은 정치에 있어서 '바른 정신'으로 행위하는 것을 "그 자체를 위해서 행위하는 것", "자기 현시나 퍼포먼스로서 행위하는 것", "'원칙'의 명령으로 행위하는 것", "행위의 순수한 고양을 위해 행위하는 것"이라고 규정한다.[163] 아렌트는 예술 이외에 또 다른 지지물, 즉 정치를 통해서도 인간의 위엄이 부여될 수 있다고 보고, 그것을 통해 인간의 위상을 회복하려 하는 것이다. 이러한 아렌트의 주장을 따를 때, 가장 훌륭한 정치는 예술처럼 빛나고 영원하고 위대하며 동시에 자유롭다. 이러한 일련의 주장들은 공적 영역에 자신을 현시함으로써 우리가 자신의 실존성을 보증받고 타자들과의 조화로운 행위를 통해 삶의 의미를 획득한다는 정치적 행위의 의미를 달리 표현한 것이다.

이와 같이 판단은 일반적이거나 보편적인 것들을 다루는 것이 아니라 우연히 발생하고 하나하나가 예외적인 특수한 것들을 다루므로, "정치가 도덕성이나 실천성에 의해 방해받지 않고, 철학적 진리에 의해 주시되지 않을 때, 예술처럼 정치행위는 자유를 표현하고, 자유를 나타내며, 자유의 매개체가 된다. 따라서 인간

---

162) Kateb(2001), p.125.
163) Kateb(2001), p.126. 참조.

의 위상은 예술에서 그리고 정치에서 그것이 미적으로 이해되고 올바르게 행해질 때, 매우 함축적이게 된다. 그러므로 아렌트의 정치적 미학주의(aestheticism)는 행위자나 관찰자의 강렬한 쾌(快)에도 불구하고, 게으름이나 자기 탐닉이 아니라 오히려, 인간의 자기존엄성(self-dignity)의 회복에 몰두하는 것이다."164) 아름다움(beauty)과 마찬가지로 불멸의 자유는 인간 실존의 흔적으로서, 그것은 삶에 의미를 부여한다.

라. 정치적 판단의 주체

아렌트의 판단이론에서 관찰자가 차지하는 위상은 매우 크다. 판단은 인간에게 삶의 의미와 가치를 제공하며, 세계를 타자와 공유하게 함으로써 인간됨(humanaitas)의 원리를 실현한다. 우리가 옳은 행위를 할 때, 공통감각에 기초해서 판단하는 주체는 어떤 사람인가? 아렌트는 『의지』에서 데카르트, 칸트의 주체 문제를 다루면서 판단하는 주체를 준비한다.

아렌트는 칸트의 정언명령이 자기 자신과의 일치에만 신경 쓰고, 타인에게는 관심 갖지 않는다는 이유로 정치철학이라는 것에 대해서는 부정했지만, 정언명령에서 "양심"의 현상은 내적 복수성의 경험임을 발견한다. 칸트는 그것을 도덕적 지식의 문제로 보았다.

---

164) Kateb(2001), p.125.

그러나 도덕철학은 도덕적 삶의 지침을 제공하는 규칙들을 탐구하지만, 이것의 문제는 그것이 특수들을 포섭할 기준을 제공하고, 개인들은 그것을 준수하기만 하면 되기 때문에 판단의 주체를 제거한다는 점이다. 도덕규칙들은 반성판단을 요구하지 않으며, 판단에 대한 이해도 요구하지 않고, 단지 규정 판단을 발휘할 것을 요구한다. 그러므로 보편규칙으로 판단양식을 삼으려는 시도는 주체를 제거하는 것이므로 무의미하다. 이것은 판단의 진정한 노력을 제거하는 것이며, 판단의 부담을 제거하는 것이다.

절대적인 보편규칙에 의거함으로써 우리는 판단의 부담으로부터 벗어난다. 그러나 판단은 포섭의 공식으로 환원될 수 없다. 만일 그렇게 된다면, 판단은 더 이상 정치적 인간의 임무이기를 그만둘 것이며, 판단을 논하는 것조차 무의미하게 된다. 준칙 그 자체가 모든 것을 판단하기 때문에, 주체는 단지 판단의 선행된 기준에 적용하게 된다.[165]

칸트는 초월적인 기준들에 의지하는 도덕철하자이다. 칸트에게 궁극적 기준은 자기 자신에 대한 '책임'이므로 아렌트는 칸트가 '잘못 행함'의 문제를 '회피'한다고 간주한다.[166] 그래서 아렌트는 칸트의 도덕철학으로는 악을 이해할 수 없다고 보았다. 여기서 다른 사람들과 더불어 살아가는 자율적인, 판단하는 주체는 없고, 자신의 내적 소리에만 귀 기울이는 단수의 주체만이 있을 뿐으로, 이것은 진정한 의미의 주체라고 볼 수 없다.

---

165) Beiner(1983), p.111.
166) Kohn(1996), p.170.

그렇다면, 아렌트에게 판단하는 주체는 어떠한 양식으로 존재하는가? 아렌트는 도덕을 다루지 않았다. "아렌트는 정의의 이론에 관심 갖지 않았다. 그런데도 동시에 아무것도 정의의 행위보다 그녀에게 더 문제가 되는 것은 없는데, 그 정의의 행위는 자율적인 판단기능에 대한 그녀의 최종적 관심의 핵심이 된다. ……도덕과 정치는 판단기능에 의해서 함께 적실성을 갖는다."[167] 그것을 담지하고 있는 것이 반성판단이다. 우리는 아름다운 사람을 보고 아름다움을 알며, 정의로운 행위, 용기 있는 행위를 보고 정의와 용기가 무엇인지를 알 수 있다. 이런 점에서 아렌트의 잘 전개된 판단기능은 정치적 문제와 도덕적 문제를 모두 아우르고 있다는 벨머와 콘의 주장은 옳다. 이것에 대해 가다머는 다음과 같이 설명한다.

가다머는 『진리와 방법』에서 "행위와 그 결과에서 구체화되는 인간의 도덕적·역사적 실존은 그 자체가 공통감각에 의해 결정적으로 규정되며", 그러므로 "보편적인 것으로부터 추론하는 것이나 근거로부터 증명하는 것으로 충분하지 못하다"고 주장한다. 그에 의하면 도덕철학의 기초는 공통감각이다. 가다머에 따르면, 취미개념이 17세기에 등장한 것은 고대의 도덕철학과 연관성을 갖게 되는바, 그리스의 윤리학은 좋은 취미의 윤리학이라는 것이다. 그 근거를 가다머에 의거하여 살펴보자. 판단은 특수에 대한 것으로, 이것은 사례에 대한 평가가 보편자의 기준을 적용하는 것이 아니라 그것을 함께 규정하고 보충하며, 수정한다는 것을

---

167) Kohn(1996), p.171.

의미한다. 이로부터 결국 모든 도덕적 결정은 취미를 요구한다는 결론이 나온다. "취미는 도덕적 판단의 근거는 아니지만 그것의 최고의 완성이다. 옳지 않은 것이 취미에 거슬리는 사람은 선을 수용하고 악을 버릴 확실성이 가장 높다."168)

그런데 가다머에 따르면, 칸트는 미학을 선험 철학적으로 정초함으로써 전환점을 이루었다. 그러나 취미의 선험 철학적 정초는 판단력의 고유한 원리로서 자립적이며 독립적인 타당성을 요구할 수 있는 영역으로 취미개념을 제한시켰다는 것이다. 그 결과 인식개념을 실천이성 사용에 한정시켰고, 취미의 보다 보편적인 경험적 개념, 그리고 법과 도덕 영역에서 수행되는 미적 판단력의 활동을 철학에서 추방해 버렸다는 것이다. 이러한 가다머의 견해를 따를 때, 아렌트의 판단이론은 고대의 취미개념을 따르고 있다고 볼 수 있으며, 정치적인 문제뿐만 아니라 도덕적 문제까지 커버하고 있다고 보는 것은 큰 무리가 아니라고 본다.

현대에 접어들어, 전례 없는 20세기의 비극적 사건을 통해서, 전통이 무너진 상태에서 사람들의 행위를 주도할 만한 어떤 종교적이고 도덕적인 기준은 없었다. 그들에게 요구된 것은 형식적으로 당연시된 기준들의 상상된 '객관적 타당성'을 취하는 것이었다. 그래서 그러한 능력을 갖지 못한 사람들은 거대한 역사의 회오리바람에 휩쓸려 들어갔던 것이다. 옳은 행위로 이끌 어떤 초월적인 기준이 없는 상황에서 각자의 재량권과 자율성은 중요하다. 그렇다면 어떻게 판단하고 행위할 것인가? 이때 판단의 기준

---

168) 가다머(2000), 『진리와 방법』, I, 이길우 외 역, 문학동네 91쪽.

은 무엇인가?

아렌트는 『생각함』에서 데카르트의 주체를 다룬다. 현상세계의 실재란 "주체가 인식하고 파악하기 위한 대상이 될 만큼 충분히 오랫동안 정지한 채 남아있는 것을 특징으로 한다."(TLM 45) 아렌트는 "대상이 없는 주관적 동작이란 없다"는 사실을 상정하고 있는 후설의 의식 지향성 개념을 도입한다. 나무는 환상일 수 있지만 나무를 보는 행위에 대해서는 대상이 된다. 주체는 대상을 지향하기 때문에, 주관적 행동은 지향적 대상이 있다. 그리고 대상은 지향적 주체가 있다. 나타나는 것은 무엇이든 객관성에 고유한 수용자, 즉 잠재적 주체로서의 지위를 갖는다. 현상은 구경꾼을 필요로 하고, 그의 잠재적 인식과 승인을 요구한다.

그런데 데카르트의 "생각하는 자아"(thinking ego)는 "생각함의 능력의 화신"으로서, 이 허구적 존재에 내재된 문제점은 허구적 존재가 질병을 가진 두뇌의 산물도 아니고 쉽게 제거되는 "과거의 오류들" 중 하나도 아니라 생각하는 활동 자체의 완전하고 명료한 가상이라는 점이다.(TLM 47) 데카르트는 현상세계를 떠난 고독하고 한적한 장소로 물러나는 과정에서 익숙한 영역을 재발견했다. 그는 "다수의 불결성"으로부터 "극소수"의 무리로 그리고 "유일자의 고독"으로 회피한다. 따라서 데카르트의 생각하는 자아는 "나는 어떠한 지위도 필요로 하지 않고, 어떤 물질적 대상에 의존하지도 않는다는 것", 즉 자급자족성과 "나는 육신도 갖고 있지 않으며 내가 존재할 세계나 자리도 없다는 것", 즉 무세계성을 특징으로 한다.(TLM 48) 더 중요한 것은 그의

'생각하는 실체'는 회의 및 감각지각의 경지를 넘어서서 어떤 전능한 신도 의식의 확신을 무너트리지 못할 것이라는 점이다. 생각하는 실체는 육체와 사물을 지각하는 감각을 갖지 않은 채, 동시에 그가 지각하는 것이 동료들에 의해서도 지각된다는 것을 자신에게 확인시켜줄 동료도 없이 홀로 존재한다. 그에게는 세계도 그의 생각 속에 존재한다.

따라서 데카르트의 생각하는 실체는 육체를 갖지 않으므로 생물학적 기관에 속하는 공통감과 실재성의 느낌도 갖고 있지 못하다. "그 자신이 집착하는 모든 것을 회의하는 사유는 실재와 자연스럽고 사실적인 관계를 유지하지 못한다."[169] 그러므로 현상세계 자체를 상실한 데카르트의 생각하는 나(thinking I)는 유일한 고독한 사람이기에 다른 사람들과 함께할 수 없으며 현상세계에서 발생하는 사건들의 의미를 결정하는 판단행위를 공유할 기회조차 갖지 못한다. 다른 주체를 갖지 못하는 데카르트의 주체는 판단하는 주체로서 적합하지 않다.

다음으로, 칸트의 생각하는 나(thinking I)는 물 자체를 의미한다. 칸트는 '단순한' 현상의 이면에 있는 "물 자체"의 실질적 기반이 되는 현상을 명백히 밝힌다. 나는 순수한 생각함의 활동 중에 있는 나 자신의 의식에서 존재 자체, 즉 물 자체이다. 칸트의 생각하는 나는 데카르트의 자기 지각의 자아와 달리 생각하는 자기 자신에게 나타나지 않지만 그렇다고 그것이 무(nothing)는 아니다. 칸트의 생각하는 나는 순수한 활동이지 자아가 아니다.

---

169) Kohn(1996), p.49.

아렌트는 생각하는 나와 자아를 다르게 본다. 칸트는 내적 직관으로 생각함의 활동을 고수하게 하는 내감을 고수하지 않는다. 따라서 "나는 내 자신에 나타난 나 또는 내 자신 속에 있을 내가 아니라 단지 나는 내가 존재한다는 것만을 스스로 인식한다. 이러한 표상은 직관이 아니라 사고이다." 칸트는 "내가 생각한다는 것은 나의 현존재를 결정하는 행동을 표현한다"고 말한다.

칸트는 생각하는 내가 활동하는 세계, 즉 예지계의 "비물질"을 강조한다. 칸트의 "물 자체"와 "단순한 표상" 사이의 위계질서는 생활경험에서 나온 것은 아니다. 그러나 무엇인가를 나타나도록 하는 것이 현상보다 높은 차원에 있다는 것은 우리의 삶의 현상에 대한 경험에 의존한다. 그는 "물 자체"(thing in itself), "단순한 표상"의 구분에서, 현상은 "은폐된" 현상과 "노출된" 현상을 포함하고 있는데, 이것은 은폐된 현상이 생존과제의 기제를 포함하고 있는 한, 명료한 현상의 동인이 되는 것 같은 현상세계에 대한 비유 속에서 그 구분을 도출해낸 것이다. 따라서 아렌트는 물 자체가 존재한다는 것은 형이상학적 오류가 되며, 이것도 생각하는 나의 경험에 그 원인이 있다고 본다.

칸트의 "생각하는 나"는 현상세계를 이탈해 있지 않다. 그의 생각하는 능력인 이성은 현상세계에서 활동한다. 생각하는 자아는 현상세계에서 공통감각에 의해 다른 사람들과 세계를 공유하며, 판단 활동에 참여할 수 있다. 칸트에게 공통감각(common sense)은 판단의 토대이다. 내가 반성적으로 판단할 때, 나는 대상이 아니라 부재하고, 내 정신에 제시되는 다른 주체들을 가지고 있다.[170] 즉 나는 "타자들의 입장에서" 생각하므로, 내가 "이 것은 즐거운 것이다"라고 말할 때, 나는 타자들의 동의를 구하고 있는 것이다.

아렌트는 이러한 이유로 칸트의 생각하는 나(thinking I)를 판단의 주체로 삼았다. 그것은 어디까지나 현상세계의 경험을 기반으로 하고 있으며, 판단하는 다수의 주체를 상정한다. 판단하는 나(judging I)는 다수의 주체들 가운데 하나로 존재하며, 다른 사람들과 함께 공유하는 세계 속의 나이다. 그러므로 아렌트의 판단하는 주체는 고유의 특수성을 담지하고 있는 다른 주체를 갖는다. 이것은 그의 상호 주관성에서 드러난다. 아렌트는 칸트의 미에 관한 탐구에서 판단기능의 자율성과 그 자율성 속에서 혼자이지 않은 판단을 발견했다.

그리고 아렌트가 판단을 해방시키는 것은 그의 사고도전이다. 판단은 그것이 발생한 세계와 화해 가능하다. 판단은 악의 문제와도 관련이 있다. 악행자는 그렇게 하는 것을 선택하지 않고, 그 자체 악을 행하기 때문이다. 그러므로 판단할 때 정신 속에서 재현적 생각함(representative thinking)에 의해서, 다른 사람들의 관점은 하나의 차원, 하나의 세계가 되며, 그것은 나의 관점을 포용하고, 세계가 다시 태어나도록 종용한다. 그것은 나로 하여금 세계가 어떻게 보이는지, 다른 사람들과 어떤 소통관계를 형성할지를 추구하게 한다. 우리는 판단함으로써 세계의 풍부한 현상성(appearance), 모든 측면에 열려 있는 잠재적인 공적 공간을 재

---

170) Kohn(1996), p.172.

창조하고, 확장된 정신의 봄(vision)을 통해 실재성의 의미를 고양시키며, 세계의 의미를 획득한다.

제10장 칸트의 미적 판단에 대한 아렌트의 정치적 판단으로의 전유
: 정치적 판단의 작동양식

가. 의사소통가능성의 조건과 미적 판단의 전유

이성의 자기검열을 의도한 칸트 비판철학의 기획은 그 기능의 독자적 영역을 확보하고 있지 않은 판단력에서 정점을 이룬다. 이 판단력 비판에서 핵심은 개개인의 좋고 싫은 감정에 근거하여 내리는 '취미판단'(Geschmacksurteil)이다. 칸트는 미적 대상들이 지닌 이러한 독특성에 주목하면서, 취미는 현실적이고 경험적인 보편성을 갖지 않음에도 불구하고 취미에 대한 이 "주관적" 판단이 여전히 보편타당성을 보유한다는 것을 논증하려는 철학적 기획을 갖고 있었다.

미적 판단에 관한 논의에서 칸트는 천재와 취미를 구분한다. 천재는 "생득적인 심성의 소질(ingenium)이요", "아무런 특수한 규칙도 부여될 수 없는 것을 산출하는 하나의 재능이다."171) 그러므로 칸트에게 천재는 상상력과 독창성의 문제이다. 반면에 취미는 판단의 문제이다. 칸트에게 상상력은 오성의 법칙과 일치해야 의미를 산출해내며, 판단력은 상상력을 오성에 부합하게 하는

---

171) I. Kant(1951), *Critique of Judgment*, §46.

기능이다. 취미는 일반적으로 합의를 얻기 쉽게 해주고 다른 사람들이 따를 수 있게 해주며 문화가 계속 진보하게 해준다. 미적 문제에 있어서도 칸트는 천재와 비평가(관중) 중 후자에 우선성을 둔다. 왜냐하면 비록 천재성이 예술 발생의 원천일지라도, 관찰자들 사이에서 소통된 것으로서 취미는 어떤 예술이 아름다운지를 결정하는, 즉 판단하는 방법을 알고 있기 때문이다. 이것이 취미판단이다. 그러므로 취미문제에서 천재성은 판단력보다 덜 필수적이다. 그런데 왜 판단력이라는 정신현상이 보다 객관적인 감각들이 아닌 사적인 미각에서 도출되었을까? 아렌트는 그 이유를 다음과 같이 말하고 있다.

"미각과 후각은 가장 사적인 감각인데, 이것들은 대상이 아니라 감각작용을 지각하며, 이러한 감각 작용은 대상연관적이지 않고 또 회상될 수 없는 것이다. …… (미각과 후각은 재현할 수 없다.) …… 그 이유는 객관적 감각에 주어진 모든 대상들은 그 속성들을 다른 대상과 공유하는, 즉 독특하지 않은 반면, 미각과 후각만은 그 본질상 분간의 기능을 가지며, 따라서 이들 감각만이 개별자를 개별자 그 자체로서 관계하기 때문이다. 더욱이 어떤 것은 나를-즐겁게-또는 불쾌하게 한다(it-pleases-or-displeases-me)는 것은 미각과 후각에서 압도적으로 나타난다."(LKPP 66)

칸트는 사적 감각인 미각과 후각이 감각한 것을 내적으로 지각한다는 점에서 그것들은 '분간'의 기능을 가지며, 내게 맞으면 쾌를 느끼고, 맞지 않으면 불쾌를 느낀다는 점에서, 그것들이 쾌, 불쾌와 관련이 있다고 주장한다. 이러한 사실 때문에 칸트는 미각이 판단의 추동력이 된다고 보았고, 미각에 기초해서 판단개념을 확립하고 있다. 그런데 이러한 사실로부터 취미판단의 성질이 드러난다. 칸트는 다음과 같이 주장한다.

"어떤 것이 아름다운지 아름답지 않은지를 판별하기 위해서, 우리는 인식을 위해 그 표상을 오성에 의해서 객관에 관련시키는 것이 아니라, 그 표상을 상상력(아마도 오성과 결합되어 있는)에 의해서 주관과 주관의 쾌, 불쾌의 감정에 관련시키는 것이다. 그러므로 취미판단은 인식판단이 아니요, 따라서 논리적이 아니라 미(직)감적이다."172)

여기서 칸트는 취미판단은 미감적이므로, 객관적일 수 없다고 말하는 것이다. 따라서 취미의 문제는 논리나 인식적으로 접근해서는 안 된다. 아렌트는 다음과 같이 말한다.

"이는 즉각적이며, 어떤 사고나 반성에 의해 매개되지 않는다. 이러한 감각 속에서는 보고 듣고 만진 사물의 대상성 자체가 없어지거나 또는 적어도 현존하지 않기 때문에 이들은 주관적이다. 우리가 맛본 음식은 우리 안에 있고, 또 장미 냄새도 어떤 의미에서는 그렇기 때문에, 이들을 내적 감각이라고 할 수 있디. …… 문제는 내가 직접적으로 영향을 받고 있다는 점이다. 이런 이유로 여기서는 옳고 그름에 대해 논쟁을 할 수 없게 된다."(LKPP 66)

아렌트는 취미판단은 객관적이지 않기 때문에 인식판단에서 요구되는 옳고 그름에 관한 논쟁이 불가능하다는 것을 칸트의

---

172) Kant(1951), §1.

미적 판단에서 도출해낸다. 그리고 그는 이것을 자신의 정치판단을 주장하기 위한 토대로 삼고 있다. 다시 말하면, 취미는 분간의 기능을 가지고 있고, 쾌, 불쾌와 관련이 있다는 점 때문에, 칸트가 미각으로부터 판단을 도출해내고 있을지라도, 미각, 후각은 감각한 대상이 없어진 후에도 내 안에 여전히 있다는 점에서 주관적이며, 그것에 대해서 나의 정신이 반성하기 때문에 내적 감각(inter sense)이다. 따라서 이것은 전달될 수 없다.[173] 이처럼 취미문제는 내가 직접 그 대상의 영향을 받고 있기 때문에 그것의 시비에 대해 논쟁할 수 없는 것이다. 그런데 취미의 주관성으로 인한 이 소통 불가능성은 문제가 된다. 왜냐하면 어떤 것이 일반적인 것이 되려면 그것은 소통 가능해야 하기 때문이다.

그런데 아렌트에 있어서 판단능력에 필수적인 것으로서, 타인들, 우리의 동료 판단하는 주체들과의 이러한 소통은 이미 중요한 문제가 되어 있다.[174] 아렌트가 칸트의 판단이론을 정치적으로 본 이유는 바로 이 소통가능성 때문이다. 그런데 이 소통가능성은 본유적으로 사회적인 차원인 것이다. 그리고 감정의 소통가능성은 공통감을 전제한다.(22절)

아렌트가 칸트의 소통가능성을 취한 요점은 판단이 공동체를 요구하는 방식에 있다. 소통가능성은 공동체를 함축하고 있다. 그런데 여기서 칸트가 왜 공동체를 필요로 하는지가 중요하다. 칸트는 판단할 때 요구되는 생각함의 활동은 비록 그것이 고독한 일

---

173) Kant(1951), §39.
174) Nedelsky(2001), p.108.

일지라도 그것은 다른 사람들에게 의존한다는 것을 주장하고 있는 것이다. 즉 칸트의 판단은 정신의 가상적인 대화 속에서 발생한다. 그런데 거기에는 타자들이 등장하며 그들과의 소통이 요구된다. 이와 같이 판단이 소통을 필요로 한다는 것은 그것이 공동체를 요구한다는 것을 의미한다. 칸트는 소통가능성의 조건을 "상상력"(imagnation)과 "공통감각"(common sense)이라고 보았다.

칸트에 의하면, 취미의 소통가능성에서 상상력의 역할은 근본적인 것이다. 칸트가 말하는 상상력은 여러 가지로 작동한다. 우선 상상력은 "현존하지 않는 것을 현존하게 하는 기능"이다.[175] 상상력은 어떤 대상을 직접 대면하지 않아도 되게 변형시킨다. 즉 그것은 객관적인 대상을 탈감각화시킨다. 그런 다음 그것을 정신 속에 내면화시킨다. 그것은 정신 속에서 이미지화된다. "판단 행위 가운데 쾌감을 주는 것을 아름다운 것"이라 한다.[176] 또 이 상상력은 사물이 직접 나에게 영향을 미칠 때만, 또는 사물이 현존할 때만 맛보거나 냄새 맡을 수 있는 주관적인 미각을 우리의 정신 속에서 재현하면서 반성할 수 있게 한다. 내가 미에 대해 반성할 수 있도록 상상력이 준비해주기 때문에, 미는 재현작용(representation) 속에서 쾌감을 준다.(LKPP 67) 이처럼 재현작용 속에서 미적 대상이 쾌를 주는지 불쾌를 주는지 식별하는 것이 "반성작용"이다. 직접적인 현존과 무관한 상태에서 재현작용(representation)을 하는 가운데 감동을 주는 것만이 옳고 그름,

---

175) Kant(1951), §49.
176) Kant(1951), §45.

210

미와 추, 혹은 양자의 중간에 위치한 것이라고 판단된다.(LKPP 67) 우리는 상상력에 의해서 재현작용을 함으로써 미적 대상이 어떤지를 분간해서 그중에서 선택을 하게 되는데, 이것이 판단이다. 이렇게 되면, 미적 대상에 관한 논의는 취미의 문제에서 판단의 문제로 넘어가게 된다.

그리하여 이제 판단은 실제적인 상황에서 발생하는 것이 아니라 '정신의 공적 영역'177)에서 발생하는 "정신적 작용"이 된다. 즉 판단하는 사람은 외부에서 감각한 것, 그러나 이제는 부재하는 것을 상상력에 의해 자신의 정신 속에서 재현하고, 또 다른 사람들과 그들이 가질 것으로 예상되는 가능한 관점을 자신의 정신에 제시한 후, 그것을 참작해서 판단을 내린다. 칸트에 따르면, 대상을 직접 보고 일어나는 감각적인 지각작용 속에서 쾌감을 주는 것은 만족을 주는 것이지 아름다운 것은 아니다. 그러나 중요한 것은 지각작용 속에서 쾌감을 주느냐 아니냐가 아니라 판단행위 속에서 쾌감을 주느냐 아니냐 하는 것이다. 즉 "판단하는 바로 그 행위 가운데 쾌감을 주는 것이 아름다운 것이다."(LKPP 67) 내가 공부를 열심히 하고 있을 때, 그런 나의 모습에 대해서 나는 만족을 느낀다. 이 만족은 쾌와 관련이 있다. 목적의 달성은 쾌의 감정과 결합되어 있는 것이다.178) 그런데 공부가 끝난 후 내가 열심히 공부했다는 사실에 대해서 기쁨을 느

---

177) 판단할 때, 판단하는 사람은 정신 속에서 다른 사람들이 취할 수 있는 가능한 관점을 떠올리게 되고 그들의 관점을 참작하게 되는데, 이처럼 정신 속에서도 다른 사람들이 등장한다는 점에서 '정신의 공적 영역'이란 표현을 한 것이다.
178) Kant(1951), Introduction, VI.

낀다면, 이때의 기쁨은 아름다운 것이다. 상상력에 의한 재현작용
(representation)은 판단의 전제조건인 적절한 공간, 거리, 비관여
혹은 탈관심성을 확보해준다. 이처럼 판단하는 사람은 그의 정신
속에서 상상력에 의한 탈감각화가 일어남으로써 불편부당성
(impartiality)에 도달하게 된다.

또한 공통감각(common sense)은 사적이고 주관적인 감각을 주
관적이지 않게 해준다. 이 이것은 판단에서 일반성을 확보하게 해
주는 토대라고 볼 수 있다. 이 공통감각 때문에 우리는 다른 사람
도 자기와 똑같이 느낄 것이라고 생각하고 사려 깊게 되며, 사적
주관성에서 벗어나게 된다. 즉 취미는 주관적이어서 소통 불가능하
지만, "취미판단에 있어서 주관적으로 합치시키는 것이 있는데",
그것이 바로 상호 주관성인 것이다.[179] 그러므로 이것은 비객관적
감각 가운데서 비주관적 요소가 있다는 것을 말해준다. 다시 말하
면, 취미판단은 감각이 보편적으로 전달되기를 요청하는데,[180] 그
것은 공통감가에 의해 주관성을 넘어선다. 칸트에 의하면, "취미의
문제에서 우리는 타인의 편이 되거나" 다른 사람을 즐겁게 해주기
위해 "자신을 포기해야 한다." 그래서 "취미에서 이기주의는 극복
된다." 즉 "사려 깊게 된다(considerate)."(LKPP 67) 우리는 공통
적인 감각을 보유한 공동체의 구성원으로서 판단하는 것이지 초월
적인 세계의 구성원으로서 판단하는 것이 아니다. 이와 같이 취미
는 타자, 즉 동반자를 전제하는데, 이러한 취미판단의 세계지향성

---

179) Kant(1951), §9.
180) Kant(1951), §9.

은 아렌트의 정치판단이론의 토대가 되고 있다.

특수와 관련된 정신적 활동에서 우리는 특수들 사이에서 취미를 분간함으로써 선택을 한다. 이 선택의 결정은 어떤 것이 옳은지, 그른지를 판단하게 된다. 판단은 보편적 기준에 의해 이루어지는 것이 아니므로 일반성(generality)만을 가지며, 그것은 판단의 어려움을 보여준다. 이제 이 시점에서 탐구해야 할 것은 판단이 어떻게 작동하며, 어느 지점에서 아렌트가 칸트의 판단을 자신의 정치판단으로 전유하는가 하는 점이다. 이것을 밝히려면 칸트의 미적 판단이론에 대한 정밀한 분석이 필요하다.

칸트에 따르면, 판단은 "상상력"(imagnation)과 "반성"(reflection)이라는 두 가지 정신작용에 의해 작동된다. 우선 상상력의 작용에 의해서 우리는 외부세계와 차단된 상태에서 외부세계에서 감각한 대상을 우리의 내적 세계에 제시한다. 상상력에 의해서 "사람들은 더 이상 현존하지 않는 것, 즉 탈감각화되어 간접적이게 된 대상을 판단한다. 그것은 이미 외적 감각의 대상은 되지 않지만 여전히 내적 감각의 대상이다. 취미감각은 자기 자신을 감각하는 감각이다."(LKPP 68) 여기서 상상력은 반성작용의 대상을 준비한다. 아렌트는 이 반성작용을 실제적인 판단행위로 간주한다. 둘째, 반성은, 상상력이 아무리 크게 확장되어도, 이성에 대해 객관적으로는 적합하지 않다고 하는 사실에 의해서 대상을 도리어 주관적 – 합목적적인 것으로 표상한다.[181] 그래서 상상력의 발휘와 반성작용에 의해서 감각적 사물과 무관한 상태에서 확보되는 불편부당성

---

181) Kant(1951), §29.

(impartiality)의 조건이 형성된다. 그리하여 사람들은 가시적 사물들의 영향을 직접 받지 않는 불편부당한 관찰자가 된다. 아렌트는 이것을 "맹목적 시인"이라고 부른다. 이것은 사람들이 감각적으로 지각한 것을 응축하여 그것을 내적으로 지각하는, 즉 개별적인 것에 의미를 주는 "전체를 보는 입장"에 서게 된다는 것을 의미한다. 전체를 보는 입장에서, 전체적인 조화를 염두에 두고 보면, 개별적인 사건은 그 나름의 역할을 갖고 있음을 알 수 있고, 그에 따라 개별적인 사건은 의미를 부여받는다. 그런데 전체를 보기 위해서는 확장된 사고가 필요하다. 그리고 이것은 상상력에 의해 가능하다.

그렇다면 반성작용의 기준은 무엇일까? "상상력의 작용은 내적 감각 속에서 부재의 것을 재현하는 것인데, 이 내적 감각은 정의상 차별적이다. 우리가 감각대상의 탈감각화에 의해 대상을 재현할 때, 간접적으로 쾌나 불쾌를 느낀다. 여기서 우리는 판단이 우리의 간접적인 반응 속에서 경험된 쾌나 불쾌가 우리를 즐겁게 히는지 혹은 불쾌하게 하는지를 판단한다."(LKPP 72) 그리고 이러한 선택은 다른 선택에 종속된다. 우리는 즐겁게 한다는 바로 그 사실을 인정하거나 인정하지 않을 수 있다. 이 또한 일이 지나간 후에, "승인"과 "불승인"을 받게 된다. 일이 지나간 후에 느끼는 부가적인 기쁨에서 우리가 그것을 기쁘다고 판단하고 있는 사실이 우리를 기쁘게 한다. 바로 그 승인의 행위가 기쁘게 하는 것이며, 불승인의 행위가 불쾌하게 하는 것이다.

따라서 여기서 문제는 쾌와 불쾌, 승인과 불승인만큼 명백히 특이하고 사적인 것에 관해 불편부당한 판단을 어떻게 얻느냐 하는 것이다. 즉 반성을 작동하도록 하는 것은 무엇인가? 아렌트는 그 선택의 기준을 바로 "공공성"(publicity) 혹은 "소통가능성"(communi-cability)이라고 본다. 감정의 보편적인 소통가능성은 공통감각을 전제한다.[182) 따라서 이 공통감각(common sense)이 소통가능성의 기준이 된다. 즉 우리는 공통감각(common sense)에 호소한다. "공통감각은 주어진 표상에 관해 우리가 느끼는 감정을 개념의 매개 없이 공통적으로 소통할 수 있도록 하는 것을 판단"하는 능력이기 때문이다.[183) 아렌트가 말하고 있는 바와 같이, 감각 작용이 소통할 수 있는 것은 바로 모든 사람이 자신과 똑같은 감각을 갖고 있다고 생각하기 때문이다. 칸트는 소통가능성을 가장 잘 보여주는 것이 미에 대한 판단, 혹은 미에 대한 쾌라고 주장한다.

여기서 칸트의 판단이론에 대한 일반적인 해석을 살펴보는 것은 우리의 논의를 위해 도움이 될 것이다. 『판단력 비판』에서 칸트는 판단이 발생하는 초월적인 영역을 상정하고 있는데, 거기서 사람들 가운데 어떤 진정한 대화도 없다. 그러므로 칸트의 미적 판단에서 발생하는 모든 사람들의 동의는 모든 타자들의 동의이다. 그러므로 칸트의 판단은 필연적으로 정신 속에서 발휘되는 상상 속에서만 기능한다. 그런데 그 판단은 "공통감각"에 대한 호소에 토대를 두고 있다. 그리고 이 공통감각은 인간이라면 누구나 기본적으로 가질 수 있는 동일한 것으로서, 이것은 모든 사람들 가운데서 공유된다. 이 공통감각 때문에 언어와 소통이 가능하며, 그 때문에 판단은

---

182) Kant(1951), §22.
183) Kant(1951), §40.

상대적으로 객관적이게 되는 것이다. 여기서 칸트는 공통감각 (common sense)이란 용어를 공통감(sensus communius)이란 용어로 바꾼다. 그 이유는 "우리로 하여금 공동체에 걸맞게 하는 별개의 감각이란 의미를 부여하려고 의도하기 때문이다."(LKPP 70) 바로 이 지점에서 칸트의 미적 판단의 이론은 아렌트의 정치적 판단의 이론으로 전형된다. 그 근거는 다음의 글에 있다.

> "이 쾌는 상상력에 의해, …… 가장 일반적인 경험을 대신해서 발휘해야 하는 판단의 절차에 의해서 …… 대상에 대한 일상적인 파악(Auffasung: 지각이 아님)을 수반한다."(칸트) 그러한 어떤 판단은 우리가 세상에 대해서 하는 바로 모든 경험 가운데 있다. 이 판단은 우리가 모든 사람들 속에서 전제해야 하는 저 일반적이고 건전한 오성 [gemeiner und gesunder Verstand]에 근거한다.(LKPP 70)

위의 인용문이 말해주듯이, 아렌트가 칸트의 판단이론을 자신의 정치적 판단이론으로 전형시킬 수 있는 토대는 상상력과 공통감이다. 칸트는 상상력에 의해 정신 속에서 이루어지는 미적 판단을 뛰어넘어 다른 판단자와 공통감을 확보할 단서를 찾는다. 아렌트는 상상력을 타자와의 실제적인 대화를 통한 의사소통으로 대체한다. 바로 이런 구도를 통해 상상력과 공통감에 기초한 칸트의 미적 판단력은 인간의 세상사에 대한 판단으로 확대될 수 있다. 칸트는 상상력이 판단의 토대가 된다는 것의 근거를 다음과 같이 제시한다.

"어떤 개념 아래 상상력의 한 표상이 놓이게 되면, 이 표상은 그 개념을 현시하게 되지만, 그 자체로서 단독으로 보면 도저히 하나의 특정한 이념 속에 포괄될 수 없을 만큼 많은 것을 생각하게 하는 근원이 된다. 따라서 그 개념 자체를 무제한으로 미감적으로 확장하게 되는데, 이런 경우에 상상력은 창조적으로 지적 개념의 능력을 활동시킴으로써 결국 하나의 표상을 근거로 그 표상으로 포착될 수 있고 명료해질 수 있는 것 이상의 것을 생각하도록 한다."[184]

칸트는 우리는 개념의 무제한적 확장을 가능하게 해주는 상상력 때문에 개념 이상의 것을 생각할 수 있다고 주장한다. 이 때문에 상상력은 부재하는 미적 대상을 정신 속에서 재현시키고, 다른 사람들을 등장시켜 대화와 소통이 가능하게 한다. 또한 상상력은 가까이 있는 것은 멀리, 멀리 있는 것은 가까이 제시함으로써 판단에 필요한 객관적 거리를 확보하게 해준다. 아렌트는 상상력의 이러한 기능 때문에 미적 대상뿐만 아니라 다른 대상에 대한 재현이 가능하다고 보고 그것을 정치판단으로 확장시킬 수 있는 근거로 삼는다. 그리고 정신의 확장을 통한 상상력의 발휘에 의한 가상적 대화에서 소통의 토대가 되는 공통감은 실제적인 대화에서도 동일한 역할을 할 것으로 생각된다. 이렇게 되면 상상력에 의해 공통감각에 토대를 두고 이루어지는 가상적 대화를 통한 미적 판단은 실제적인 정치적 대화에 대해 근본적으로 동일한 작동 구조를 가진다. 따라서 정치적 행위자는 가상적 대화를 통해 결정을 내린 것을 근거로 실제적인 대화에서 다른 사람들과 소통하면

---

184) Kant(1951), §49.

서 판단하고 설득해서 합의에 도달하게 된다.

그런데 판단의 중요한 토대가 되는 공통감(오성)은 모든 인간이 공동으로 가지고 있는 인간적 감각이다. 사람들은 이 공통감에 근거하여 미적 대상뿐만 아니라 일상사에 대한 판단을 할 수 있는 것이다. 칸트에게 판단이 기초하고 있는 "인간 공동의 오성은 오직 건전한 (아직도 도야되지 않은) 오성으로서, 인간이라는 명칭을 요구하는 자에게 우리가 언제나 기대할 수 있는 최소한의 것으로 간주되거니와, 그 때문에 이러한 인간 오성은 공통감이라는 명칭이 붙여진다고 하는 달갑지 않은 영광도 가지게 되는 것이다."[185] 오성(공통감)은 인간을 다른 동물과 구별시켜주며, 인간의 인간다움을 구성한다.[186] 이것은 판단이 오성을 가진 인간 누구나의 활동임을 주장하는 것이다.

칸트는 다수의 활동인 판단의 토대가 되는 공통감을 공통적인 감각의 이념의 의미로 이해한다. 즉 공통감이란 전 인류에 자기의 판단을 견주어보고, 또 그렇게 함으로써 자칫하면 객관적이라고 오인되기 쉬운 주관적인 사적 조건들로 말미암아 그 판단에 해로운 영향을 줄지도 모르는 착각에서 벗어나기 위해 자기반성의 작용을 하는 가운데 다른 모든 사람들을 사고 가운데서 재현시켜 (선천적으로) 고려하는 판단능력의 이념이라는 의미로 이해된다.[187] 이와 같이 칸트는 공통감 속에 모두에게 공통적인 감각이라는 관점을 포함시키고, 공통감의 격률을 제시한다. 칸트는

---

185) Kant(1951), §40.
186) Kant(1951), §40.
187) Kant(1951), §40.

218

그것들이 취미판단의 원칙들을 해명하는 데 이바지할 수 있을
것이라고 본다. 칸트에 의하면, 공통감의 격률은 다음과 같다.

1. 스스로 생각하라.(계몽의 준칙)
2. 다른 모든 사람들의 입장에 서서 생각하라.(확장된 심성의
   준칙)
3. 언제나 자기 자신과 일치하도록(자기모순이 없도록) 생각하
   라(일관성의 준칙).[188]

첫 번째 격률은 편견에 사로잡히지 않은 사고방식의 격률, 결
코 수동적이지 않은 이성의 격률인바, 수동적 이성에, 따라서 이
성의 타율성에 기울어지는 경향을 편견이라 한다. 두 번째 격률
은 확장된 사고방식의 격률로, 그것의 재능이 크게 사용될 수 없
는 사람을 가리켜 편협하다(확장의 반대)고 부른다. 그러나 여기
서 문제되고 있는 것은 인식능력이 아니라 인식능력을 합목적으
로 사용하는 사고방식이다. 따라서 보편적인 입장에서 자신의 판
단을 반성한다면, 그러한 사고방식은 그가 확장된 사고방식을 가
진 사람임을 나타낸다. 세 번째 것은 일관성 있는 사고방식의 격
률인데, 그것은 도달하기 가장 어려운 것이며, 앞의 두 가지 격률
이 결합함으로써만 그리고 이 두 격률을 되풀이하여 준수하여
능숙하게 된 후에야 비로소 도달될 수 있는 것이다. 공통감
(sensus communis)은 인간의 소통을 위한 선험적 요구이며, "우

---

188) Kant(1951), §40.

리의 느낌이 그것에 뿌리박고 있다는 사실"은 우리의 주관적 느낌을 소통에 열어놓는다. 아렌트는 이와 같이 칸트의 공통감(sensus communis)을 끌어들여, 사적이고 소통 불가능한 것에 공통적인 감각의 실존을 인정한다. 공통감은 우리가 보편적인 소통가능성을 주장하도록 허용하는 기준이다.

그런데 공통감과 관련된 문제들은 인식이나 지식과 무관하고 격률과 관계한다. 그리고 그 격률들은 의견의 문제를 위해서만, 그리고 판단에 관련해서만 필요하다.(LKPP 71) 그것이 세상사의 문제들과 관계하면 판단의 격률이 되고, "사고방식"(denkungsart)이 된다. 우리는 공통감의 격률에 의해 우리의 심성을 확장하고, 우리 경험의 사적이고, 특이하고, 소통 불가능한 측면을 제거한다. 따라서 아렌트는 나의 감정이 나를 즐겁게 하는지 혹은 불쾌하게 하는지 어떤지를 선택하는 결정 기준은 상상력 안에서 다른 사람들과 여행하여 그들을 나타낼 수 있게 하는 소통가능성이라고 주장한다. 나는 다른 사람들의 관점을 모험하고, 그들이 서있는 장소에서 나는 생각한다. 아렌트는 이것을 위해서 필요한 조건을 다음과 같이 제시한다

"인간의 자연적 재능이 미치는 영역이나 그 정도가 얼마나 경미하든 간에, 만일 그토록 많은 다른 사람들을 제약하는 판단의 주관적인 사적 조건을 무시하고 자기 자신의 판단에 대하여 (자기 자신을 다른 사람의 관점에 놓음으로써 결정할 수 있게 되는) 일반적 관점에서 반성한다면 그것은 그 사람이 확장된 심성(enlarged mentality)을 가진 사람임을 보여준다."[189]

위에서 드러난 바와 같이, 판단의 필요조건은 확장된 심성이다. 아렌트에 따르면, 나의 심성을 확장함으로써 다른 사람을 방문하는 것은 공동체 속에서 일어난다. 그래서 칸트의 선천적인 공통감(a priori sensus communis)과 대조적으로 아렌트는 **"공동체 감각"**(community sense)을 주장한다.[190] 우리는 판단할 때 자신이 속한 공동체가 이미 가지고 있는 공통감에 근거하여 판단하기도 하고, "공동체 일원으로서 판단하기도 한다."(LKPP 72) 공동체의 일원으로서 판단한다는 것은 다른 공동체의 구성원이었다면 다른 공통감에 근거하여 다른 판단을 내릴 수 있다는 것을 의미한다. 공동체 감각은 선천적인 공통감과 미래의 공통감 사이에 거하므로, 그것은 선천적인 성격을 갖기도 하고 후천적인 성격을 갖기도 한다. 그러므로 우리의 판단은 "보편적이지 않고 일반적"이게 되는데, 그래서 그것은 "공동체 구성원에게만 타당하다."(BPF 221) 이렇게 되면 판단은 특정한 공동체의 구성원에게만 한정되게 된다. 그러나 칸트와 마찬가지로 아렌트는 공동체에게만 한정된 판단을 '확장된 심성'으로 극복하고, 세계 관찰자(weltbetrachter)라는 실존양식으로 나아간다.

취미는 "공동체 감각"(community sense)이다. 이때 감각은 "정신에 대한 반성의 결과"를 의미한다.(LKPP 71) 우리는 우리의 감각이 지각한 것을 재현해서 그것이 나를 즐겁게 하는지 즐겁지 않게 하는지를 분간한다. 취미는 "주어진 재현 작용 속에서 [감각작

---

189) Kant(1951), §40.
190) Curtis(1999), p.117.

용처럼] 우리의 감정을 일반적으로 소통 가능하도록 만드는 판단의 기능"이라고 정의될 수 있을 것이다.[191] 공통감각 때문에 사람들은 다른 사람들에게 자신의 판단에 동의해줄 것을 호소하는데, 이러한 호소가 판단을 타당하게 하는 것이다. 호소에 의해서 사적이고 소통 불가능해 보이는 나를—즐겁게—또는 불쾌하게 한다(it-please-or-displeases-me)는 실제로 이러한 공동체 감각에 뿌리내리고 있다. 그래서 반성을 함으로써 이것을 변형시켜서 다른 사람들과 그들의 감정을 고려하게 될 때, 소통을 위해 열어 놓는다.

요컨대 아렌트는 칸트의 공통감의 격률을 수용하여 자신의 정치 판단의 원리(확장된 사고, 생각함에 있어서 자기 자신과의 일치, 비판적 사고의 결과로서 획득되는 독립적 사고)로 전유하고 있는 것이다. 아렌트는 우리가 판단할 때, 상상력에 의해 다른 사람들의 심성을 고려할 때 모든 다른 관점들이 검토를 위해 개방되는데, 이때 비판적 사고가 필요하다고 주장한다. 그러나 이 판단의 타당성은 과학 명제도 아니고, 인지적 타당성도 아니다. 그 판단은 동의를 강요하지도 않으며, 동의를 간청하거나(woo) 호소할(court) 뿐이다. 사실상 사람들을 설득할 때 사람들은 "공동체 감각"(community sense)에 호소한다. 우리의 정신기능 중 판단은 "다른 사람들의 실존을 전제한다."(LKPP 73) 내가 나의 느낌에 대해 즐거운지 불쾌한지를 판단하는 능력은 다른 사람들의 반응에 의존한다. 그런데 그 타자는 나와 함께 "우리의" 세계 안에 살고 있으며 "우리의" 세계를 구성한다.[192] 우리는 현상세계 안에서 발생하는 실제의 대화 속

---

191) Kant(1951), §40.

에서 정신의 세계로 들어갔다가 반성판단의 상태가 되어 다시 현상 세계로 복귀한다. 판단은 상상력과 반성작용이라는 이중의 작동으로 우리 자신과 대상들 사이의 거리를 확보하므로, 우리는 전체적인 상을 볼 수 있고, 그 안에서 대상이 갖고 있는 의미를 얻는다.

나. 정치적 판단의 소통양식: 비판적 사고

아렌트가 보기에, 진리를 다루는 사고와 소통양식들은 다른 사람의 관점을 고려하지 않는다는 점에서 전제적이지만, 정치적 사고는 다른 사람들의 의견들을 고려하는 데 그 특징이 있다. 그러한 고려는 나의 정신 속에 다른 사람들의 관점을 등장시킴으로써 이루어진다. "상상력의 힘은 탁월한 정치적 사고인 더 넓은 생각함의 방식과 가장 밀접하게 연결된다. 왜냐하면 그것이 다른 사람들의 마음속에 우리 자신을 넣을 수 있게 하기 때문이다."[193] 이 확장된 심성은 판단하는 사람, 즉 관찰자가 갖추어야 할 자질이 된다. 정치적 사고의 특징을 "다른 사람의 의견을 고려하는 것"이라고 볼 때, 바로 이 지점에서 아렌트는 정치적 사고의 "재현적"[194] 성격을 도입한다.

---

192) Curtis(1999), p.117.

193) Arendt, "Freedom and Politics", in: *Freedom and Serfdom: An Anthology of Western Thought*, ed. by A. Hunold, Dordrecht, D. Reidel, 1961, p.207. 여기서는 d'Entreves(1994), p.113에서 재인용.

194) "representative"란 이미 본 것을 상상력에 의해 머릿속에 다시 나타나게 한다는 뜻이 있다. 따라서 representative는 원형, 원본을 정신 속에서 그대로 재생한다의 의미에서 "대표적"이거나 "표상적"이라는 표현을 쓰지

"정치적 사고는 재현적(representative)이다. 나는 다른 관점들로부
터 주어진 이슈를 고려함으로써, 부재하는 사람들의 관점들을 나의 정
신에 제시함으로써, 의견을 형성한다. 즉, 나는 그들을 재현한다. 이러
한 재현의 과정은 그 밖의 어딘가에 서있는 사람들의 실제적인 관점을
맹목적으로 채택하는 것이 아니고, 그러므로 다른 관점으로부터 세계
를 검토하는 것이다."(BPF 241)

여기서 우리는 판단을 형성할 때 사고 속에서 이루어지는 "재
현작용"이 다른 사람의 관점을 능동적으로 수용하는 데 있어서
중요한 요소가 된다는 것을 알 수 있다. 그리고 우리는 이러한
정신의 확장으로 다른 사람들의 관점을 고려함으로써 불편부당
성을 획득한다. 따라서 취미판단을 위해서 dokei moi를 변화시키
는 것, 즉 주관적인 '그것이 나에게 보이는 것'을 변화시키는 것
은 다른 사람들의 관점으로부터 동일한 것을 검토하는 우리의
능력이다.[195]

칸트에 따르면, 정신의 확장은 공동체 감각 때문에 가능하다.
우리는 그것 덕분에 사적 조건과 사적 상황에서 벗어날 수 있게
된다. 판단할 때 우리는 상상력과 반성력에 의해서 사적 제약을
극복하고 우리 자신을 해방시켜 '상대적인'[196] 불편부당성을 획
득한다. 따라서 "확장된 심성"은 판단에 있어 '바른' 판단의 필수

않고 "재현적"이라고 번역하게 되었다. 우리는 판단할 때 기존에 알고 있
는 사람, 그렇지만 지금은 부재하는 사람을 자신의 정신에 제시해서 '그라
면 이런 경우에 어떻게 할까' 하고 그의 입장에서 생각해본다.

195) Denny(1979), p.264.

196) 여기서 '상대적인' 불편부당성이란 표현을 쓴 이유는 판단이 다른 사람들
의 관점으로부터 얻어지므로, 그 판단이 불편부당하다고 할지라도, 진리가
가지고 있는 절대성에는 도달할 수 없기 때문이다.

적 조건이 된다. 이는 취미의 일반성을 의미하는 것으로, 취미는 개성적이지 않을수록 더 잘 소통된다. 즉 판단의 시금석은 소통 가능성이다. 칸트는 다음과 같이 말한다.

> "정신은 모든 각도에서 대상을 새롭게 볼 수 있도록, 그래서 자신의 관점을 미시적인 데서 모든 다른 가능한 관점들을 차례로 획득할 수 있는 일반적 시각을 갖는 데까지 확장시켜, 상상가능한 모든 관점들을 채택하고 각자의 관찰들을 모든 다른 사람들의 관찰을 통해 검증할 수 있도록 기동력을 유지하기 위해 정신은 상당한 정도의 느긋함과 융통성을 필요로 한다."[197]

위 인용문은 재현적(再現的)으로 생각한다는 것(representative thinking)의 특성을 잘 보여준다. 우리는 다른 사람들의 입장으로 우리의 정신을 확장하여 그들의 모든 가능한 관점을 고려하고, 나의 관점을 다른 사람의 관점을 통해 검토 받음으로써 자신의 관점을 갖게 된다. 따라서 "판단으로서 그 자신의 개별적인 한계들을 아는 생각함의 이 확장된 방식은 다른 한편으로 엄격한 고립이나 고독 속에서 기능할 수 없다. 그것은 타자들의 현존을 요구한다."[198] 재현적으로 생각한다는 것은 불편부당한 판단이 가능하게 하기 위해 다른 사람의 입장을 이해하는 능력으로써 예견 가능한 다양한 관점을 끌어들이는 것이다. 나는 다른 관점으로부터 주어진 이슈들을 고려함으로써 부재한 사람들의 관점을

---

197) Kant, *Philosophical Correspondence*, p.1759-1799, ed. by Zweig, 73쪽. 여기서는 LKPP, p.42에서 재인용.
198) Nedellsky(2001), p.109.

나의 정신에 제시하여 스스로 생각해서 나 자신의 의견을 형성한다.

그러므로 칸트에게 판단할 때 정신의 확장은 중요하다. 단트레베에 따르면, 아렌트는 칸트가 '확장된 심성'(enlarged mentality)이라는 그러한 더 넓은 생각함의 방식과 취미를 연결시킴으로써 특수한 정치적 능력, 즉 그 밖의 모든 사람의 입장에서 생각하는 능력으로서 판단에 대한 재평가를 열어놓은 것으로 믿었다. 정신의 확장이란 상상력에 의해서 "우리의 판단을 타인의 실제적 판단이 아닌 가상적 판단과 비교함으로써 그리고 우리 자신을 타인의 입장에 놓음으로써" 이루어진다.[199] 이것이 "확장된 사고"이며, 아렌트는 이것을 "비판적 사고"라고 부른다. 아렌트에게 비판적 사고는 소크라테스식 사고를 의미하는데, 칸트는 이러한 연관성을 알고 있었다. 비판적 사고는 철학적 사고와 다르다. 그것은 편견, 또한 검토되지 않은 의견이나 신념을 공적으로 검토하는 것으로, 이것은 모든 관점들이 검토를 위해 개방되어 있는 곳에서만 가능하다.(LKPP 43) 아렌트는 비판적 사고가 독단적 생각, 편견, 전통뿐만 아니라 '자기 자신의 생각에' 비판적 기준을 적용함으로써 이루어진다고 주장한다.

이처럼 비판적 기준을 자신이나 다른 사람의 생각에 적용하는 것이 비판적으로 사고하는 방법이다. 그런데 이 적용은 공공성, 다른 사람과의 소통을 필요로 한다. 이 소통가능성은 비판적으로 생각함의 특징이다. 그것은 '다른 사람과의 대화 속에서' 검토 작

---

199) Kant(1951), §40.

업을 거치면서 실천적으로 발생한다. 그것의 훌륭한 사례인 소크라테스는 다른 사람과의 열려진 대화 속에서 분류하고 분리하고 구별함으로써 비판적인 사고를 실행했다.

그런데 이러한 비판적 사고의 결과로 어떤 지식도 산출되지 않는다. 칸트와 소크라테스에서 비판적 사고란 자신의 의견을 자유롭고 공개된 검토에 맡기는 것이다. 이런 작업을 위해서는 "더 많은 사람들이 여기에 참여할수록 낫다."(LKPP 39) 그리고 그것을 가능하게 해주는 것은 상상력과 확장된 심성이다. 다른 사람과 스스럼없이 대면하여 잠재적으로 공적이고 모든 측면에서 열려 있는 공간 속으로 우리의 생각을 이동시키는 것은 상상력의 힘이다. 따라서 비판적 사고는 고독한 작업이긴 하지만 "다른 사람들"로부터 격리된 상태에서 진행될 수 있는 것은 아니다. 아렌트에 따르면, "비판적 사고는 분명 고립 속에서 진행되긴 하지만, 상상력의 힘에 의해 타자들을 등장시킴으로써 잠재적으로 공적이며 모든 입장에 공개된 공간으로 들어가게 된다." 즉 칸트의 용어로 말하자면, "세계시민의 입장"을 채택하는 것이다.(LKPP 43)

비판적 사고가 소통을 필요로 한다는 것은 그것이 다른 사람과의 의견 교환을 통해 모든 주장에 숨어있는 함축들을 드러내는 일이라는 것을 뜻한다. 아렌트에 따르면, 이것이야말로 소크라테스적인 산파술의 실제 내용으로서 비판적 사고의 기원을 이루며, 칸트가 바로 비판적 사고를 계승한 가장 위대한 근대적 대표자인 것이다.

하지만 이렇게 역사적으로 확인되는 사상적 계승성에도 불구하고 소크라테스와 칸트의 비판적 사고에는 차이점이 있다. 칸트의 비판적 사고는 타자의 물리적 현존 속에서 반성할 필요가 없이, 원래 정신의 확장에 의한 재현적 생각함을 말하는데, "확장된 심성이란 처음에 그가 다른 사람들이 가지고 있는 입장을 상상함으로써 그것을 참작하여 개인이 그 자신의 판단을 형성하는 능력이다. 소크라테스의 비판적 사고에 있어서 핵심은 의견에 대한 검토인바, 그 검토는 판단이 등장할 '정신의 공적 공간'을 마련한다."[200] 그러나 그것은 판단을 목적으로 하는 심의라고 보기는 어렵다. 소크라테스의 사고는 "이성의 공적 발휘"이다. 그것은 오랫동안 깊이 이루어지며, 사람들을 느긋하게 하므로 행위를 차단하는 특성이 있다. 그러나 그것은 고정관념을 해체하며, 규칙을 해방시키므로 판단을 준비하는 과정이다. 그 과정에서 '나'는 다른 사람의 정신을 방문한다. 그러므로 재현적 생각함은 공적 심의를 위한 관찰자의 정신적 모델이라기보다 오히려 "비판적인 사고"의 전제가 된다고 볼 수 있다. 그러나 소크라테스의 비판적인 대화나 칸트의 이성 공적 사용은 나의 사고를 확장하기 위해서 다른 사람들의 사고를 방문한다는 점에서 동일하다. "대화"나 "이성의 공적 사용" 모두 이러한 사고의 방문을 통해서 사적 조건들을 제거하고 일반적 관점을 형성한다.

제시된 모든 의견을 그 근본에까지 철저하게 검토하는 방식으로 이루어지는 소크라테스식의 "비판적 사고"가 이르는 것은 '나에게 그렇게 생각되는 것'(dokei moi)의 진리를 획득하는 경지이

---

200) Villa(1999), p.24.

다. 그에 반해서 칸트의 "확장된 사고"는 상당히 추상적인 이론으로 귀결된다. 아렌트는 이들 양자를 결합시킴으로써 객관적으로 확정되는 "아르키메데스적 관점"이 아니라 "불편부당한 나의 견해(dokei moi)"에 도달하고자 한다. 이 불편부당한 판단이야말로 모든 것을 두루 관통하는 그런 "관점적인 것"으로서 그 자체로는 "최상의 형식을 가진 의견"이다.[201]

불편부당성의 관점은 확장된 정신의 필연적 입지점이다. 아렌트에게 확장된 정신으로 생각한다는 것, 즉 재현적 생각함은 자신의 상상력을 통해 다른 곳을 방문하러 가는 것을 스스로 훈련하는 것을 의미한다.(LKPP 43) 아렌트는 이것을 "방문하기"(visiting)라고 부른다. 우리는 다른 사람의 정신을 방문해서 다른 사람들이 어떤 특수한 광경을 검토하고 그들이 광경에 대해 갖는 관점에 영향을 주고 그것에 대한 관점을 발생시킨다. 우리는 다른 사람의 관점을 방문하러 가서 가능한 모든 관점에서 투명해질 때까지 그것을 검토함으로써 의견을 형성한다. 그러므로 방문하기는 많은 어려움을 수반한다. 방문하려면 나는 친숙한 것을 떠나 낯선 곳으로 여행해야 하고, 나 자신을 편히 있게 하려는 유혹에 저항해야 한다.

칸트의 재현(representation)은 원래 거리를 창조하는 경향이 있다.[202] 그것은 정신에 탈감각화된 대상을 드러내는 간접성으로부터 나를 떼어놓는다. 그래서 그것은 한편으로는 거리를 창조하

---

201) Villa(1999), p.25.
202) Disch(1994), p.158.

면서, 다른 한편으로는, 자기-이해로부터 멀어진다. 그 자기이해란 대상이 나와 간접적으로나마 접촉함으로써 나에게 영향력을 행사하는 것을 제외하면, 다른 것들을 상상하기 어렵게 한다. 그래서 그것은 그렇게 함으로써 알아차려야 할 것들에 대해 생각하는 경향이 있는 현재의 친숙함을 방해한다. 그런 데 반해서 아렌트의 방문하기(visiting)는 비판적인 사고에 필수적인 거리를 만들 뿐만 아니라 "낯설고 친숙하지 않은 거리를 연결하므로, '마치 그것이 나 자신의 사태인 것처럼', '나'가 그것을 검토할 수 있다."[203] 게다가 그것은 특수를 통해서 일반성에 도달한다. 방문하기는 특수들을 고스란히 보존하기 때문에 그것들은 다른 것으로 환원될 수 없는 독특성을 갖고 있다.

아렌트는 칸트의 재현적 사고에 의해 획득되는 불편부당성의 추상적인 일반성의 토대 위에서 특수들을 판단하는 것은 불가능하다고 보고, 판단의 타당성을 도출해내기 위한 대안으로 "방문하기"(visiting)라는 은유를 도입하였고, 특수한 관점들을 살아남게 한다.[204] 파비코의 지적대로, 이것은 아렌트가 판단이 항상 특수들과 관계한다는 칸트의 이념을 충실히 따른 결과이다. 파비코는, 아렌트가 정치적 판단의 이론을 정초하는 과정에서 칸트의

---

203) Disch(1994), p.158.
204) 칸트에게, 취미판단을 위해서 "나에게 보이는 것"(dokei moi)을 변화시키는 것, 즉 주관적인 "나에게 보이는 것"(모습)을 변화시키는 것은 다른 사람들의 관점으로부터 동일한 것을 검토하는 능력이다. 그러나 이것은 특수한 관점들을 살리지 못한다. 반면에 아렌트의 방문하기는 다른 사람들의 정신을 일일이 방문해서 검토하므로 특수한 관점이 살아남게 한다. 이것을 산드라 하딩은 관점적 사유(perspective-thinking)라고 부른다. Stone-Mediatore,(1997), p.177-181. 참조.

제3비판에서 정치판단이론을 뽑아내는 것이 과도한 칸트 해석이라고 보는 베이너의 견해에 반대하여, 그것이 과도한 것이 아님을 보여준다. 그러나 아렌트는 칸트의 판단에서 비판은 다른 관점을 이해하기 위해서, 그리고 주관적 요소들을 제거하기 위해서, 다른 관점들로 들어감으로써 편견을 막지만, 그것은 다른 관점의 특수성을 살리지 못하고, 독립적인 의미도 갖지 못한다고 본다. 칸트의 판단은 다른 사람들의 관점들에는 관심이 없고, 실제적인 상호 교환도 없으며, 상상적으로 다른 사람들의 관점들을 고려함으로써 단순한 추상과 가설적 과정에서 다른 관점 만들기를 희생시키는 측면이 있다. 즉 칸트는 사적 편견으로부터는 자유롭지만 다른 관점에 대한 이해는 무시한다. 그 때문에 아렌트는 추상적인 법칙에 기대고 구체적인 상황을 담지하지 못하는 칸트의 판단을 떠나 자신의 길을 가게 된다.

"아렌트의 견해로 모든 판단은 구체적인 상황으로부터 시작한다. 판단은 일반적 법칙이나 영원한 법칙들에 호소하는 것을 의미하는 것이 아니라 오히려 다른 사람들의 견해들을 고려할 수 있기 위해서 판단되는 문제로부터 충분한 거리를 취해야 한다는 것을 의미한다."[205] 따라서 아렌트의 '방문하기'에서 방문한 사람의 수가 많을수록 타당성은 증가할 것이다. 그러므로 아렌트의 "방문하기"(visiting)는 다른 사람의 관점을 방문함으로써 사건에 대한 완전한 이해를 가정하지 않음과 동시에 완전한 이해가능성을 접어두지도 않는다. 이는 다양한 세계에 대한 이해는 다양한 해석에

열려 있으므로 지식의 차원에서 접근할 수 없기 때문이다. 그런데 이러한 비판적 사고, 즉 확장된 사고의 기술은 엄청나게 확장된 감정이입(empathy)으로 이루어지는 것이 아니다.(LKPP 43) 아렌트는 확장된 사고가 어떻게 이루어지는지에 대해 다음과 같이 설명하고 있다.

"부재하는 다른 사람들의 관점들을 재현하는 과정은 그 밖의 어딘가에 서있는 다른 사람들의 실제적인 관점을 맹목적으로 채택하는 것이 아니며, 그러므로 다른 관점으로부터 세계를 바라본다. 마치 내가 그 밖의 누군가처럼 존재하려 하거나 느끼려고 애쓰듯이, 이것은 감정이입의 문제도 아니고, 수로 결정하는 문제도 아니며 다수의 참여의 문제가 아니라 실제로 내가 아닌 나 자신의 정체성 속에서 존재하고 생각하는 문제이다."(BPF 241)

아렌트는 이 인용문에서 자신의 관점을 형성하는 사람의 정신적인 태도를 칸트의 '독립적인 사고'(Selbstdenken)를 도입해서 설명한다. 다른 사람의 정신을 방문한다는 것은 수동적으로 받아들이는 것이 아니다. 우리가 다른 사람의 정신을 방문하는 동안에 우리가 행하는 것은 활동적이다.[206] 아렌트는 이러한 활동성을 "독립적 사고"(Selbstdenken)로 묘사한다. 이것은 칸트의 '스스로 사고하라'는 계몽의 격률의 형식화로, 그것은 어떻게 판단하는지에 대한 지침이 될 수 있다.

아렌트에게 비판적으로 사고한다는 것을 의미하는 '독립적 사

---

206) Curtis(1999), p.118.

고'는 결코 수동적이지 않은 이성의 격률이다.(LKPP 43) 칸트는 수동성에 빠지는 것을 편견이라고 보았고, 편견에 대립적인 것을 확장된 사고라고 보았다. 레싱에 의하면, 독립적인 사고는 개인으로부터 유래하는 것도 아니고 자기정당화도 아니라 추론이 아닌 행위를 위해서 창조된 개인이 사고 속에서 자유롭게 세계를 이동하는 것을 의미한다.[207] 그렇게 본다면 독립적 사고란 다른 사람의 생각에 휩쓸려 들어가지 않으면서 스스로 생각하는 것을 뜻한다.

아렌트에 따르면, 독립적인 사고는 감정이입에 대립적인 것이다. 감정이입은 일종의 동화주의로서, 여기에서 판단하는 주체는 그 밖의 다른 사람들의 관점 속에 흡수되어 소멸되며, 그런 이유로, 복수성을 제거한다. 그러나 이것은 나의 입장을 형성하는 데 필요한 편견을 그들의 입장을 형성하는 데 필요한 편견으로 대체하는 것에 불과하다. 따라서 "취미판단을 위해서 dokei moi를 변화시키는 것, 즉 주관적인 dokei moi를 변화시키는 것은 다른 사람들의 관점으로부터 동일한 것을 검토하는 우리의 능력이다. 우리는 그들이 판단하는 것처럼 생각하지 않는다. 우리는 그들이 판단하는 대로 판단하는 것이 아니라 그들의 관점으로부터 판단하는 것이다."[208] 아렌트에 따르면, "확장된 사고는 우리 자신의 판단에 우연히 부과된 제한적 요소들에 대해 추상적이게 됨으로써", 즉 "수많은 이들이 제약받는 …… 주관적이고 사적인 요소

---

207) H. Arendt(1971), *Men in Dark Times*, Jarcourt Brace & World, p.17. (이하 MDT로 약칭)
208) Denny(1979), p.264.

들을 배제함으로써" 성취되는 결과이다.(LKPP 43) 여기서 자기 이해는 계몽을 제한하는 것이므로 배제된다. 따라서 폭넓게 나아가면 나아갈수록, 즉 계몽된 개인이 자신의 관점을 옮길 수 있는 영역이 넓을수록 자신의 사고는 더 "일반적으로" 될 것이다.

그러나 칸트의 일반화가 개념의 일반화를 의미하는 것과 달리, 아렌트의 일반화는 개념을 일반화시키는 것이 아니다. 즉 이러한 일반화는 일반적 관점에 도달하기 위해서 그 자신의 관점을 초월하는 칸트의 추상적인 일반화가 아닌 것이다. 오히려 그것은 "'일반적 관점'에 도달하기 위하여 반드시 거쳐야 할 관점들이 속한 개별적 조건, 즉 개별자에 밀접하게 연결되어 있다"고 보아야 한다.(LKPP 44) "이러한 일반성은 어떤 비-정치적인 필연적 개념들을 파악하는 일반성은 아니다. 관심은 관점에 있다. 그리고 관점들은 세계이다."[209] 그러므로 그것은 증명될 수 있는 성질의 것이 아니다.

디쉬는 일반적인 관점 획득이 토대가 되는 재현적 생각함에 대한 칸트와 아렌트의 차이를 다음과 같이 설명한다. 디쉬에 따르면, 칸트에게 재현적 생각함은 우리 자신의 우연한 상황으로부터 다른 사람의 입장에서 생각하는 것으로 추상하는 것을 의미하지만, 아렌트에게 그 밖의 다른 사람들의 다양한 관점들을 의미하며, 그의 정신 속에서 그것들은 일종의 지적인 공적 영역으로 작동한다.[210] 그러므로 칸트에게 재현적 생각함은 철학자의 활동인 반면, 아렌트에게

---

209) Brimingham(1999), p.36.
210) Disch(1994), p.154.

234

그것은 특수성을 담지한 예술가나 역사가에게서 나타난다. 칸트의 재현적 생각함이 다른 사람의 입장에서 생각하는 일반적인 특성을 갖는 것과 달리, 아렌트의 재현적 생각함(방문하기)은 특수성의 일반화이다. 이것은 일반성이 아니라 특수의 다양성인데, 그것은 비판적인 이해의 가능성을 설명한다.[211] 여기서 아렌트에게 일반성(generality)과 특수성(speciality) 사이의 구분의 문제는 의문으로 남는다. 그러나 디쉬의 말대로 양자의 차이가 너무 예리하기 때문에 그것을 평가하기는 어렵다.

또한 아렌트에게 재현적 생각함은 칸트처럼 내적 공영역에서 다수의 관객과의 가상적인 대화를 통해서 발생하는 관점을 나타내는 것이 아니라 실제의 정치적 경험(political experience)과 관련이 있기 때문에, 정치판단의 일반적인 관점은 자신의 관점뿐만 아니라 다른 사람들의 관점을 고려한다는 점에서, 특수가 가지고 있는 주관적인 것과도 다르다. 아렌트는 이 일반적 관점이 불편부당성이라고 주장한다.

이상에서 살펴본 바에 따르면, 재현적 사고, 비판적 사고, 독립적 사고, 방문하기는 모두 정치적 판단을 하는 사람의 정신상태를 나타내는 것들이며, 이것들이 지향하는 것은 불편부당성이다. 이것들은 우리가 현상세계에 출현하여 우리 자신을 드러내고 서로의 객관적인 관계 속에서 유지되고 보존되는 우리의 현실성(reality)의 의미를 고양시킨다.

---

211) Disch(1994), p.159.

다. 불편부당성의 획득을 통한 자유의 실현

1) 인간사에 대한 반성의 관점: 일반적 관점

지금까지의 논의를 통해서 필자는 판단에 대한 아렌트의 후기 고찰들에서 강조점의 이동이 있었음을 분명히 밝혔다고 생각한다. 후기 고찰의 대상은 "공적 관점에서 실천적 행위자의 정치적 활동이 아니라 다른 사람의 관점을 고려함으로써 획득되는 불편부당한 정신의 활동이다."212) 아렌트는 판단 활동에서 마지막에 도달한 일반적인 관점을 불편부당성(impartiality)이라고 부른다. 칸트에 의해서 불편부당성은 탈관심성(disinterestedness)이라고 불려지지만, 이는 미에 대한 탈관심적 기쁨을 의미한다.(LKPP 73) 아렌트는 이것을 일상적인 사태들과 관련된 옳고 그름의 문제로 확대한다.

탈관심성이란 특수한 사태나 사건에 대해 자신의 사적 이해관계를 벗어나 공정하게 바라보는 태도를 말한다. 이 탈관심성의 확보가 정신의 확장을 가능하게 하여 불편부당성을 획득하는 관건이 된다. 간단히 말하면, 우리는 탈관심성에 의해 사적 조건을 제거하여 정신을 확장함으로써 불편부당한 판단을 내리게 된다. 따라서 나의 관심으로부터 벗어나는 것, 즉 탈관심성은 확장된 심성의 전제 조건이 된다.

아렌트에 따르면, "칸트가 '미에 대한 관심'을 말할 때, 이것은

---

212) Hermsen(1999), pp.61-62.

236

탈관심성에 대한 '관심'을 가지는 것에 대해 말하는 것이다."(LKPP 73) 여기서 관심이란 유용성을 의미한다. 그런데 세상에는 유용성은 없지만 아름다운 것들, 예를 들면, 매력, 보석 등이 있는데, 이것들에 대한 관심이 "그의 존재에서의 쾌"를 느끼게 한다. 사람들은 이 '쾌'에 관심을 갖는다. 아렌트는 이 관심의 특징이 "사회에 대한 관심"이라고 주장한다. 아렌트는 사회에 대한 관심을 칸트가 말한 인간 최고의 목적인 "사교성"과 관련이 있는 것으로 해석한다. 아렌트는 칸트가 사교성이 인간성의 목표라고 주장한 것을 넘어서서, 인간의 기원, 즉 인간이 이 세상의 존재인 한에서 인간의 본질이라고 주장한다. 아렌트가 보기에 그 정도로 사교성은 지상적 존재에게 중요한 것이다. 그런데 칸트에게 이것은 생물학적 삶을 위한 인간의 상호 의존성을 지칭하는 것이 아니라 우리의 정신기능들 중 판단의 기능을 지칭하는 말이다. 칸트는 우리 정신기능들 중 적어도 하나, 즉 판단의 기능은 타인의 현존을 전제한다는 것을 강조한다.

그런데 이 판단력과 결부된 것은 감정과 정서의 소통이 있어야 가치 있는 것이다. 그래서 아렌트는 판단력과 결부된 것을 우리 영혼의 전체적인 장치라고 말한다. 이 자신의 감정, 자신의 쾌와 탈관심적 즐거움에 대해 소통하면서 사람은 자신이 선택한 것에 대해 말하고, 또 자신과 함께 지낼 사람을 선택하는 것이다.(LKPP 74) 그래서 많은 사람으로부터 공감을 얻을 수 있는 것이 좋은 판단이 된다. 그리고 소통을 위해서는 다른 사람의 관점을 방문하는 것이 필수적이다. 우리는 다른 사람의 정신을 하나하나 방문함으로써 그들의 관점이 무엇인지 알게 된다. 이 다른 사람의 관점에서 생각하는 것이 다른 사람과의 의견 일치를 가능하게 해주고, 다른 사람을 이해하게 해준다.(LKPP 74) 우리는 판단할 때 상상력과 반성력에 의해 사적 조건들로부터 해방되어 확장된 사고로 판단의 특수한 덕목인 '상대적인' 불편부당성을 획득하게 된다. 불편부당성은 "취미"(taste)와 더불어 판단을 이루는 중요한 요소이다. 불편부당성의 관점은 칸트의 용어로서, 그것은 자율성과 관련이 있으며, 사적 조건을 벗어난 "일반적인 관점"을 의미한다.

베이너는 아렌트의 판단이론을 가다머의 해석학과 비교해서 고찰하면서, 양자가 같은 맥락을 갖는다고 본다.[213] 하버마스는 해석학에서 이해라는 것은 타자, 사회, 문화의 행위에 대해 좀더 일반적으로 언급하기 위한 것이며, 이해는 유사 법칙적 규칙의 발견을 토대로 하지만 자연과학적 방법과는 다른 것으로 간주한다. 그는 이해과정에 참여하는 해석자의 합리적 해석을 논하면서, 해석자는 이해과정에 참여함으로써 공평한 관찰자나 3인칭의 특권을 잃게 되지만, 바로 이러한 이유로 인해 그는 불편부당성(impartiality)을 유지할 수 있다고 주장한다.[214] 이때 "합리적"이라는 것은 언어와 관련된 것으로 모든 사람의 동의(agreement)를 전제로 한다. 해석자는 "불편부당한"(impartial) 태도를 유지하기 위해서 대화에 직접 참여해야 한다. 왜냐하면 그가 이해과정에 참여함으로써, 대화

---

213) Beiner(1983), Chp.2, pp.25-30. 참조.

214) 하버마스(1997), 『도덕의식과 소통적 행위』, 황태연 역, 나남. 제2장, 43-72쪽.

가 어떤 사람의 의도대로 흘러가는 것을 막을 수 있기 때문이다. 따라서 하버마스에게 불편부당성은 적극적인 참여자가 될 때, 획득될 수 있는 관점이라 할 수 있다.

반면에 아렌트에게 불편부당성은 참여로부터 멀찍이 물러나서 전체적인 시각에서 사태를 조망하는 관찰자의 관점이다. 그런데 관찰자에게 요구되는 조건, 즉 불편부당성은 우리의 탈관심성에 의해 사적 이해를 제거하고 우리의 정신을 확장함으로써 획득되므로 이것 역시 타자의 현존 없이는 획득될 수 없다. 이처럼 타자들에 대한 관련은 진정한 자유, 판단을 가능하게 하는 참된 자유를 만드는 데 필연적이다.215) 이 불편부당성 때문에, 아렌트의 판단개념이 자율성을 함축하게 되며, 바로 그로 인해 행위자와 관찰자의 태도는 다를 수밖에 없다.

칸트에 따르면, 탈관심성에 의한 불편부당성은 인간사를 반성할 수 있는 관점이다. 그런데 그것은 우리가 실제로 행위하는 데 필요한 어떤 지침도 알려주지 않는다. 그것은 단지 우리가 행위할 때 다른 사람을 어떻게 고려할 것인지만 알려준다. 그것은 특수들을 보존하면서 그것들에 관해 판단하기 위해서 우리가 우리 자신을 어떻게 변화시키는지를 알려준다. 칸트에게 일반적 관점(general point)이란 세계시민의 관점(world citizen)을 뜻한다. 그런데 칸트의 세계시민은 실제로는 정신의 확장에 의해 공정하게 판단을 내리는 세계관찰자(weltbetrachter)를 의미하지(LKPP 44), 통합된 세계정부의 지배 아래 있는 시민을 의미하는 것이 아니다. 이와 같

---

215) Nedellsky(2001), p.109.

이 아렌트는 불편부당성의 관점, 즉 인간사를 반성하고 인간 사태들의 의의를 드러낼 수 있는 일반적인 관점을 관찰자와 연결시킴으로써 불편부당성을 관찰자의 덕목으로 제시하고 있다.

2) 인간됨의 원리

아렌트는 칸트의 견해를 수용하여 관조적 쾌의 중요함을 드러내고 탈관심적 기쁨에 대한 일반적인 소통이 모든 인간에게 가능한 것이라고 주장한다. 그는 그러한 소통가능성의 근거를 인간이라는 사실, 즉 인간됨의 원리(인류자체에 의해 명령된 원초적 계약)에서 찾는다. 우리는 인간이라는 사실만으로 서로 친구가 될 수 있다. 따라서 이런 관점에서 대화를 이해하고 정치적 소통을 이해한다면, 우리는 전 지구적 차원으로 확대해서 소통할 수 있는데, 이것은 관찰자에게 적용되는 양식이다. 판단하는 관찰자는 사직인 의견을 가질지라도 다른 사람과의 소통을 통해, 즉 다른 사람의 검토를 통해 자신의 판단을 형성한다. 그러므로 이 관찰자 개념과 인간성(humanity) 개념은 상대주의를 극복하는 사상의 단초를 제공한다.[216] 그리고 사람이 소통을 통해 자신의 판단을 형성한다는 것은 아렌트가 도덕적 인간을 거부하는 것이다. 그런데 이 도덕적 인간은 실천이성의 명령에 따라 행위하는 이성적 존재이다. 그러나 아렌트의 정치적 인간은 단수의 인간(man)이 아니라 복수의 인간(men)이다. 그는 지상적 존재이며 공동체 속에서

---

216) 김선욱(2002), 『한나 아렌트, 정치판단이론』, 푸른 숲, 154쪽.

옳고 그름을 판단하고 분간하는 기능인 공통감각을 기반으로 하여 행위한다. 그런 존재만이 세계관찰자(wlebetrachter)가 될 수 있으며, 그는 확장된 심성에 의한 불편부당성(impartiality)을 필수조건으로 한다.

따라서 이 원초적 계약, 즉 인간됨(humanität)의 이념은 이 문제들에 대한 우리의 반성을 규제할 뿐만 아니라 실제로 우리의 행위를 고무시킨다.(LKPP 74-5) 아렌트는 인간은 모든 개인 속에 존재하는 인류의 이념에 의해 인간적일 수 있으며, 인간이 문명화되었다거나 인간적으로 되었다고 불릴 수 있는 것은 이 이념이 그들의 행위가 아니라 판단의 원리가 된 정도에 따른다고 주장한다. 인간됨의 원리는 인간적인 삶을 사는 데 매우 중요한 원리로, 이것은 고갈되지는 않는 판단의 차원에서 모든 사람에게 소통가능성을 열어놓는다. 이것은 판단의 원리이다.

그런데 아렌트는 이 인류라는 이념, 즉 인간됨의 원리가 바로 정치에서 행위자와 관찰자를 결합시키는 중요한 역할을 한다고 본다. 인간은 자신이 인간이라는 사실에 기초해서 행위하고 판단해야 한다는 것이다. 이 인간됨에 의해서 행위자의 준칙과 관찰자의 판단의 준칙은 결합된다. 아렌트의 말대로, 사람은 그가 인간이라는 단순한 사실에 의해서 공동체의 일원이 되는 것이다. 이 인간됨의 원리는 행위와 판단의 원리를 추상화하는 측면이 있다. 그러므로 인간됨은 아렌트 사고의 초월적 성격을 보여준다.[217] 그러나 아렌트가 이러한 인간됨의 이념이 행위와 판단의 원리가

---

217) Kristeva(2001), p.85.

되어야 한다고 주장하는 것의 의도는 정치가 인간이면 누구나 할 수 있는 것이라는 것을 주장하려는 것으로, 그것은 정치에 최소의 규제적 조건을 부여한다. 아렌트는 인간됨의 원리에 의해 행위하고 판단하는 양식을 "세계 시민적 실존"(cosmopolitan existence)의 양식이라고 간주한다. 그래서 그는 사람이 판단하고 또 정치적 문제 가운데서 행위할 때 자신이 세계시민(world citizen)이라는, 따라서 자신이 세계관찰자(Weltbetrachter)라는 이념을 염두에 두어야 한다고 주장한다. 이것은 인간이 자신이 인간이라는 사실을 잊어버리지 않고 정신을 확장하여 다른 사람의 심중을 헤아리고 그것을 고려해서 사안에 대해 판단하는 관찰자 양식으로 존재할 때 진정한 삶을 살 수 있다는 것이 된다. 아렌트에게 "인간됨은 '확장된 심성', 공통감각의 소통 가능적 성향으로 구성되기 때문에 언어와 동일시될 수 있다. 그래서 인간됨과 언어는 존재에 대한 아렌트의 번역이 될 수 있는 것이다."[218]

여기서 아렌트의 판단이론은 대화를 통해 세계적 관점으로 자신의 관점을 확대한 관찰자가 개별적인 판단을 내리는 가운데 자신의 고유한 관점을 드러내는 "개별적인 차원"과 다른 사람들이 공유할 수 있는 일반적 차원을 "신비하게"(mysteriously) 결합시킨 것을 볼 수 있다. 아렌트는 개별자를 보편자에 포섭시키지 않고, 아무런 기준이 없는 상태에서 개별자로부터 일반자를 발견하기 때문에 판단의 기능을 '신비하다'고 생각했다. 이처럼 아렌트의 판단이론은 개별자를 무시하지 않고 그것의 존엄성을 인정하기 때문에

---

218) Kristeva(2001), p.85.

개별성을 발휘할 수 있는 여지가 있다는 점에서, 오로지 공동체의 이성적 대화만을 강조하는 하버마스와 구별된다.

불편부당한 태도로 판단하는 관찰자, 즉 세계 관찰자의 사례로는 호머를 들 수 있다. 전쟁터에서 패배한 적진의 장수에 대해서도 그의 뛰어난 행동을 찬양하며 일정 부분의 지면을 할애하는 "호머의 불편부당성은 그리스 역사의 아버지 헤로도투스를 고무시켰고, 그래서 '소위 모든 객관성, 즉 서양 문명 밖에서는 잘 알려지지 않는, 어떤 대가를 치르더라도 지적인 완전성을 위한 이 이상한 열정'의 뿌리가 된다."(BPF 263)

아렌트에게 세계관찰자의 관점에서 타자의 현존을 앞에 두고 이기주의를 극복하고 내린 불편부당한 판단의 결과는 타자 앞에서 자신의 개성과 인격을 드러냄과 동시에 과거 사건의 의미를 포착해냄으로써 과거와 화해한다.

3) 불멸성과 자유 실현

이제 필자는 그러한 의미를 산출하는 위대한 판단활동이 어떤 의의를 갖고 있는지를 살펴봄으로써 아렌트가 '위기'로 진단한 현대에 있어서 그 위기를 타개할 주체로 간주한 정치행위자가 어떤 사람인지를 그려보고, 그것을 통해 정치행위자가 최종적으로 성취하는 것이 무엇인지를 탐색하고자 한다.

앞에서 살펴본 바에 따르면, 판단하는 관찰자는 확장된 사고로 불편부당한 관점에서 결정한 것이 옳은지 어떤지를 외부로 표명하는 사람이다. 그는 한편으로 공동체가 당면한 문제를 처리하는 데 자발적으로 참여해서 공동체에 헌신함으로써 그것에 유익한 결과를 가져다주고, 다른 한편으로 내적인 사고활동의 결과물을 외부로 드러내는 과정에서 자기-현시 욕구를 충족시키면서 삶의 의미를 추구한다. 여기서 마음을 확장하여 다른 사람의 마음을 들여다보는 것은 결정적인 역할을 한다. 이러한 확장된 심성에 토대를 둔 불편부당성(impartiality)이 정치적 판단에 '의의'를 부여해주는바, 이것은 인간의 존재이유와 관련이 있다. 즉 정치행위는 인간이 왜 사는지에 대한 답을 제공해준다.

한마디로, 인간의 존재이유는 자유와 관련이 있다. 그런데 아렌트에게 자유는 정치 행위를 통해서, 특히 대화 속에서 경험된다고 주장한다. 따라서 정치행위는 인간의 자유 실현을 위한 매체가 되는 셈이다.

인간이 인간사의 주된 특징인 연약성과 삶의 무상성에 맞서서 사리사욕과 무관하게 다른 사람을 생각하는 심성으로 공정하게 결정하고, 그것을 표명하는 위대한 말과 행위는 정치적 '위업'을 달성하게 한다. 여기서 말과 행위의 잠재력이 빛을 발한다. 말(speaking)은 인간의 심장에 응축되어 거주하는 보이지 않는 그 무엇, 즉 잠재적 가능성을 끄집어내어 현실화시킨다. 그런데 이것은 불멸적인 것에 대한 경험과 관련이 있다.

이 불멸적인 것에 대한 경험은 인간사 영역, 그리고 인간의 복수성 속에서만 발생하는 것이다. 그것은 유한한 인간존재의 영역 바깥에서 이루어지는, 철학자의 영원성에 대한 추구와는 다르다.

"영원한 것의 경험이 어떤 상응하는 활동도 갖지 않고 어떤 활동에로도 변형될 수 없는" 것과 달리, 불멸적인 것에 대한 경험은 말을 수단으로 하여 자신의 내부에서 내적으로 진행되는 생각함의 활동조차 경험 가능한 것으로 만든다. 그것은 유한한 존재의 영역 바깥에 있지 않다.(HC 20) 유한한 인간 존재 영역 안, 즉 현상세계에서 다른 사람과 함께 결정하고 그것을 표명하는 말은 존재할 가치가 있고 '어느 정도' 영속적인 것을 산출하는데, 그에 대한 보상은 위대한 명성으로 주어진다. "인간의 위대한 말과 행위에 대한 정확한 보상"인, 밝음을 의미하는 영광은 "비록 그것이 빈약한 대체물이긴 할지라도 잠재적 불멸성을 갖게 되는 것이다."(TLM 131) 정치판단을 토대로 "인간은 자신의 불멸성을 획득하고 스스로를 '신적' 본성을 가진 존재로 확증한다."(HC 19) 이 불멸성이야말로 인간 실존의 보증서인 것이다.(HC 18)

생각함을 전제로 해서 이루어지는 판단은 잠재적인 것을 현실화시켜 주는 것으로, 그것은 존재하지 않는 것을 존재하게 해주는 창조적인 행위이다. 그것은 자기실현의 행위이다. 그리고 다른 사람과 함께 함(being-together)의 경험을 통한 지상적 삶의 결과 삶의 필멸성(mortality), 무상성(fragility)을 극복함으로써 얻게 되는 것은 불멸성(immortality)이다. 이불멸성을 획득했다는 것은 그가 무엇인가 공동체에 유익한 일을 함으로써 그의 삶이 유의미성으로 채워지게 되었다는 것을 의미한다. 이것은 개인의 잠재적 가능성을 현실화한 결과물이라는 점에서 정치행위는 자유의 실현으로 이어진다고 볼 수 있다. 따라서 정치판단, 그에 따라서 정치행위의 존재이유는 자유 실현이다. 결국 인간은 정치를 통해서 자신의 삶의 목적, 즉 자유를 실현시키는 것이다.

이런 맥락에서 아렌트에게 자유란 혼자 고립되어 행위하는 사람의 성과물이 아니라 여럿이 함께 행위하는 사람들의 성과물이다. 다시 말하면 자유란 사람들을 하나로 결집시키는데서 오는 연대의 경험을 통해서 온다는 것이다. 아렌트에게는 이러한 유형의 삶을 사는 사람이 참된 존재이다.

이러한 인식아래서 정치행위자의 정체를 말하면, 정치행위자란 불편부당한 태도로 사태를 보고 타당한 판단을 내림으로써 공동사안을 해결하고, 미래에 열려있는 불확실하고 비규정적인 자신의 존립방식을 새로이 확립해 가는 사람이다. 이것은 정치가 인간 개별자의 존재이유를 드러내줌으로써 인간 개별자의 존엄성을 주장하는 행위임을 말해준다. 그러므로 각종 시스템이나 기계문명에 종속된 채 인간의 존엄성을 잃고 표류하고 있는 "우리에게 남겨진 임무는 우리들 각자의 언어, 즉 말을 배려하는 것, 공동체 연대성 그 자체를 방어하는 것이 될 것이다."[219] 이것은 인간 스스로 삶의 불확실성과 무의미성에서 벗어나 인간의 존엄성을 회복하는 길이자 인간 스스로를 해방시키는 일이 될 것이다.

---

219) Kristeva(2001), p. 88.

라. 정치적 판단의 타당성에 대한 논의

아렌트는 인간의 정신기능들 중 적어도 하나, 즉 판단기능이 타인의 현존을 전제로 한다는 것을 강조하고, "사교성"(sociability)을 인간적이고 인간됨(humanität)에 속하는 속성이라고 간주하는 칸트의 입장을 수용한다. 아렌트에게 판단 활동은 타자의 현존을 전제로 특수와 관계한다는 점에서, 정신기능들 중 가장 정치적인 능력이다. 이 말은 판단 활동이 정신 활동이면서도 이성에 의해 도달되는 '이론적 삶'과 관련이 있는 것이 아니라 타자와의 접촉을 통해 이루어지는 '활동적 삶'과 관련이 있음을 보여준다. 그런데 이처럼 판단이 이성의 기능과 무관하다면, 개인의 주관적인 판단의 타당성은 어떻게 확보될 수 있는가 하는 문제가 발생한다. 어떻게 특수한 것이 일반적인 것이 될 수 있을까?

아렌트는 여러 곳에서 정치에 있어서 지식의 부적절성을 지적한다. 이는 판단이 필연적이고 반박 불가능한 연역적인 추론에 의해서 도달될 수 없는 것임을 의미한다. 진리는 증명과정을 통해서 보편적인 법칙이나 기준으로부터 도출되기 때문에 객관적인 보편성을 갖는다. 그러나 취미에 대한 판단은 보편적인 기준이나 법칙에 의거하지 않고 특수를 그 자체로 다룬다. 그런데 취미의 문제에서 미(the beautiful)는 사회 안에 있을 때만 우리의 관심을 끈다. 혼자 고립된 사람은 구태여 자신을 치장할 필요성을 느끼지 못할 것이다. 타인과의 교류를 의미하는 사교성은 이미 아렌트에게 판단의 중심이 되어 있다. 아래의 인용문은 판단의 타당성이 어디에 근거하고 있는지를 보여준다.

"칸트에 따르면, 상식(common sense)은 사적 감각(sensus privatus)과 구별되는 공동체 감각(community sense), 즉 공통감(sensus communis) 이다. 공통감은 판단이 모든 사람들 속에서 호소의 대상이 되게 하는 것으로서, 이렇게 가능하게 되는 호소 때문에 판단은 특별한 타당성을 갖게 된다. 감정과 마찬가지로 그 전적으로 사적이고 소통 불가능해 보이는 나를-즐겁게-또는-불쾌하게-한다(it-pleases-or-displeases-me)는 것은 실제로 이러한 공통체 감각에 뿌리내리고 있다. 따라서 그것은 일단 반성에 의해 변형되어서 다른 모든 사람과 그들의 감정을 고려하게 될 때, 소통을 위해 열리게 된다."(LKPP 72)

여기서 칸트는 판단의 타당성을 모든 사람들에게 공통적인 감각과 관련지어 도출해냄으로써 판단의 타당성이 다른 사람의 현존, 즉 사교성과 연관이 있음을 보여준다. 다시 말하면, 우리는 혼자 고립된 상태에서 판단을 내리는 것이 아니라 공동체의 일원으로서 공동체 감각, 즉 공통감에 호소함으로써 판단을 내리는 것이다 공통감이야말로 인간적인 감각으로서, 그것은 의사소통의 기반이 된다. 아렌트에 따르면, 공통감각의 반대는 "논리적인 고유감각"(logical eigensinn)이다. 이것은 우리로 하여금 전제에서 결론을 도출하게 하는 기능인 논리적 기능이 의사소통 없이도 실제로 기능할 수 있다는 것을 함축한다.(LKPP 64) 그런 차원에서 아렌트는 공통감각을 상실하면, 즉 다른 사람을 통해 정당화되는 경험을 하지 못하면, 비정상적인 결과에 이르게 된다고 주장한다.

우리는 이 공통감각에 기초하여 다른 사람도 나와 똑같은 취미를 가질 것이라고 생각한다. 따라서 취미는 상호 주관적이다. 이러한 상호 주관성(intersubjectivity)은 비객관적인 감각들 가운데 비주관적인 요소이다.(LKPP 69) 이것은 취미가 주관적인 선호도 아니고 객관적인 진리도 아님을 의미한다. 취미를 주관적인 선호, 및 객관적인 보편적 진리로부터 구분하는 근거는 "상호 주관성"(intersubjectivity)이다. 따라서 "어떤 것이 아름답다"는 나의 판단은 상호 주관적이다.

그런데 좋아하는 것을 표현하는 것이라기보다 오히려 미를 주장하는 것의 차이는 무엇일까? 칸트의 용어로, 미를 주장하는 것은 공통감각에 기초하여 다른 판단하는 주체들의 "동의"를 구하는 것이다. 이것은 아렌트의 의도, 즉 정치판단을 미적 판단에 동화시키려는 시도에 적합하다. 다음의 인용문에서 아렌트는 판단의 타당성의 성격을 잘 보여준다.

> "논리가 자아의 현존에 의존하듯이, 판단은 타자들의 현존에 의존한다. 그러므로 판단은 어떤 특정한 타당성에 부여되는 것이지만 결코 보편적으로 타당한 것은 아니다. 판단의 타당성 요구는 결코 다른 사람들 이상으로 확장될 수 없는데, 그들의 입장에서 판단하는 사람은 그 자신을 그의 고려점들에 적합하게 놓는다. 판단은 '하나하나의 판단하는 사람에게 타당하다'고 칸트는 말한다. 그러나 그 문장에서 강조하는 점은 '판단하는'에 있다. 그것은 판단하지 않는 사람들에게는 타당하지 않거나 혹은 판단의 대상이 나타나는 공적 영역의 구성원이 아닌 사람들에게 타당하지 않다."(PBF 221)

위 인용문에서 드러나는 바와 같이, 아렌트는 "판단이 공적 영역의 구성원인 현존하는 판단자에 호소한다"[220]는 사실로부터 판단의 보편성과 절대성을 부정하고 판단의 "일반성"[221]을 주장한다. 또한 판단은 판단하지 않거나 판단의 대상이 나타나는 공동체 구성원이나 다른 공통체의 구성원에서 타당한 것이 아니라 그 공동체의 구성원에게만 타당하다는 것을 보여준다. 따라서 판단의 타당성 요구는 판단에 참여한 공동체 구성원의 입장을 초월할 수 없게 된다.

이와 같이 세계를 공유한 사람들 사이에서 나온 합의는 보편적인 기준이 없기 때문에 그것이 옳은지 그른지를 분별해낼 수 있는 방법이 없고, 합리적으로 보충할 방법도 없으며, 다수의 판단이 동시 공존할 수도 있다. 이것에 대해서 아렌트는 "좋은 판단"과 "나쁜 판단"이 있다고 말한다. 그리고 그것을 규정하는 것은 공통감(sensus communis)이다. 그러나 공통감이 합리적인 합의를 하도록 이끄는 것은 아니다. 아렌트는 다음과 같이 말한다.

"판단은 잠재적인 동의로부터 그 특수한 타당성을 도출한다. 이것은 한편으로 그러한 판단이 '주관적인 사적 조건들' 즉 그의 프라이버시 안에서 각각의 개인의 견해를 자연스럽게 결정하고, 그들이 사적으

---

220) Beiner(1982), p.104.
221) 아렌트는 칸트가 사용한 'allgemein'의 표준번역어인 'universal'을 'general'로 번역하고 있는데, 이것은 그의 판단의 성격을 보여준다. 즉 판단은 지식과 같이 절대성과 보편성을 가지고 있지 않다는 것이다. 그것은 어떤 공동체의 판단 활동에 참여한 '판단하는' 개인에게만 타당하기 때문이다. 따라서 판단하지 않거나 판단에 참여하지 않는 사람에 대해서도 타당한 것은 아니다.

로 주장된 견해에 한해서 정당하지만, 시장에 들어가기에 적합하지 않고, 공적 영역에서 모든 타당성을 결여한 특이성들로부터 그 자신을 자유롭게 해야 한다는 것을 의미한다."(BPF 220)

여기서 아렌트가 주장하는 것은 판단은 사적 주관성을 벗어나 불편부당성을 획득하여 다수의 동의를 확보할 때 타당성을 갖는다는 것이다. 하지만 사람들이 도달한 판단이 옳다고도 할 수 없다. 그래서 동의에 호소한 판단이 합리적인 해결책을 제공하는 것도 아니다. 따라서 주어진 판단의 상호 이해가 필연적으로 합리적 수용으로 귀결되는 것은 아니다. 이러한 사실로부터 우리는 판단이 옳다는 것을 증명할 수 없는 것임을 알 수 있다. 취미나 미적 판단에서처럼, 정치적 사태에 대한 판단에서, 합리성의 기준은 작동될지라도, 우리는 엄격하게 판단할 수는 없고, 관찰들에 대한 잠재적인 판단을 가정하므로, 우리는 선택에 대한 정당화를 요구할 수 있을 뿐이다. 따라서 판단은 다의적이며 "해석"을 요한다. 이러한 사실은 판단이 다수의 논의에 항상 열려 있어야 한다는 것을 알려준다. 그런데 이처럼 판단이 공통감각에 기초한 상호 주관성으로부터 도출된 동의로부터 타당성을 확보한다면, 이것은 이성의 기능과 무관한 것일까?

빌라는 아렌트의 판단이론에 대해 논하면서, 공적 영역에 출현하는 의견은 다른 사람들의 관점을 고려한다는 점에서 관점적이며, 다른 관점을 토대로 형성되는 의견이나 판단은 공적 존재인 인간의 이성적 활동이라고 주장하고, 판단이 이성의 영역에 위치하고 있음을 역설한다.[222] 한센은 이러한 아렌트의 판단이 이성의 영역에 있음을 주장하고, 그것을 "공적 이성"(the public reason)라고 부른다. 그러나 판단은 공적 영역에서 다른 사람을 전제로 한 언어소통에 기반을 두고 있다는 점에서 '대화적 이성'(discursive reason)이라고 부르는 것이 더 적합하다.

아렌트는 판단의 타당성의 독특한 성격에 대해 다음과 같이 말한다. 즉 판단의 타당성은 결코 인지적인 타당성도 아니고 과학적인 명제의 타당성도 아니며, 그래서 인지적(하늘이 푸르다) 또는 과학적 명제(둘에 둘을 더하면 넷이 된다)는 정확히 말하자면 판단이라고 할 수 없다.(LKPP 72) 이것들은 반성과 상상력의 산물이 아니며(이 점에 있어서는 도덕 판단도 마찬가지이다), 감각이나 정신의 증거의 강요에 의해 말한다. 그러나 판단(이것은 아름답다, 혹은 이것은 오류이다)은 자신의 판단에 동의하도록 강요할 수 없다. (칸트는 도덕 판단을 반성과 상상력의 산물이라고 생각하지 않았다. 따라서 이것들은 엄격히 말해서 판단이 아니다.) 그것은 설득할 뿐이다. 즉 사람은 모두 다른 사람의 동의를 단지 "구하거나"(woo) 혹은 "간청할"(court) 뿐이다.(LKPP 72)

우리가 공적 영역에서 "대화적 이성"(the discursive reason)을 발휘함으로써 다른 사람과의 소통을 통해 동의에 도달하려면 공적 심의와 토론이 필요하다. 이것은 다수 시민에 의한 참여로 이루어지는 민주정치의 합당한 원리가 된다는 점에서, 아렌트는 판단원리를 통해 민주정치의 발전방향을 제시하고 있는 것이다. 그

---

222) Villa(1999), p.18.

리고 다수의 논의로부터 임의적이지 않은, 타당한 동의에 도달하는 과정에서 드러나는 것은 다음이다.

> "사람들이 그들에게 공통적인 세계의 사물을 판단하는 곳은 어디든, 이 사물들보다 그들의 판단 속에 더 함유된 것이 있다. 그의 판단양식에 의해서 사람은 그가 어떤 종류의 사람인지 그 자신을 어느 정도 열어 밝히며, 무의식적인 이러한 열어 밝힘은 그것이 그 자신을 단순한 개인적 특이성으로부터 해방시킨 정도로 타당성이 증가한다. 이제 그것은 정확히 행위와 말의 영역, 즉 활동들의 용어로 정치적 영역인데, 그 활동들 속에서 이러한 개인적 품성은 공적으로 표면화된다. 그 활동들 속에서 '우리가 누구인지'는 그가 소유한 성질들과 개인적 재능들보다 오히려 명백해진다."(BPF 223)

판단양식에 의해서 사람들은 자신이 어떤 종류의 사람인지 그 자신을 어느 정도로 열어 밝히며, 이런 열어 밝힘은 그 자신을 단순한 개인적 특이성들로부터 해방시켰을 때 더 잘 이루어진다. 이처럼 판단과정에서 자신이 누구인가 하는 인격은 드러나는바, 이러한 판단 활동을 통한 드러냄(disclosure)이 곧 개인의 가능성의 발휘이며, 자유의 실현이다. 아렌트가 판단 활동을 정치행위의 정점으로 보는 이유는 바로 여기에 있다. 판단은 개인이 자신의 무궁한 정신적 자원을 재료로 하여 물리적인 현상세계에서 그 자신을 표출하는 고도의 정신 활동이며, 개인에게 잠재되어 있는 고유한 인격, 개성, 가능성 등이 가장 응축된 형태로 보이고 인정받는 가장 고귀한 정치행위이다. 따라서 판단하는 관찰자는 궁극적으로 자기 삶의 실존적 의미를 획득하고 자유를 구현하게 된다.

마. 특수에 대한 해결책

아렌트는 미적 판단에서 나타나는 반성판단을 정치적 사태에 대한 판단에서 작동하는 것으로 확장시켰다. 그러므로 칸트의 미적 판단에서 작용하는 반성판단은 아렌트에 이르러 정치판단이 된다. 반성판단은 미적 대상을 보편에 포섭시키지 않고 그 자체로 다루는 것이다. 앞에서 지적한 바와 같이, 근대 이후로 경제적 가치가 급부상되면서 기존의 전통적인 가치들은 쇠퇴했다. 이처럼 기존의 지지대가 파괴되자 인간은 도덕적 진공상태에 놓이게 됨으로써 판단의 척도를 상실하고 표류하게 되었다. 아렌트의 지적대로, 20세기의 굵직한 정치적 사건들은 이것을 말해준다. 이같은 상황에서 아렌트는 판단의 필요성이 커진다고 주장한다. 왜냐하면 판단은 인간으로 하여금 세계에서 편히 존재하게 하는 하나의 대안이 될 수 있기 때문이다. 그것이 왜 그런지는 반성판단의 특징을 보면 드러날 것이다. 칸트는 판단을 반성판단과 규정판단으로 구분했다. 그러나 이것이 절대적인 구분인 것은 아니다. 그런데 반성판단의 특징적 면모는 그것과 대조적인 규정판단(determinant judgement)과 비교해 보면 드러난다.

칸트에 따르면, 규정판단은 보편적인 규칙 아래로 특수들을 포섭시키는 것이다. 그것은 이미 가지고 있는 보편적인 개념에 특수를 포함시키는 것이다. 보편이 미리 제시되면, 판단은 "규정적"(determinant)이다. 그에 반해서 보편이 결여되어 있어서, 특수로부터 보편이 세워져야 하면, 그것은 "반성적"(reflective)이다.

규정판단은 "개념 아래 종속시키는 것"이고, 반성판단은 "개념을 만드는 것"이다. 규정판단은 지식과 도덕의 문제들에서 나타난다. 그러나 그런 경우조차 판단의 기능은 문제가 된다. 변호사나 의사가 자신들이 미리 배운 지식을 특수한 사건이나 사람들에게 적용하는 것은 규정판단의 예이다. 그러나 가다머는 법과 도덕의 규칙으로 삶의 질서를 세우는 것은 불완전하므로 "생산적인 보충"이 필요한데, 구체적인 사건들을 바르게 평가하는 데는 판단력이 필요하다고 주장한다.223) 가다머는 "해석학"이 그 생산적인 보충에 해당한다고 본다. 이것에 대해서 네델스키는 규정판단이 적용되는 법률에서조차 불가피한 해석학적 선택을 하게 되며, 그 때 그것은 주관적인 요소를 포함한다고 말한다.224) 아렌트가 악과 사고의 관계에 대해 다루는 데 있어서 중심적인 역할을 했던 아이히만은 생각 없이 이루어지는 규정판단의 두드러진 사례를 제공하면서, 동시에 반성판단이 결여되었을 때 어떤 일이 벌어지는지에 대한 사례를 보여준다.

규정판단과 달리, 반성판단은 특수에서 일반으로 상승해가는 것으로 특수를 판단하는 준거인 기준이나 법칙을 갖고 있지 않다. 따라서 여기에서는 주어진 특수가 포섭될 수 있는 보편적인 규칙이 발견되어야 한다. 이런 반성판단에서 상상력의 역할은 두드러진다. 그것은 언어 사용과 관계있으며, 더 넓은 의미에서 "확장된 심성"(the enlarged mentality)과 관계있다. "우리는 주어진

---

223) 가다머(2000), 89쪽.
224) Nedelsky(2001), p.104.

상황을 면밀히 관찰함으로써 분명하지 않은 가능한 형태들을 우리의 정신에 제시해야 한다. 그것들은 추측되어야 하며, 여기에는 상당한 정신적 노력을 요한다."[225]

미적 판단은 반성판단이 나타나는 전형적 장소이다. 칸트는 미(the beautiful)라는 것은 개념을 떠나서 보편적 만족의 대상으로서 나타나는 것이라고 말한다. 따라서 반성판단은 미학에서 가장 우선적인 것으로, 미적 판단에서 판단되는 것은 특수한 대상이다. 이런 특수를 생각할 때는 특수만이 주어져 있으며, 일반적인 기준은 탐구될 수 있는 상태에 있지 않다. 만일 우리가 어떤 것을 어떤 기준에 비추어 그것이 "꽃"이라고 판단한다면, 이런 일은 "규정판단"에 해당되는 반면, 우리가 그것을 "아름답다"고 판단한다면, 그것은 그 어떤 보편적 기준과는 아무래도 떨어져 있게 되면서 이런 일은 "반성판단"에 해당된다.

그런데 우리는 미의 개념을 제대로 알지 못하면서도 "이것은 아름답다"고 말할 수 있다. 우리는 정의가 무엇인지 알지 못해도, 어떤 행동을 보고 정의로운 행동임을 알 수 있다. 베이너의 말대로,[226] 우리가 포괄적인 규칙이나 개념 없이도 특수들을 판단한다는 이 사실은 우리가 반성판단의 기능을 소유하고 있다는 것을 증명하는 것이며, 그 때문에 우리는 모든 영역에서 반성판단을 일련의 규정적인 규칙들로 환원할 필요가 없다. 따라서 반성판단은 다른 종류의 인간의 판단, 즉 정치적 판단을 함유한다. 아

---

225) Beiner(1983), p.132.
226) Beiner(1983), p.134.

렌트는 도덕과 무관하고, 수단적 성격을 띠지 않을 때, 포섭되기를 거부하고 미와 자유에 실재성을 부여함으로써 자신의 실존적 의미를 추구하는 정치적 행위자의 특성들에 관심이 있다.

반성판단은 기술이나 지식에 의해 작동되는 것이 아니라 실천적인 경험과 숙련된 기술, 및 상상력에 의해 작동된다. 반성판단은 포괄적인 이해를 필요로 한다. 반성판단은 그것이 작동할 때, 객관적 개념을 언급하는 것이 아니라 우리 자신과 우리의 느낌들을 언급한다. 그리고 "이것은 나를 즐겁게 혹은 불쾌하게 한다"(반성판단)고 말할 때, 쾌, 불쾌의 느낌은 모든 현상을 동반한다. 반성판단이 현상과 관계한다는 의미에서, 그것은 좁게는 정치판단과 같다. 또한 정치적 사건들은 외부의 목적이나 원리에 의해 판단될 수 없다는 점에서도 미적 대상들과 같다.[227]

그런데 이처럼 정치판단에서 목적론적 개념을 제거하는 것은 관찰자의 판단이 끝나는 것이 아니라, 판단하는 사람을 인간관계망 속으로 다시 밀어 넣으며, 그의 판단을 판단할 사람을 기다린다는 것이 된다. 도덕 판단은 행위 이전에 내려지지만, 그리고 정치판단은 행위가 끝난 후 내려지지만, 여기서 문제는 역사는 끝나지 않는다는 점이다. 이것은 판단이 끝을 갖는 것이 아니라 후속 판단의 가능성을 열어둔다는 것을 지적하는 말이다.

또한 칸트가 취미에 대한 태도를 개념에서 취하는 것이 아니라 쾌, 불쾌의 느낌에서 취하는 것과 유사하게, 아렌트는 정치판단에 대한 태도를 실제적인 경험으로부터 취한다. 그렇게 볼 때,

---

227) Disch(1994), p.148.

아렌트에게 (정치)판단은 반성판단과 같다. 그런데 경험으로부터 발생하는 주관적인 진술은 강제적이지 않다. 그리고 "이것은 아름답다"는 미적 판단은 우리를 즐겁게 하는 것을 의미하기도 하지만, 그것이 동시에 다른 사람도 즐겁게 할 것이라는 것을 의미한다. 이 상호 주관적인 취미는 논리적이고 연역적인 추론에 의해 증명되는 것이 아니라 가정된 공통감각의 토대 위에서 방어될 수 있을 뿐이다.

아렌트에게 판단은 보편과 특수를 중재하는 기능이다. 그래서 아렌트가 정치판단을 동화시킨 미적 판단은 특수에서 보편으로 상승해가는 능력이다. 그러므로 판단은 특수들에 관한 추론이다. 그러므로 여기에 몇 가지 난점이 있다. 그것은 판단이 "개별자를 생각하는 기능"이라는 것이다. 그런데 개별자만 주어진 상태에서 일반자를 발견하는 문제는 어려운 문제이다. 개별자끼리만 있을 때, 하나의 개별자를 다른 개별자에 의거해서 판단할 수는 없기 때문이다. 그렇다면 관찰자는 보편에 의지하지 않고 특수를 어떻게 판단할까? 아렌트는 그것과는 다른 제3의 것으로 그 해결책, 즉 두 개의 다른 방법을 제시한다.

특수에 관한 판단을 해결하기 위해 아렌트가 도입하는 것은 첫째, 인류 전체의 원초적 계약이념이다. 이 이념으로부터 인간됨의 이념이 나온다. 이것은 인간이라는 사실로부터 확보된다. 또한 합목적성(purposiveness)이란 이념 역시 특수들의 가치를 판단하기 위해서 도입한 개념이다. 모든 대상이 목적을 갖고 있는 것과 달리, 무목적적 대상이 있는바, 그것이 미적 대상과 인간이다. 이 무목적적인 보편적 본질을 포섭시키는 어떤 법칙들은 제공되지 않으며, 규제적 이념을 가진 이성이 합목적성이나 그 궁극성을 자연에 돌리도록 허용한다. 그리하여 "이 무목적적인 예술적 대상과 무목적적으로 보이는 다양한 자연의 모습이 인간으로 하여금 세상에서 편안하게 느끼도록 하는 '목적'을 갖는다."(LKPP 76) 이러한 합목적성이 인간의 반성을 규제한다.

두 번째 해결책으로 아렌트는 "예증적 타당성"(exemplary validity)을 제시한다. 아렌트는 이것을 플라톤의 이데아(idea)나 칸트의 도식(schema)에 해당하는 것으로 간주한다. 미적 판단의 경우에 그것을 예증하는 특수한 대상을 경험함으로써 내가 미에 대한 보편적인 서술을 이해할 수 있고 적용할 수 있다는 것을 의미한다. 그러므로 꽃, 아름다운 풍경, 독특한 그림을 만나면, 그것이 미에 대한 예이며, 그것은 '예증적 타당성'(exemplary validity)을 갖는다.

이와 같이 아렌트는 예(example)의 개념을 가지고 특수와 보편을 중재함으로써 특수와 보편의 관계에 대한 해결책을 제시하고 있다. 아렌트는 "사례들은 판단의 수레(go-cart)"라고 말한다. 사례들은 보편적인 의미를 구현하지만 그들의 특수성을 갖는 한, 사례들은 우리로 하여금 특수의 안에서 그리고 특수를 통해서 보편을 발견하게 한다. "우리는 훌륭한 테이블을 통해서, 테이블이 어떻게 되어야 하는지에 대한 예로 간주한다. 우리는 그 테이블을 '예증적 테이블'로 간주할 수 있다. 이 예들은 특수성 속에서 '그것의 달리 정의되지 않은 일반성'을 드러낸다."(LKPP 77)

그런데 "칸트에게 경험과 지식의 두 근원인 직관(감각)과 개념들(오성)이 존재하는바, 직관은 개별적인 것을 우리에게 제공하고, 개념은 이 개별자를 우리로 하여금 인식하게 한다. '이 탁자'에서 '이'는 특정한 사물과 관계하고, '탁자'는 그것을 확인하고 그 대상을 소통 가능하게 만든다."(LKPP 81) 여기서 이 두 기능을 어떻게 결합시키는가 하는 문제와 "탁자"라는 개념은 단지 개념일 뿐인가 하는 두 가지 의문점이 생긴다. 그것에 대한 대답은 상상력이 특수들을 종합하여 지식을 생산하고, 지식의 요소들을 취합하여 특정한 내용으로 결합한다는 것이다. 여기서 종합은 오직 상상력이 작용한 결과일 뿐이다. 상상력의 종합은 "이미지를 개념에 제공함으로써" 이루어진다.(LKPP 81) 이 이미지를 "도식"이라 한다. 상상력은 그 자체 모든 지식의 조건이다. 이렇게 보면 인간은 판단할 때 가정적인 입장에서 다양한 관점을 참작해야 한다.

이 반성판단을 인간사의 영역에서 정치판단에 적용하면, 우리는 다음과 같은 사례를 발견할 수 있다. 우리는 아킬레스를 통해서 용기의 미덕을 알게 된다. 사례는 우리를 안내하고 인도한다.[228] 그리고 판단은 그 예가 적절하게 선택되느냐 아니냐에 따라서 예증적 타당성을 갖거나 갖지 않는다. 아킬레스는 그의 빛나는 행위를 통해서 용기의 미덕을 우리에게 보여주었다. 아킬레스는 그의 독특함, 그의 특수성 속에서 용기 일반을 준다. 그리고 이러한 예증적 타당성은 개인의 차원을 넘어서서 의미를 전달하는 과거의 사건들로, 즉 모방하는 사람들에 대한 예증으로 보일 수 있는 사건들로 이 개념들을 확장해간다.

---

228) Disch(1994), p.157.

여기서 미적 판단은 역사가나 관찰자의 회고적 판단과 합류한다.[229] 아렌트가 역사사건에서 예증적 테이블로서 관찰자의 반성 판단의 예를 드는 것은 행위자는 그의 행위의 "편파성"(partiality) 때문에 사건의 의미를 전체적인 관점에서 추출하지 못하기 때문이다. 아렌트는 미국 혁명과 프랑스 혁명, 헝가리 혁명 등을 통해서 이것을 설명한다. 그것들은 그 자체의 특수성과 특이성을 담지하고 있으면서 새로운 의미를 만든다. 따라서 관찰자는 하나하나의 사건들에 관여함으로써 그것들의 일반성을 조명하고 그 의미를 평가한다. 그리하여 그것을 보존하여 후손들에게 하나의 "예증"(example)으로서 전달하게 된다.

바. 정치적 판단의 책임과 부작용

판단은 상상적이고, 포괄적인 실천이다. 그것은 다른 사람들의 현존에 대한 승인, 무관심적 쾌를 동반하며, 세계에 대한 더 큰 이해를 가져다준다. 그러므로 판단은 인간에게 시작능력을 제공한다. 판단은 사고의 바람에 의해 보편적인 규칙을 해체함으로써 해방될 때, 존재하는 것을 말하고, 존재했던 것의 실존성을 확인한다. 판단에는 두 종류가 있다.[230] 하나는 시인, 역사가라는 학

---

229) d'Entreves(1994), p.114.
230) 카텝은 아렌트 이론에 두 종류의 판단이 있다고 해석한다. 첫째는 세계적인(worldly) 이야기꾼의 판단이고, 둘째는 관객이나 관찰자의 판단인데, 그들은 세계적인(worldly) 사회에 살고 있다는 것이다. 아렌트는 학문적인 문학에서 '순전한 발생의 날 재료'를 아름다운 이야기나 설명으로 변형

문적인 전문가의 판단이고, 다른 하나는 다수 시민의 판단이다. 이것은 다수 시민이 시인, 역사가의 심성으로 관찰하고 판단해야 한다는 의미로 받아들일 수도 있다. 이것은 판단할 때 전문가나 시민 모두 특수한 사건에 대해 불편부당한 관점으로 다루는 태도가 필요하다는 말이다. 시민이나 관찰자의 판단은 특수성을 보존하는 것이며, 주어진 현상이나 사건의 새로움을 인식하고 보존하는 데 관심이 있다. 따라서 판단은 정치적 사건이나 현상의 의미를 만든다. 이러한 판단은 영원성을 제공하는바, 판단함으로써 우리는 세계를 이해하고 그것에 저항할 수 있으므로, 그것에 의해 우리는 감동하고 아름다움을 발견하기 때문이다. 판단은 새로운 것을 분별하고 분간하며, 특수한 현상들을 보존한다.

우리는 세계와 관련하여 존재하고, 세계에 참여함으로써 우리의 실재성을 획득하고, 자신의 실존적 의미를 승인 받는다. 그러나 모든 다른 사람들에게 우리를 기꺼이 드러내는 것은 쉽지 않다. 아렌트는 판단의 어려움을 "요구된 용기, 그것의 빈번한 거절"이라고 표현한다. "나는 이것을 하고 나 자신만의 관심을 채택하거나 혹은 내가 속한 집단의 이익을 고려하는 의견을 형성하기를 거절할 수 있다. 게다가 심지어 매우 궤변적인 사람들 사이에서 상상력의 결여 속에서 표명되고, 판단의 실패 속에서 표

시키는 저자들에 대한 칭송을 하고 있는데, 그들은 기억할 만한 가치가 있는 불멸성을 달성하기 때문이다. 마찬가지로 아렌트는 찬탄할 만한 가치가 있는 정치행위 역시 아름답고 영원한 말을 촉진시킨다고 보기 때문에, 그는 정치행위에 대한 관찰자인 시민을 시인, 역사가와 동급에 놓고 칭송한다. 그런 점에서 아렌트에게 소크라테스는 정치를 문화로 만든 사람이라고 할 수 있다: George Kateb,(2001), p.129 참조.

명되는 맹목적인 고집보다 더 공통적인 것은 아무것도 없다."(BPF 242)

판단의 어려움이 이와 같으므로, 사람들은 판단하려 하지 않는바, 판단하지 않거나 판단을 잘못하는 사람은 위험에 노출된다. "편협한 맹목적인 고집을 반성하는 판단은 다른 사람 혹은 세계에 대한 반응을 불러오는 것이 아니라 세계로부터 제외된 위협적인 느낌을 가져오는 반응이다. 그러한 반응은 거의 상호 작용을 제외시킨다. 그것은 극악무도한 범죄, 상호 망각, 폭력적인 심연을 재생산한다. 그것들은 인간의 자유에 대해서도 공유된 세계에 대해서도 발생적이지 않다."[231]

그러므로 우리가 현상의 세계에서 발생하는 사건들에 대해 생각하지 않고 판단하지 않는 것은 책임의 문제와 관련된다. 앞에서 살펴본 바와 같이, 아이히만은 그가 행하고 있는 것이 무엇인지를 검토하지 않았기 때문에 그는 판단의 기능을 해방시킬 수 없었다. 그에게 생각하지 않음(non-thinking)은 판단하지 못하게 했는데, 그것은 전형적인 죄인의 무책임을 보여준다.

아렌트는 초기 사고에 자각적인 "패리아 의식"을 드러내는데, 그것은 라자르로부터 형성된 것이다. 라자르는 정치적으로 배제된 패리아조차 개인의 행위에 대해 책임을 져야 한다고 주장한다. 개인의 행위는 그의 정치적 운명을 결정하기 때문이다. 이러한 "자각한 패리아"라는 인간형의 관점에서, 아렌트는 유대인들의 20세기 비극이 자신의 운명을 책임지지 않는 데서 비롯되었

---

231) Curtis(1999), p.121.

다고 믿는다. 자각한 패리아는 자신의 조건을 수용하고 미래를 적극적으로 이끌어야 할 책임을 느낀다. 아렌트는 정치적으로 존재하지 못할 때, 즉 정치공동체에 속하지 않을 때 단지 정치적 권리만 박탈당하는 것이 아니라 아예 인간으로 취급받지 못한다는 것을 깨달았다.

이러한 패리아(pariah) 의식은 전체주의 악몽을 몸소 겪은 아렌트를 더욱 고조시켰으며, 그로 인해 그것은 그의 정치적 사고의 근본을 형성하였고, 개인이 정치공동체에 참여한다는 것의 의미가 무엇인가를 치열하게 숙고하도록 고무시켰다. 아렌트에 따르면 자각한 패리아의 관점은 자기 자신에게 고유한 것으로 기존의 어떠한 철학적 전통에도 속하지 않는 독특한 것이다.[232] 아렌트는 유대인의 비극이 역사적인 필연성에 의한 것도 아니고, 이성의 비합리적인 오작동 탓도 아니라 유대인들의 세계에 대한 무관심과 반유대주의의 결합의 산물이라고 진단한다. 그 비극은 어느 면에서 유대인들 스스로가 자초한 것으로, 유대인의 "무세계적 실존"(the worldless existence) 또는 "세계소외"(the world-alienation)—정치적 현실로서의 공적 세계(the public world) 또한 공동세계(the common world)에 대한 애착이 배타적인 자기중심적 사고 또는 태도로 대체된 상태를 말함—는 그 비극을 가능하게 했던 근원적 요인이다.[233] 이러한 아렌트의 진단은 역사를 인간의 행위에 의해 이루어지는 것으로 본 역사인식이라고 볼 수 있다. 아렌트의 이러

---

232) 김비환(2001), 『축복과 저주의 정치사상: 20세기와 한나 아렌트』, 한길사. 60쪽.
233) 김비환(2000), 61쪽.

한 설명방식은 인간 자신이 역사에 대해서 책임을 져야 한다는 것을 의미한다. 따라서 세계의 현상적 논쟁에 대해 반응하지 않는 것도 문제이다. 이것은 "무책임"의 본질이며, "판단의 타당성의 부식"이다.[234] 판단은 복수의 사람들 사이에서 복수의 의견과 복수의 관점에 따라 이루어지기 때문에, 상대적이며, 끊임없는 반응을 요구한다. 이것은 정치행위가 일회적으로 끝나는 것이 아님을 의미한다.

사람들이 현상세계에 참여할 때 역사는 올바르게 작동된다. 정치적 세계에 참여하지 않을 때, 즉 인간이 사고하지 않고 판단하지 않을 때, 빚어지는 상황에 대해 인간은 스스로 책임을 져야 한다. 원래 정신적 태도로서의 책임감은 생각함, 판단, 행위의 기능들이 서로 상반적인 성질을 가졌을지라도, 그것들을 함께 결합한다. 그 책임감은 그름으로부터 옳음을 말하는 것이 판단되는 문제에 대한 헌신을 전제로 하는 한 판단할 때 가장 잘 표명된다.[235]

생각하고 행위하는 사람들이 잘못 생각하고 잘못 행위할 때 위험한 결과를 가져온다. 잘못된 생각은 해롭고 위험한 사고양식을 낳고 잘못된 행위는 예기치 않은 결과들을 낳기 때문에 양자는 위험한 활동이다. 그러므로 생각하고 행위하는 사람들은 자기의 책임으로부터 자유로울 수 없다. 그러므로 우리는 판단 활동에 대해 부담을 질 수밖에 없다. 판단의 책임은 판단하는 주체의 대가로 높아진다. 정치판단에서 지식의 배제는 판단이 지식의 문

---

234) Curtis(1999), p.122.
235) Parvikko(1999), p.128.

제, 즉 교육의 문제가 아님을 의미한다. 그러므로 교육받지 않은 다수 시민도 판단 활동에 참여할 수 있다.

반성판단에는 주체의 책임이 내재되어 있다. 반성판단은 일반적 규칙 아래로 특수가 포섭되는 것이 아니라 특수를 특수로서 판단하는 것이기 때문에 주체의 책임문제가 항상 따른다. 그러므로 베이너가 지적한 바와 같이, 반성판단이라는 개념에 내재적인 이 판단능력은 미적 판단 혹은 취미의 영역에 한정되어, 인간 삶의 모든 지역에서 일어나는 인간 삶의 경험의 지역으로 확장된다. 인간의 책임은 반성판단의 모든 발휘에 관여하지만, 우리는 정치적 사태를 판단하는 데 연루된 판단의 무거운 부담과 질적으로 더 높은 강도의 책임이 있는 것이다.[236] 따라서 판단은 판단하는 공동체로부터 관찰자의 고립의 대가로 생산될 수 있다 그러므로 베이너는 정치적 멤버십과 정치판단 사이에 비극적 대립이 발생할 수 있다고 주장한다. 그런 상황에서 판단은 배반의 부담을 갖게 되며, 심지어 판단행위는 배반행위가 될 수 있다는 것이다.

판단공동체 안에서, 판단 주체는 그의 정체성을 위험에 노출시킨다. 판단하는 주체는 그 자신을 공동체로부터 단절시킴으로써 그 자신의 주체성을 문제 속에 놓는바, 그는 공동체에 자신의 판단의 타당성을 호소하게 된다. 그런데 호소된 판단공동체가 근본적으로 문제가 될 때, 판단 주체는 그의 주체성을 어떻게 확보하는가? 베이너는 이 질문에 대해 판단하는 주체는 비극적인 책임

---

236) Beiner(1983), p.114.

의 담지자가 되며, 인간의 판단은 비극적 차원을 떠맡는다고 대답한다. 따라서 아렌트에게 정치현상에 대한 판단은 극적이다. 아렌트에게 판단의 목적은 인간 사태들을 "인간들이 견딜 만하고 유의미한 것"이 되게 하는 것이다.[237] 그래서 "현실과의 화해"가 가능해진다. 그리고 판단의 부담은 희망이 있는 한 견딜 수 있다. 그런데 정치의 관료화는 판단을 전문적 기술로 환원함으로써 판단의 비극적 차원을 제거하여 결국은 "정치의 평범화"를 추구하는 것이라고 베이너는 비판한다.

베이너는 아렌트의 아이히만에게서 책임의 포기의 사례를 본다. 그러나 아렌트가 전쟁범죄자인 아이히만을 무지한 자로 평가함으로써 그로 하여금 판단의 책임에서 벗어나게 했을 때, 사람들은 이것이 판단의 작동방식이라면, 판단을 삼가는 것이 더 나을 것이라고 주장할 것이다. 이것에 대해서 아렌트는 뭐라고 답하는가? 아렌트는 판단에 대한 독선적인 재접근은 판단을 타당하지 않게 하는데, 이것을 방지하기 위해서 "이해"(understanding)가 필요하다고 보았다. 이해가 판단에 봉사할 때, 그것은 자유로운 상상력의 발휘, 특히 우리가 차지하고 있지 않은 위치로부터 사물들이나 사태들이 "어떻게 보이는지"를 상상하는 능력을 요구한다는 것이다. 우리는 판단할 때 우리의 관점을 이해하지 못하는 사람들을 이해하려고 노력해야 한다. "이해"(understanding)는 판단의 중요한 자원이 된다. 그래서 아렌트에게 "판단은 이해"의 문제이기도 하다. 판단되는 사건들은 여러 가지 해석에 열려 있다. 그래서 베이너와 스톤

---

237) Beiner(1983), p.118.

메디어토어(Stone Mediatore)는 판단과 가다머의 해석학을 비교하여 고찰하고 있다.

판단에 있어서 "책임"의 문제가 이토록 중요하다면, 우리는 어떻게 판단해야 하는가, 즉 판단의 기준은 무엇인가? 파비코(Parvikko)는 라자르의 개인적 책임개념이 현상의 세계에서 정신적 기능들과 인간행위의 발휘 양자를 평가하는 견지에서 근본적인 원리라고 본다. 그는 이러한 라자르의 개념이 아렌트에게 영향을 미쳤다고 주장한다.

파비코는 아렌트의 이념형(ideal-typical) 인물들에 대한 분석을 통해서 아렌트의 판단이론이 용어상 모순이라는 것을 증명했는데, 이것은 아렌트가 칸트 이념에 충실하기 때문이라는 것이다. 모든 판단은 구체적인 상황으로부터 시작해야 한다. 파비코의 말대로 판단은 다른 사람들의 입장들을 고려하기 위해서 판단되는 문제로부터 객관적인 거리를 유지할 것을 의미하는바, 그럼에도 불구히고 우리가 모델들을 요구하는 것은 이러한 특수한 판단의 맥락적 본질 때문이라는 것이다. 그러나 일반적 법칙들에 기대는 것이 불가능하므로, 우리는 판단한 사람들의 모델에 의거해서 판단할 수밖에 없다는 것이다.

그래서 파비코의 말대로, 아렌트는 저항할 수 있고 그름으로부터 옳음을 말할 수 있는 용감하고 예외적인 개인들의 이야기들을 말함으로써 전체주의를 말하고 싶어 했던 것으로, 이 때문에 아렌트는 판단이론이나 행위이론을 저술하지 않았다. 즉 아렌트는 인간의 기능들을 이념형을 구축함으로써 성격 규정했다는 것이다. 그러므로 파비코는 칸트처럼 정신에서 다른 사람들의 견해와 의견들에 의해 판단이 알려지기보다는 아렌트처럼 모든 사람이 행하고 믿는 것에 의해서 생각 없이 휩쓸릴 때, 다른 사람들을 따를 것이 아니라 저항할 수 있는 드문 개인들의 모델을 탐구하는 것에 더 무게를 두었다.

그러나 아렌트의 아이히만에 대한 평가야말로 탁월한 판단의 사례가 된다. "악의 평범성"(the banality of evil)이란 개념은 악은 평범하게 발생하지만 판단은 드문 경우에 발생한다는 것을 주장하려 했다. 아이히만의 악의 원인이 생각하지 않음(nonthinking)이었다고 주장함으로써 아이히만에게 면죄부를 준 아렌트의 진단은 유대인의 거센 분노를 불러일으켰다. 그는 이 판단을 할 때 감정을 섞지 않고 초연하고 불편부당한 관점에서 판단했다. 아렌트의 용어, "악의 평범성"은 "악의 만연된 현상"을 드러낼 수 있게 하는 것으로, 이러한 "드러냄"의 선-조건은 죄성, 자만 혹은 행위자의 질투심 강한 성격에 뿌리깊이 박힌 현상으로서 "악에 관한 전통적이고 철학적인 사고방식의 정화"이다.[238] 아렌트는 보편적인 원리나 규칙에 포섭시키지 않고 아이히만의 특수성에 주목했다. 그는 반성판단을 한 것이다.

그런데 초연한 판단이 불러오는 격노한 반응은 판단하는 사람을 위험에 빠트릴 수 있다. 그는 목숨이 위태로움에 처하게 될 수도 있고, 사회적으로 당하는 불이익을 감수해야 한다. 그래서 여기에는 용기가 필요하다. 이것은 아렌트가 초기의 저서, 『인간

---

238) Villa(1999), p.27.

의 조건』에서 정치적 덕목으로 "용기"를 가장 높이 평가한 것과 일치한다. 아렌트는 유대인의 거센 압력에 저항했으며, 그녀의 판단을 공론화시켰다. 그러나 이러한 공공성의 대가는 가혹한 것이었다. 그는 유대인 집단으로부터 제명당했다. 판단이론에서 아렌트가 주장한 것과 달리, 이러한 아렌트의 사례는 타자들의 동의를 구하는 문제는 아닌 것 같다.

소크라테스가 비판적 사고의 실천으로 죽음에 이르렀듯이, 아렌트의 아이히만의 악행에 대한 비판적인 공적 판단은 유대인들의 배반을 의도한 것으로 간주되어 많은 비난을 받았다. 비판적으로 생각하고 판단하는 사람은 항상 이러한 위험에 노출되어 있으며, 그런 이유로 사람들은 생각하고 판단하기를 꺼린다. 그것은 현실의 유혹에 대해 스스로 타협하도록 이끄는 경향이 있다.

독립적이고 자율적인 판단은 역사를 새로이 한다. 판단은 그런 점에서 일종의 창조 활동이며, 인간 삶의 풍요로움의 원천이다. 현실과 타협하라는 유혹을 뿌리치고 역사를 다시 쓰는 작업이야말로 인간 최대의 기쁨이다. 그러나 거기에는 고통이 수반되기에 판단을 공적이게 하는 데 용기가 필요한 것이다. 또한 판단에는 어떤 것의 관점에서 사물을 바라보는 관점적 사고가 요구된다. 게다가 판단할 때는 직접적인 관여와 현상으로부터의 이탈이라는 유혹에서 벗어나야만 합당한 판단이 나온다.

아렌트에게 이야기하는 사람(storyteller)의 기능인 판단의 목적은 회고적인 반성에 의해서 인간 사태들을 인간에게 견딜 만하고 유의미한 것이 되게 하는 데 있다. 판단하는 사람은 사건이 발생할 수밖에 없는 현실과의 화해를 낳는다. 아렌트에게 우리로 하여금 생각하게 하는 추동력은 로마인이나 헤겔처럼 현실과의 조화이다. 이것은 헤겔이 절대정신을 통해 도모했던 것과 같은 것이다. 그리고 그러한 화해는 학습의 차원에서 가능한 것이 아니다. 이야기하는 사람, 즉 역사가, 시인의 정치적 기능은 사물들이 존재하는 그대로 수용하도록, 그리고 사람들이 자신을 있는 그대로 드러내도록 사람들을 가르치는 것이다.

원래 다이몬(daimon)은 자신의 어깨 너머에 있기 때문에 자신에게는 보이지 않고 어깨 너머로부터 슬쩍 비추듯이 만나는 다른 사람들에게 보인다. 그것은 내가 느끼는 주관적인 행복을 말하는 것이 아니라 내가 '누구인가'(who)를 다른 사람에게 보임으로써, 즉 자신의 "정체성"을 드러냄으로써 나의 실존성을 규정하는 힘이다. 그러므로 그것은 "아무개가 누구인가" 하는 것을 나타낸다는 점에서 "인격"(personal)과 유시하다.(HC, 179) 인격은 수동성이나 말없음 속에서는 드러나지 않는다. 그리고 "무엇"(본질, what)하는 사람인지와 달리 누구(who)인지를 드러낼 때는 행위 주체가 있어야 한다. 우리의 행복을 결정하는 것은 많은 지식이나 세속적인 출세도 아니요 인간의 본질을 규명하는 것도 아니다. 그것은 활동적인 판단에서 요구되는 지혜이고, 우리는 이 탁월성의 지혜를 발휘함으로써 자신의 선택이나 결정에 대해 다른 사람에게 동의를 구한다. 그리고 이 동의야말로, 거기에 함께하는 사람들의 결속력(association), 즉 연대성(solidarity)을 이끌어내는 배경이 된다.

사. 아렌트의 정치적 판단이론에 대한 비판적 지적

지금까지 아렌트의 판단이론을 살펴보았다. 그는 현상의 세계에서 발생하는 정치행위 중 '그가 누구인지'를 드러내는 가장 결정적인 단계라 할 수 있는 자신의 판단이라는 활동에 대한 생각을 체계적으로 구조화하려 하지 않고, 실제적인 정치 경험에 토대를 두고 전개하였다. 그리고 정치를 심미적으로 해석하면서, 칸트의 판단개념을 도입하는 데 있어서, 그는 자신의 목적을 관철시키기 위해 칸트 사상을 비정통적으로 해석하는 것 같다.[239] 이러한 그의 판단이론에 대해서는 여러 가지 문제점이 지적되어 왔다.

1) 아렌트는 판단하는 사람의 정신적 태도를 언급하면서 '정신의 확장'(enlargement of the mind)이란 칸트의 개념을 도입한다. 그것은 다른 사람의 관점을 고려해서 나의 판단을 형성하는 능력이다. 그런데 왜 나는 내 자신이 어떤 사람을 그가 그의 독특한 존재양식으로 존재하도록 만들려고 생각하기보다 오히려 내가 다른 사람의 입장에서 상상해야 하는 것일까? 게다가 우리는 다른 사람과 관련된 어떤 것을 판단할 때, 다른 사람에 대한 선천적인 지식을 알고 있어야 하는데, 사실상 우리는 서로에 대해 그다지 관심을 갖지 않는다. 또한 우리는 실제로 다른 사람의 렌즈를 통해 자신의 눈으로 사건을 판단한다고 하지만, 그때 우리는 우리 자신의 경험에 제한되어, 즉 그것에 대해 자신이 알고

---

239) 도스탈 역시 아렌트가 갖고 있는 공통감에 대한 개념은 칸트의 그것을 부활시키기에 부적절하다고 주장하는데, 그는 이것을 아렌트의 비정통적 독해에 기인하는 것으로 믿는다. Dostal(2001), p.131. 참조.

있는 부분에만 토대를 두고 판단을 하기 때문에, 아무리 아렌트가 판단의 보편적인 객관성을 부정하고 감정이입을 경계하며 일반성을 주장할지라도, 우리의 판단은 한계를 가질 수밖에 없는 것이다.

2) 같은 맥락에서 판단의 타당성의 토대가 되는 공통감각 역시 공동체 구성원의 동일한 경향성에 근거한 것일 수 있다는 점 때문에 타당성을 확보하는 데 있어 문제가 될 수 있다. 사회구성원의 특정한 것에 대한 쏠림, 경향성 등에 토대를 둔 판단과 동의는 아렌트가 그것이 확장된 심성에 의해 극복될 수 있다고 주장할지라도, 실제의 판단 활동에서 확장된 심성이 얼마나 발휘될 수 있을지는 의문으로 남는다. 네델스키는 이 문제에 대해 "일단 우리가 판단의 집단적이거나 공동체적 토대를 이해한다고 할 때, 우리가 판단하는 것은 공동체를 가로지는가?"라고 물으면서 다음과 같은 것을 제안한다. 즉 "우리는 우리가 다양한 공동체로부터 나오는 관점들을 고려해서 통합해야 하며, 그리고 거기서 편협한 정의(justice)의 포럼을 발견해야 하는 확장된 심성으로부터 기대할 수 있다고 우리가 생각하는 것을 분류하려고 노력해야 한다."[240] 네델스키의 이런 제안에 따를 때, 우리에게 남겨진 과제는 타자들이 수용할 수 있는 납득 가능한 "공통감각"을 창조하는 것이다.

3) 또한 카텝은 확장된 심성이란 개념은 우리 자신 내부를 보는 것에 기초해 있다고 주장하지만,[241] 우리의 내부를 제대로 본

---

240) Nedelsky(2001), p.118.

다는 것은 그렇게 녹녹한 것이 아니며, 또 그것은 인간의 본질을 보려는 것과 무엇이 다르겠는가? 게다가 우리는 어떻게 우리 자신을 그 밖의 사람들의 관점에 놓는가?

4) 정치를 미학적으로 설명하려는 정치의 미학화는 전체주의로 이끌 수 있다는 비판이 제기될 수 있다. 그러나 아렌트는 칸트의 미적 판단을 차용함으로써 정치의 전체주의를 피한다고 여겨진다. 왜냐하면 그는 특수에 주목하여 새로운 현상을 기존의 보편적이고 전통적인 범주 아래로 포섭시키기를 거부함으로써 정치의 자율성을 주장하기 때문이다. 그는 자신의 정치이론을 체계화시켜 미학화하지 않고 오히려 인간의 고차적인 실제의 활동으로 자리매김함으로써 인간의 위상을 드높인다. 그는 인간의 예기치 않고 폭발적인, 응축된 힘의 분출인 새로운 현상과 인간의 능력을 결합시킴으로써 정치적 광채나 정치적 자유의 활동으로부터 인간의 위엄을 회복시킨다.

5) 아렌트에게 판단 활동은 이론과 실천, 사고와 행위를 결합시키는 것으로 이론적 난점과 활동적 삶을 통합시키지 양자를 구분하는 것이 아니다. 그는 최종적으로 행위자, 제작자 속에 관찰자가 앉아 있다고 함으로써 개인을 하나의 영역으로 통합시킨다. 더 나아가 그는 인간을 하나로, 즉 인류로 통합시킨다. 이 인류의 통합은 인류 자신에 의해 명령된 원초적 계약인 것으로 간주된다.(LKPP 74) 인류의 이념이 판단의 원리로 될 때 인간은 문명화되고 인간적이게 되는바, 우리가 인간이라는 단순한 사실

---

241) Kateb(2001), p.133.

274

은 관찰자와 행위자를 통합시킨다. 그런데 인간 개인을 인류로 통합시키는 것이 사회적 삶에 경도되어 자율성을 상실한 현대인의 자유를 촉진시키는 것일까? 이 인류라는 이념은 아렌트가 칸트의 진보관념을 다루면서 배척했던 것이다. 아렌트는 인류의 통합을 거부하고 복수성을 주장했었다. 물론 칸트도 세계시민을 주장했지만, 이것은 통합된 세계정부의 통치하에 있는 실존양식을 지칭하는 것이 아니라 자신의 사고를 다른 사람의 관점으로 확장시키는 것을 지칭하는 것이다. 아렌트는 칸트도 세계정부의 위험성을 인식하여 그것이 상상 가능한 최악의 정부가 될 것임을 분명히 알고 있었다고 주장한다. 그래서 칸트는 국가들 간의 연맹을 주장했다는 것이다. 그러나 아렌트는 국가들 간의 연맹에 있어서도 대등한 관계가 형성되기보다 경제적 힘의 논리에 의해 실제로는 불평등한 관계가 형성되는 경우가 더 많다는 것을 간과하고 있다는 것은 제쳐두기로 하자.

그렇다고 해도, '어떻게 특수한 판단이 세계적인 것이 될 수 있을까?' 하는 의문은 여전히 남는다. 여기서 아렌트는 칸트를 따르는 데 있어서 자신이 배척하고 싶어 하는 것을 그 스스로 촉진키고 있다는 것을 발견하는 것 같다.242) 아렌트는 통합된 인류라는 개념을 배척하면서도 그것을 판단의 원리로 삼고 있고, 모든 개인에 현존하는 인류의 이념에 의해 행위자와 관찰자를 연합시키며, 인간적임의 증거로 삼는다. 왜 이런 모순이 발생했을까? 이런 모순은 인간의 조건을 관조적 삶과 활동적 삶으로 나누어 고

---

242) Dostal(2001), p.160.

찰하면서 출발한 아렌트 문제의식의 기본 틀로 인해 불가피하게 발생하는 측면이 있다. 이미 판단이론의 문제의식을 논할 때 인용하였지만 이런 구분법이 주는 이론적 불편함에 관해서는 아렌트 자신이 명확하게 의식하고 있었다. 즉,

"나는 정치이론에서 가장 오랜 관심사였던 행위의 문제에 관심을 가졌었다. 그런데 이 문제에서 항상 나를 괴롭혔던 것은 내가 그 주제에 대한 반성을 위해 채택한 '활동적 삶'이란 바로 그 용어가 관조적 삶의 방식에 헌신했고 바로 그 관점에서 모든 종류의 '살아있음'을 고찰한 사람들에 의해 만들어졌다는 사실이었다."(TLM 6)

아렌트는 수동적인 관조에 우위성을 둔 결과, 의견과 행위의 폄하로 인간사의 의미를 왜곡시킨 전통철학의 견해를 부정하고, 행위를 촉진시킴으로써 황폐해진 인간다운 삶을 복원시키려고 시도했다. 하지만 판단하는 관찰자의 정신적 활동을 끌어들여 활동적 삶을 복원시키려는 기획은 그의 정신 활동이 처하고 있는 활동적 삶의 구체적 맥락을 완전히 벗어나는 데는 원천적인 한계가 있다고 보인다. 따라서 관찰자의 정신에 형이상학적인 전제를 인정할 수 없는 한, 아렌트가 제시한 구도 안에서 발휘되는 정치적 판단의 능력에 대해서는 위에서 제기한 비판점들이 거의 숙명적으로 따라다닐 것이다. 그런데 이런 상황이 그런 문제들을 극복할 수 없게 만드는 원천적 제약 조건은 결코 아니다. 왜냐하면 아렌트의 정치적 판단능력은 모든 문제에 대한 참된 해답을 처음부터 확보하거나 보증 받은 것이 아니라, 바로 이렇게 한계

지어진 정신 활동의 바로 그 한계를 극복할 가능성을 반성하고 그 대안을 탐색하는 능력이기도 하기 때문이다.

이상에서 살펴본 바와 같이, 아렌트의 판단이론의 문제점에도 불구하고, 그것은 아렌트에게 인간다운 삶을 살아가는 실존양식의 극명한 표출이라 할 수 있다. 아렌트는 공적 영역에서 다수의 행위자들의 공동의 행위가 정치행위라는 주장을 강화하기 위해서 판단개념을 도입했다. 우리는 행위할 때 이 관조적 탁월성의 지혜를 발휘함으로써 자신의 선택이나 결정에 대해 다른 사람들의 동의를 구한다. 그리고 이 동의야말로, 거기에 함께하는 사람들의 결속력(association), 즉 연대성(solidarity)을 이끌어내는 배경이 된다. 칸트의 미적 판단을 정치판단으로 전유한 아렌트의 시도는 시민의 정치 참여를 선도하는 측면이 있으며, 어느 정도 설득력이 있다고 할 수 있다. 아렌트의 판단이론은, 정치 영역에서 직접 활동하는 정치행위자나 그것을 평가하는 관찰자 시민의 정신적 태도나 판단의 양식을 제공한다는 점에서, 인간 개인의 삶의 의미를 실현시킴과 동시에, 타자와의 협력에 의해 유지되는 민주주의의 원리를 실현하는 데 중요한 기여를 할 수 있을 것으로 기대된다. 그러므로 다음에는 응당 관조적 탁월성의 발휘에 의해 도달되는 동의에 기반을 둔 시민의 정치참여, 즉 시민적 민주주의에 관해 논해야겠지만, 그 전에 아렌트의 판단이론이 상정하는 인간 삶의 바람직한 모습이 어떻게 그려지는지부터 살펴보기로 하겠다. 왜냐하면 아렌트의 판단이론은 서양 철학의 전통에서 세속적 인간사와 대비한 이상적인 생활방식이 관조적 삶으로서의 철학자의 삶에서 시민적 삶으로 옮아가는 과정을 아주 정확하게 보여주기 때문이다.

서의 철학자의 삶에서 시민적 삶으로 옮아가는 과정을 아주 정확하게 보여주기 때문이다.

제11장 정치적 판단이론이 함축하는 진정한 인간 실존의 양상

가. 인간사에 대한 철학과 정치의 대립적 견해

아렌트는 철학자들과 칸트의 인간사에 대한 견해를 비교함으로써 판단에 대한 자신의 견해를 발전시킨다. 플라톤 이래 철학자들은 육체와 영혼의 분리를 의미하는 죽음을 환영하고, 죽어서야 사멸적 존재의 억견과 감각 경험의 착각에서 벗어나 순수한 인식이 가능한 천상을 향한 여행을 한다고 여겼다. 그러므로 진정한 철학자는 생물학적이고 물리적인 인간의 삶의 조건을 수용하지 않는다는 것을 당연시한다. 이것은 철학자가 현상세계 바깥에, 즉 동료시민을 벗어나 혼자 고립된 상태로 있어야 한다는 것을 의미한다. 철학자들은 인간사 영역 바깥에 있는 영원한 그 무엇에 관심이 있는 존재로 자처했다. 칸트 역시 일반적인 삶에 대한 태도, 즉 인간사에 대한 태도에 있어서 다른 철학자들과 같은 성향을 보였다. 그에게 "내가 희망할 수 있는 것은 미래생활에서의 행복"이다. 칸트에게 지상의 삶은 고통스런 짐이므로 "인생에서 개인 최고의 목표는 이 지상에서 획득될 수 없는 행복을 누릴 자격을 갖는 것이다. 이 궁극적 관심에 비하면, 이 생에서 추구하는 다른 목표와 목적은 지엽적 문제일 뿐이다."(LKPP 20)

아렌트는 "죽은 자의 색깔을 입어라"는 말을 인용하면서, 칸트에게도 삶에 대한 회의는 그리스 철학자들이나 기독교 사상에서 처럼 인간사의 모든 영역에 대한 평가절하, 즉 '우울한 우연성'(haphazardness)의 경향을 띠고 있다고 주장한다. 이 용어를 언급했던 칸트에 따르면, 우리가 지상의 삶을 최고의 조건으로, 즉 우리의 운명으로 계획된 최고선을 향해 진보하고 발전할 수 있는 조건으로 받아들인다 해도, 인간은 자신의 조건에 만족할 수 없다. 그 이유는 미래의 나은 조건과 비교해볼 때, 현재의 조건은 항상 나쁜 것이기 때문이다. 또한 무한한 진보란 만족감을 허용하지 않기도 한다. 이러한 삶에 대한 우울한 경향성의 가장 큰 의미는 "지상에서의 삶이 불멸적이지 않다는 데 있는 것이 아니라, 지상의 삶이 고난에 차 있다는 데 있다. 그리고 그 고통과 불쾌감이 항상 쾌감과 희열을 능가한다는 데 있다."(LKPP 24) 따라서 생(life)의 길이가 길어진다 해도, 그만큼 불행도 증가하므로 우리가 얻는 이익은 별로 없다. 그래서 인생이 짧다는 것은 문제가 되지 않는다. 그러므로 칸트에게 중요한 것은 '인간이 얼마나 오래 살았느냐가 아니라 삶 그 자체가 어떤 가치를 갖고 있느냐' 하는 것이다. 이처럼 삶의 가치는 비사교적(a-societal) 양식으로 판단된다는 점에서 독특하다.

이렇게 인생의 목표가 지상적인 삶에서 얻을 수 없는 행복, 지상적 삶을 넘어선 행복을 누릴 자격을 얻는 것이라고 하면, 정치와 철학의 관계는 어려움에 처하게 된다. 인간사 영역의 문제가 이렇게 하찮게 여겨지고, 인간사 영역을 벗어난 문제야말로 진정 추구할 만한 가치가 있는 것으로 간주되면, 철학자들이 정치에 대해 경멸의 태도를 취하게 되는 것은 당연한 일이다. 많은 교설에서 플라톤을 따르지 않았던 아리스토텔레스조차 정치적 삶(bios politikos)은 관조적 삶(bios contemplativa)을 위해 존재한다고 주장하였다.

그런데 관조적 삶(vita contemplativa)이 이론적 활동이 되어 세계, 인간적 삶과 무관하게 되고 활동적 삶(vita activa)보다 우선적인 위치를 차지하게 되면, 철학적 삶만이 독립적이고 자기 충족적인(self-sufficient) 삶을 가능하게 해주는 것이 된다. 그런데 아리스토텔레스가 오직 활동적 삶(vita activa)만 행복을 보장한다고 주장했을지라도, "'행위'가 이처럼 독립적이고 자기 완결적인 '생각함이나 반성과정'으로 이루어져 있다면, 그런 일들이 타인과 관계 맺고 있는 삶 속에서 이루어져야 할 …… 필요는 없다."(LKPP 21) 그런데 칸트는 일반적 삶에 대한 평가에 있어서는 다른 철학자들의 견해를 따랐을지라도, 관조적 삶을 정치적 삶(bios politikos)보다 더 중시하는 아리스토텔레스의 견해에는 명백히 도전적 태도를 취했다. 이러한 삶은 인간관계의 단절을 의미하고, 이런 가운데서는 세계에 대한 관심이 사라지며, 세계적인 가치가 상실되기 때문이다. 아렌트는 이러한 문제의식에서 출발한다.

그러면 칸트는 이것을 어떻게 극복했을까? 칸트는 인생을 "속태우면서 일생을 보내야 하는 집행유예기간"이라고 부르면서, "오직 쾌(lust)와 불쾌(unlust)만이 인생 자체이며 절대적인 것이다"고 말했다. 아렌트는 이 사실을 주목한다. 왜냐하면 쾌와 불쾌를 결정하는 것은 지상의 고통스런 짐에 대해 평가하는 판단(활동)이기 때문이다. 이것은 판단의 성격을 잘 보여준다. 아렌트는 판단하는 사람의 심성을 칸트의 말을 인용하여 다음과 같이 표현한다.

"우울한 정신 구조를 가진 사람은 다른 사람의 판단, 즉 그들이 무엇을 옳거나 참이라고 생각하는지에 대해 거의 신경을 쓰지 않는다. …… 진실성은 숭고한 것이며, 그는 거짓이나 위선을 혐오한다. 그는 인간 본성의 품위에 대한 고귀한 감정을 갖고 있다. 그는 자신을 가치 있게 생각하고 인간을 존경받을 만한 피조물로 여긴다. 그는 어떠한 저급한 굴종도 하지 않으며, 고결한 가슴으로 자유를 숨쉰다. 법정에서 사용되는 금도금된 사슬에서부터 노예선의 무거운 쇠사슬에 이르기까지 모든 사슬은 그에게는 혐오스러운 것이다. 그는 자신과 남에 대한 엄격한 재판관이며, 세상에 대해서 염려하는 만큼 자신에 대해서는 염려하지 않는다. …… 그는 환상가나 아니면 괴짜가 될 위험에 놓여있다."243)

아렌트가 판단행위를 인간 본성의 품위를 유지시켜 주는 고귀한 활동으로 간주했음에도 불구하고, 판단하는 사람은 현실과 비타협적이고 자신과 세계에 대한 엄격한 재판관이며, 자신보다는 세계를 돌보고 거기에 관심을 가지며 환상가나 괴짜가 될 우려가 있기 때문에 우울한 경향성을 띠게 된다. 판단의 지겹고 우울한 경향성은 또 있다. 우리가 인생의 가치를 즐기는 것으로 평가

---

243) Kant, *Observations on the Feeling of the Beautiful and Sublime*, trans. Goldthwait, p.66-67. 여기서는 LKPP, p.25에서 재인용.

한다면, 그것은 쉽게 결정될 것이다. 그리고 그러한 삶은 기본 수준 이하의 삶이 될 것이다. 그러므로 새롭게 조건을 선택해서 다시 살게 해준다 해도, 아무도 다시 살려 하지 않을 것이다. 왜냐하면 관찰자의 역할은 사건의 의미를 분별해내는 일인데, 그렇지 않다면 관찰자는 끝없는 행위자의 익살극에 싫증을 느끼기 때문이다. 관찰자만이 싫증을 낼 수 있다.

이러한 우울의 견지에서 아렌트는 이 곤경을 극복하는 칸트의 주제들로 전환한다. 아렌트에 따르면, 칸트는 이 우울한 경향성을 독특한 두 개념, 즉 진보개념과 개인의 도덕적 품위에 대한 관념으로 극복했다.

첫째, 칸트는 계몽주의의 핵심적 이념인 '진보'(progress)개념을 수용한다. 그러나 이 해결책은 결점이 있다. 칸트에게 진보는 인간 종(種)의 진보이며, 따라서 한 개인이 달성할 수 있는 것이 아니다. 여기서 개인의 가치나 의미는 무시되며, 그 개인에게 의미를 부여해주는 '보편자'(universal)만이 중시된다. 이것은 그 자체로는 무의미한 개별자(particular)로부터 보편자(universal)로의 도피를 나타내는바, 칸트는 진보개념을 택함으로써 관찰자가 인간의 덧없고 끝없는 행위로부터 그 의미를 추출해낼 수 있다고 본 것이다. 그러나 이것은 개별자로서의 관찰자, 그리고 그의 활동의 중요성을 강조함으로써 개별자의 존엄성을 인정하고 개별자에게 위엄을 부여하려 한 칸트 자신의 생각과 모순되는 것이다.

둘째, 칸트는 개인으로서 인간의 도덕적 품위에 대한 생각을 통해 판단의 우울감을 극복한다. 이 생각을 담고 있는 것이 "인간은 도대체 왜 존재하는가"라는 질문으로서, 이 질문은 "인간이 다른 동물류와 동일 수준에 있다고 가정할 때만", 즉 도덕적 존재로서의 인간이 아니라 "종(種)으로서의 인간, 즉 정치적 인간을 가정할 때만 제기될 수 있다."(LKPP 26) 도덕적 존재로서의 인간에 대해서는 '왜 인간이 존재하는지' 물을 수가 없다. 왜냐하면 인간 그 자신이 목적이기 때문이다. 이 지점에서 아렌트는 인간사에 대한 탐구를 가능하게 하는 다음의 칸트의 세 개념들, 관점들을 검토함으로써 정치철학을 구성하려는 자신의 목적을 관철시키려는 전략을 세운다.

그것들 중 첫째는 『판단력 비판』 2부의 내용을 구성하는 인류(human species)에 대한 관점이다. '인류'는 자연의 일부이며, 자연의 책략인 "역사"에 종속되므로, "목적"관념 아래서 고찰될 수 있다는 것이다. 그리고 여기서는 목적론적 판단이 등장한다.

둘째는, 도덕적 존재이며, 그 자체로서 목적인 인간(man)이다. '인간'(man)은 이성적 존재로서의 인간을 의미한다. 그는 자신에게 부여된 실천이성의 법칙의 지배를 받으며, 자율적이고 그 자체로 목적이 된다. 그러나 그는 정신의 왕국에 귀속된다. 이것은 『실천이성비판』과 『순수이성비판』의 내용이다. 그런데 이러한 도덕적 존재는 복수성을 부정하고 그의 판단은 그 자신에만 기반을 두고 있기 때문에 아렌트에 의해 거부된다.

셋째는 복수로서의 인간(men)이다. '복수적인 인간'(men)은 지상적 존재를 의미하고, 따라서 공동체를 구성해 그 안에서 살고 있는 인간을 의미한다. 그는 공통감(sensus communis)과 공동체 감각(community sense) 그리고 상식(common sense)을 갖고 있으며, 일반적인 의미로 자율적이지 않다. 그는 심지어 정신 활동을 하려고 해도 다른 사람을 동반해야 한다. 이것은 칸트에게 있어서 "펜의 자유"이다. 이러한 내용을 다루는 것이 『판단력 비판』 제1부의 미적 판단이다. 복수성은 아렌트의 탐구에서 핵심을 구성한다. 이 복수성은 인간의 삶에서 매우 중요한 의미를 갖는다. 이 복수성을 인정할 때, 인간사 영역에서 발생하는 인생 자체에 대한 우리의 태도가 달라지며, 그에 따라 우리의 삶의 질 또한 달라지게 된다. 『판단력 비판』에 따르면, 복수성을 인정할 때, 인간의 목적인 사교성은 의미를 가지며, 인간의 존재 의미는 규정된다. 칸트는 인생 자체에 대한 태도를 철학자들과 공유하지 않고 이성 기능 자체에 대한 비판을 통해 이성의 한계를 밝히고, 모든 인식은 감각과 오성의 상호 작용의 협동에 의해 일어나는 것으로 보았으며, 플라톤처럼 육체와 감각을 오류와 악의 근원이라고 보아 그들을 경멸하지는 않았다. 아렌트에 따르면, 이러한 칸트의 인식론적 견해는 두 가지 결론을 산출한다.

첫째, 칸트는 철학자는 경험을 명료화하므로, 그는 현상세계를 떠날 수 없으며, "여러분이나 나와 같은 인간으로 남아있으면서 자신의 동료 인간들 속에 살고 있을 뿐 동료 철학자들 속에 살지 않는다."고 주장한다. 이것은 "살아있다는 것은 인간들 사이에 존재한다는 것과 동일하다"는 그리스인들의 신념을 공유하는 것이다. 그런 데 반해서 플라톤과 같은 다른 철학자들의 거주지는 번잡스럽고, 다양한 삶의 유형이 발생하는 현상의 세계에 있지 않고, 현상세계를 벗어난 곳, 적막의 세계에 있다.

둘째, 칸트는 쾌와 불쾌를 중심으로 인생을 평가하는 과제가 인생을 전체적으로 반성해본 모든 양식 있는 일반인들의 일이라고 주장한다. 인간사 영역에서 발생하는 사태들이나 인간의 행위는 진리에 의해 발생하는 것이 아니다. 그리고 그것에 대한 평가 역시 그것이 유쾌한 것인지 불쾌한 것인지, 그것이 의미 있는 것인지, 아닌지는 현상세계 내에 자신의 거주지를 갖고 있는 다수 인간, 즉 시민의 일이지 철학자의 일이 아니다. 이것은 인간의 삶에서 발생하는 사건, 행위 전체를 바라본 후 그것을 평가하는, 생각하는 능력을 가진 다수 시민의 의미 탐구(quest for meaning)라 할 수 있다.

그런데 아렌트에게 이 두 결론은 모양만 바뀌었을 뿐, 동일한 것이다. 칸트의 주장으로부터 아렌트가 말하려는 것은 철학도 인간 본성의 본질적 목적에 관해, 자연이 오성에 부여한 안내능력을 인도할 수 있는 것보다 앞설 수 없다는 것이다.(LKPP 28) 아렌트는 이성의 사고작용을 '소수의 전문 철학자'의 능력으로 국한시키는 것이 아니라 일반적인 인간적 능력, 즉 '다수 인간'의 능력으로 확장시키고, 그런 차원에서 우리의 일상적 삶에서 이성의 필요성을 역설하는 칸트의 입장을 수용하는 것이다. 그런데 소수와 다수의 구분은 도덕적 존재에 해당하는 것이지(LKPP 29), 판단하는 능력을 가진 인간에게 해당하는 것이 아니다. 그러나 판단능력은 의미 탐구와 관련된 생각함의 활동을 할 수 있는 사람이면 누구나 할 수 있는 기능이다. 그러므로 판단은 소수와 다수를 대립시키지 않으며, 따라서 현상세계 내에서 인간의 활동적 삶에 의해 일어나는 것이다. 여기서 아렌트가 철학과 정치, 즉 철학자의 진리와 다수 시민의 판단을 대립시키는 의도는 의견의 지위와 품위를 복원시키기 위함이다.

이처럼 아렌트는 인생살이에 있어서 쾌, 불쾌와 연관된 일을 다수의 활동으로 보고, 이것은 다른 사람과의 관계, 다시 말해서 인간의 복수성과 관련된 것으로 간주한다. 그러므로 아렌트에게 우리의 일상적 삶과 판단은 불가분의 관계를 갖고 있으며, 현상세계에서 허용되는 복수성을 전제로 할 때, 세계가 존재하고, 판단은 의미를 구성한다. 그런 점에서 아렌트는 삶의 의미 추구가 인간 관계망(the web of relationship) 속에서 인간의 관조적 삶에 의해 구성되는 것임을 말하고 있는 것이다.

아렌트는 칸트에 있어서 "세계"의 의미를 언급하면서, 세계의 필요성을 탈관심적 관조 활동과 관련지어 설명함으로써 칸트의 판단개념으로부터 정치적 함축을 도출해낸다. 즉 칸트에게 '인생 자체에 놓여있는 것 같은 짐(burden)'은 쾌의 묘한 본질을 암시하는 것으로, 그것은 다음과 같다. 모든 쾌는 불쾌를 제거하는 특징이 있다. 그래서 순수한 쾌가 존재하는 것 같다. 그러나 순수한 쾌만을 가진 인간은 불쾌를 느낄 수 없기 때문에 쾌를 느낄 수 없게 된다. 그래서 그는 결국 모든 쾌를 상실하게 된다.(LKPP 29) 따라서 우리가 쾌를 느끼려면 불쾌, 결핍이 존재해야 한다. 그리고 결핍이 클수록, 불쾌가 클수록, 쾌의 강도는 증가한다.(LKPP 29) 쾌는 불쾌를 전제로 존재하는 것이다. 따라서 오로지 순수한 쾌란 존재하지 않게 된다.

그러나 아렌트는 칸트에 있어서 미적 쾌의 경우를 들어 그것의 예외가 있음을 주장한다. 그 예외가 바로 '탈관심적 희열'(disinterested delight)이다. 이 탈관심적 희열은 아름다운 것에서 유래한다. 이 희열은 칸트의 쓰이지 않은 정치철학에서 중요한 개념이다. 왜냐하면 "전체는 최상이며 모든 것은 전체를 위해 선한 것"이기 때문이다.(LKPP 30) "취미는 그 현상성과 그 세계성 안에서 세계를 판단한다. 그러나 공적 관심인 세계에 관한 그 관심, 현상의 미에 관한 그 관심은 순전히 '탈관심적이며', 게다가 개인의 삶의 관심들도, 자아의 도덕적 관심들도 연루되지 않는 것을 의미한다."[244] "취미 판단을 위해서 일차적인 것은 세계이지 인간이 아니다. 또한 그의 자아도 아니다."(BPF 222)

그리고 "인간이 자연의 순전한 아름다움에 의해서 영향을 받는다는 사실은 그가 이 세상을 위해 만들어졌으며, 또한 그에 적합한 존재라는 것을 증명한다"는 칸트의 말은 세상 전체의 아름다움이나 조화를 산출해내는 데 모든 개별자들(인간을 포함해서)이 필요하며, 그것들은 나름대로 존재가치를 가지고 있고, 그러므로 각자 존엄하다는 것을 인정하는 것이다. 따라서 인생 자체에 놓여 있는 짐은 희열, 정확히 말해서, 탈관심적 희열을 통해 의미를 획득하고 존엄성을 인정받는 것이다.

정리하자면, 인생에는 항상 불쾌가 동반되고, 또 그래야만 쾌를 강렬하게 느낄 수가 있다. 그래서 인생은 그 자체가 고통이요

---

244) Brimingham(1999), p.35.

짐인 것이다. 그런데 미적인 쾌만은 예외적인 것으로 그것은 불쾌 없이도 순수한 쾌가 가능하다. 그것은 모든 이해관계를 넘어선 탈관심적 상태에서 느끼는 희열이다. 그 탈관심적 희열은 전체의 조화를 중요하게 여기기 때문에 전체를 보는 위치에 설 때 얻을 수 있는 것이다. 전체의 조화를 위해서 모든 것, 즉 선은 물론이고 악도 필요한 것이다. 그리고 인간은 아름다움의 영향을 받는데, 이는 인간이 전체의 조화를 산출해내는 데 적합하다는 것이고, 거기에는 개별 인간이 필요하다는 것이다. 따라서 모든 인간은 나름대로 존재가치를 가지므로 존엄하며, 선하게 된다. 그리고 이런 생각은 탈관심적 희열로부터 나오는 것이다. 정치판단은 이것을 수행한다. 아렌트는 이러한 작업을 위해서 칸트의 역사철학저서들로 알려진 것들로부터 공공성, 사교성, 자유 등과 같은 정치적 원리들을 도출해낸다.

나. 행위의 원리와 판단의 원리

앞에서 필자는 칸트의 '확장된 심성'(enlarged mentality)을 통해 도달된 일반적인 관점은 행위의 지침을 직접적으로 제시하지 않지만 다른 사람의 관점을 어떻게 고려할지를 알려준다는 아렌트의 해석을 제시했었다. 이것은 확장된 심성이 행위의 지침이 아니라 판단의 지침이라는 것을 주장하는 것이다. 그런데 아렌트가 이러한 칸트의 판단이론을 채택한다는 것은 정치 영역에서 활동의 초점이 어디에 있어야 하는지를 보여준다. 행위하는 사람은 사건에 직접 참가하고 있기 때문에 다른 사람, 즉 세계보다는 자신에 초점을 두고 행위하기 쉽지만, 사건을 멀리서 관찰하는 사람은 편협한 사고를 벗어나 넓은 관점에서 사태를 보기 때문에 다른 사람을 염려하고 배려할 수 있게 된다. 그러므로 인간사에 있어서 행위의 원리와 판단의 원리는 충돌할 수밖에 없다. 아렌트는 행위와 관련된 준칙을 다음과 같은 칸트의 문장으로부터 보여준다.

"우리 내부에 있는 도덕 실천적 이성은 전쟁이 없도록 하라는 참을 수 없는 거부를 선언한다. …… 따라서 영원한 평화가 진정으로 가능한가, 또는 그것이 존재한다고 가정한다면, 우리가 이론적 판단의 과정에서 어떤 실수를 범하고 있는 것은 아닌가 하는 것은 더 이상 문제가 되지 않는다. 반대로 우리는 …… 이러한 평화주의적 의도가 영원히 하나의 경건한 희망으로 남는다고 해도 …… 우리는 그것이 실제로 이루어질 것처럼 행동해야 한다. 왜냐하면 그것이 우리의 의무이기 때문이다."(LKPP 54)[245]

행위자는 실천이성의 명령에 따라 도덕적으로 나쁜 것을 행하기를 거부하고, 좋은 것을 추구하므로 행위 결과가 좋으리라고 생각할 수 있다. 그렇게 되면 이론적 판단 활동은 덜 필요해질 것이다. 그런데 칸트의 말대로, 행위의 결과가 꼭 만족스러운 것은 아니다. 이때 관찰자가 더 필요하다. 행위의 결과가 불만족스

---

245) Kant, *The Metaphysics of Morals*, §.62. conclusion), LKPP, p.54에서 재인용.

럽더라도, 그것은 폐기되어서는 안 된다. 왜냐하면 그것이 새로운 의미를 가져올 수 있기 때문이다. 이것은 관찰자의 판단 때문에 가능한 일이다. 그의 탈관심적인 공감적 참여 때문에 사건의 의미가 존재하게 된다. 여기서 행위의 원리와 관찰자의 원리는 다르다는 것을 알 수 있다. 행위의 관점에서는 배척되는 것이 판단의 관점에서는 칭송된다. 칸트는 전쟁에 대한 자신의 견해를 통해 관찰자의 입장을 다음과 같이 명료하게 드러낸다.

"야만인조차 최고의 경탄을 보내는 대상은 무엇인가? 아무것에도 움츠려들지 않고, 아무것도 두려워하지 않으며, 따라서 위험에 굴복하지 않는 사람이다. …… 가장 문화가 발달한 곳에서 군인에 대한 이러한 특별한 존경심은 남아있다. …… 이것은 바로 위험을 뚫고 나가는 그의 불굴의 정신이 그러한 것에서 인지되기 때문이다. 따라서 정치가와 장군을 비교하여, 어느 편이 월등한 존경을 받아 마땅한가를 아무리 논의한다 할지라도, 미적 판단은 후자를 찬성하는 선택을 한다. 전쟁조차도, …… 숭고한 어떤 것을 가지며 동시에 그와 같이 전쟁을 수행하는 사람들이 보다 많은 위험에 처했었고 그 위험하에서 용감하게 견뎌낼 수 있었다면, 그럴수록 전쟁은 그 사람들의 기질을 한층 더 숭고하게 한다. 그에 반해 오랜 평화는 상인 기질만을 왕성하게 하고, 그와 아울러 저급한 이기심과 비겁한 유약함을 만연하게 하여 사람들의 기질을 저급하게 만든다."[246)

이것은 미학적이고 반성적 성격을 가진 관찰자의 관점에서 한 말이다. 관찰자는 판단할 때 탈관심적인 관점에서 판단을 내린다.

---

246) Kant(1951), §28.

그래서 관찰자는 공정한 판단을 내릴 수 있다. 이런 이유로 칸트에게 관찰자 없는 삶은 무의미하다. 관찰자는 전쟁의 숭고한 측면, 즉 용기를 본다. 관찰자의 관점에서 행위할 때, 우리는 범죄자가 된다.(LKPP 54) 행위자의 관점에서 보면, 전쟁은 경멸된다. 행위의 준칙을 산출하는 이성은 전쟁에서의 "숭고한 행위"에 참여하는 것을 금한다. 반면에 미학적 관점에서 보면, 전쟁은 숭고한 것이다. 그렇지만 관찰자로서의 통찰을 망각하고 행위자의 준칙에 따라서만 행동한다면, 선한 사람들이 공적인 일에 직면하여 전체의 조화를 보지 못하고 양심이나 의무에 따라 행동함으로써 "이상주의적 바보"가 될 뿐이다. 칸트는 판단하는 관찰자와 행위하는 행위자 사이의 이러한 틈을 '정치와 도덕의 충돌'로 드러낸다. 이와 같이 행위의 준칙과 판단의 준칙은 서로 상충하기 때문에, 판단의 준칙이 행위준칙에 대해 아무런 의미가 없을지라도, "행위준칙들이 반성판단을 파기하지는 못한다."(LKPP 54) 이것의 사례로 아렌트는 칸트를 들고 있는데, 칸트는 평화를 위해서 행동하기는 했지만, 그는 관찰자로서 자신의 판단력을 잃지 않았던 것이다.

칸트는 '긍정적이고 선험적인 원리'를 제안하고, 그것에 의해서 정치와 도덕 간의 충돌을 해결하는바, 그 해결방식은 다음과 같다. 즉 "자신의 목적을 그르치지 않기 위해 공공성을 필요로 하는 모든 준칙은 정치와 권리에 일치한다." 아렌트는 공공성이 칸트의 도덕철학에서 이미 정당성의 기준이 되어 있다고 말한다. 칸트에게 도덕성은 사적인 것과 공적인 것이 일치한다는 것과 같은 것을 뜻한다. 그래서 칸트는 어떤 준칙이 사적이려고 한다면, 즉 감추려고 한다면, 그것은 그것이 악하기 때문이라고 본다. 말하자면 악은 공적 영역에서 숨어버린다는 것이다. 이렇게 보면 칸트에게 도덕성이란 것은 보이는 것, 즉 공적인 것을 의미하게 된다.

칸트는 정치(판단)와 도덕(행위)의 충돌의 우선적 원리를 공공성에서 찾는다. 여기서 행위자는 실천이성의 정언명령에 따라 행위한다. 혁명이 성공할 경우 환호할 일이지만, 그것이 공개될 경우 성공할 수 없기 때문에 비밀리에 수행된다. 비밀리에 수행하는 것은 도덕적으로 나쁜 것이므로 거기에 가담해서는 안 된다. 그러므로 도덕적으로 말해서, 칸트는 우리가 반항할 권리를 갖지 않는다고 주장한다. 그런데 이러한 견해는 칸트가 신민의 편에서 기존의 권력에 대한 대항이 계략에 의해서만 비밀리에 이루어지기 때문에 기존 권력은 쿠데타(국가전복)로만 대체될 수 있다고 믿은 결과 쿠데타와 혁명을 혼동한 데서 형성된 것이라고 아렌트는 비판한다.

그러나 관찰자로서 칸트는 그가 프랑스 혁명과 같은 중요한 사건을 증명하는 "여루되지 않은 공적인 것의 고양"(exaltation of uninvolvled public)이라고 부른 것에 있어서는 반항한다.[247] 다시 말하면 반항은 도덕적 관점에서는 불가능하지만 정치적 관점(즉 관찰자의 관점)에서는 가능한 것이 된다. 인간은 어떤 일을 하는 한에서 법칙을 수립한다. 이런 정치적 활동은 정치적 자

---

247) J. F. Burke(1995), *Thinking, Willing, and Judging: A Critical, Reading of Hannah Arendt's "The Life of the Mind"*, Ph.D. Thesis (University of Notre Dame), p.250.

유가 보장될 때 가능하다. 그것의 전제조건은 펜의 자유, 즉 의견을 위한 공적 공간의 실재이다.(LKPP 50) 그러므로 칸트에게 반역이 허용되는 유일한 경우는 의견의 자유, 즉 정치적 자유가 폐지되는 순간일 뿐이다. 이때 관찰자의 관점이 지배적이게 되는데, 마키아벨리는 "반역을 하지 않으면 악행자는 마음대로 악을 행할 것이다"라고 주장한다. 마키아벨리에서도 정치와 도덕은 상충한다. 즉 악에 저항함으로써 악에 가담하는 것이 되지만, 그럼에도 불구하고 자아에 대한 배려보다 세계에 대한 배려가 우선시되기 때문에 반역이 필요한 것이다. 즉 반역은 관찰자의 입장에서 정당화된다.

칸트는 또다시 도덕과 정치의 갈등, 즉 행위자와 판단자의 갈등에서 벗어나기 위한 두 개의 가정, 즉 악의 본성에 대한 가정과 진보에 대한 가정을 제시한다. 첫째, 칸트는 악은 본성상 자기 파괴적이므로, 시간이 지나면 그것은 파괴될 수밖에 없고 선이 우세하게 될 것이라고 주장한다. 둘째, 칸트는 진보가 전제되지 않으면 어떤 것도 의미를 갖지 않으며, 어떤 것도 불가능하다고 주장한다. 칸트는 『실천이성비판』에서 "생래적 의무에 대해 호소하는 것과 동일한 논증에 호소"하여, **"인간의 의무는 후손에게 진보가 가능하도록 하는 방식으로 영향을 주는 것이어야 한다고 주장한다."**(LKPP 51) 보다 더 나은 때에 대한 희망 때문에 "올바로 생각하는 사람들"은 "일반적인 선을 위하여 어떤 일을 하도록" 고무되는 것이다.(LKPP 51) 따라서 진보가 전제되지 않을 때 사람들은 공통의 선에 종사하도록 촉진되지 않을 것이다.

그리고 진보가 없다면 인간사의 광경은 퇴행하거나 영원한 동일함으로 인하여 인간들을 지겹게 할 것이다. 즉 그러므로 진보는 행위를 촉진시키는 원리이자 판단의 원리가 된다. 이와 같이 진보는 행위와 판단을 결합한다.

　여기서 아렌트는 다시금 관찰자의 입장을 결정적인 것으로 간주한다. 진보를 전제할 때만이 인간사는 생동적인 것이 될 것이다. 그런데 이 관찰자는 어떠한 행위의 준칙을 제공하지는 못한다. 그리하여 이제 칸트에게 관찰자 관점, 즉 미학적 관점보다 진보관점이 더 중요한 관점이 된다.

다. 그리스적 관찰자와 칸트적 관찰자

　앞 절의 논의로부터 관찰자의 판단에는 중요한 두 원리가 작동하고 있음을 알 수 있는바, 그것은 미학적 관점(반성적 관점)과 진보의 관점이다. 아렌트는 이 두 관점에 의거하여 이론가(theretician)로서 그리스의 관찰자와 심판관(judge)으로서 칸트의 관찰자를 구분한다. 이 중에서 전자는 철학의 시초부터 존재했던 오래된, 지혜를 추구하는 자이다. 이것은 고대 그리스의 피타고라스적 관찰자 개념에서 두드러지게 드러나는 것으로서, 행위를 중지한 관조적 삶의 방식에서 확보되는 관점이었다. 여기서는 관찰자만이 게임 밖에서 행위에 관여하지 않고 전체를 보기 때문에 자율적이다. 이처럼 광경 밖으로 물러남으로써 확보되는 자율적인 삶의 방식은 광경을 관찰하고 그것에 의미를 부여함으로써 관찰자로 하여금 관조적 삶의 탁월성에 도달하게 해준다. 관찰자는 어떤 사건을 목격하고 그 사건에 숨어있는 의미를 발견해낸다. 아렌트가 지정하고 있다시피, 이러한 관찰자의 실존적 조건은 탈관심성(disinterestedness), 비관여(noninvolvement), 비참여(nonparticipation)이다. 관찰자가 사건에 직접 가담하면 그는 부분적인 역할을 수행하느라 전체를 볼 수 없게 된다. 사건에서 떨어져 탈관심적 관심으로 사건의 전모를 볼 때, 초연한 판단이 가능하다. 그렇다면 관찰자와 행위자는 어떻게 다른 것일까?

> "인생은 축제와 같다. …… 어떤 이는 축제에 참여하기 위해서 오고 어떤 이는 장사를 하러 오지만, 최상의 사람들은 관객으로서 오는 것처럼, 인생에서 노예적인 사람은 명성과 소득을 추구하지만, 철학자는 진리를 추구한다."(LKPP 55)

아렌트가 이처럼 관찰자와 행위자를 구분함으로써 주장하려고 하는 것은 관찰자만이 전체를 보고 광경에 전달된 의미를 발견하므로 중요하며, 행위자는 부분적인 역할만 수행하므로 탁월한 삶을 살지 못한다는 것이다. 명성을 위한 경쟁보다 더 위엄이 있는 진리는 관찰자들에게만 드러난다. 여기서 그리스의 관조적 삶의 양식에서 관찰자는 사건에서 한 발짝 물러나 광경에 매혹되어 단순한 구경꾼으로서 사물들에 접근하여 전체를 관조할 수 있다. 그는 명성을 얻으려 하지 않기 때문에 이해관계로부터 자유로우며, 탈관심적인 거리확보가 가능해진다. 이러한 거리확보는 관찰자로 하여금 관찰자의 삶의 방식, 즉 관조적 삶의 방식의 탁월성에 도달하게 해준다.(LKPP 55) 이러한 탁월성은 특정한 사건으로부터 거리를 확보한 관찰자의 자율성 때문에 가능한 것이다. 그래서 그는 가장 자유롭고 고상한 것이다. 그는 봄(seeing)을 목적으로 본다. 그는 사건이 어떻게 행해졌는지 어떤 것이 행해졌는지를 자세히 보고 자신의 관점을 형성한다.

반면에 행위자는 경쟁에 직접 참여하기 때문에, 사건의 한 부분만 연출한다. 그래서 그는 경쟁에서 좋은 행위를 함으로써 명성을 얻는 것에 관심이 있다. 그리고 명성의 획득은 타인의 의견으로부터 얻어진다. "따라서 행위자에게 결정적인 문제는 그가 남에게 어떻게 보이는가(dokei hios allois) 하는 것이다. 행위자는 관찰자의 의견에 의존한다."(LKPP 55) 이와 같이 행위자는 타인의 관점 형성에 의존한다는 점에서, 자율성을 상실한다. 그는 자신의 자유로운 생각에 따르기보다 타인의 기대와 요구에 부응해서 행동한다는 점에서 비자율적이다.

피타고라스적 개념의 관찰자는 그리스 식으로 표현하면, 즉 철학적 언어로 표현하면, 그는 감각적인 세계를 벗어나 영원한 사물의 참된 모습을 추구하는, 억견을 벗어나 철학적 진리를 추구하는 이론가라 할 수 있다. 여기서 진리란 더 이상 축제에서의 게임이 아니라 영원한 사물들의 진리이다.(LKPP, 55) 그러나 아렌트는 철학적 진리를 추구하는 이 관찰자에 반대한다. 아렌트에 따르면, 인생의 축제에서든 영원한 사물의 광경을 추구하든 간에, 그리스적 의미의 관조적 관찰자는 개별 사건을 더 큰 과정과 무관하게 그 자체의 방식대로 조화를 보고 판단하고 그 진리를 발견한다. 그는 사건들을 전체와의 맥락 속에서 보지 않고 개별 사건 그 자체, 특정 행동 그 자체에 관심 갖는다. 그리고 이때 사건이나 행동의 의미는 원인이나 결과와 무관하게 이야기가 종결되면 드러난다. 아렌트는 이런 모습은 그리스 역사가인 호메로스, 헤로도투스, 투키디데스의 경우에 나타나는 것으로, 그들은 패배한 적에 대해서도 일정량의 기록을 할당하였다고 주장한다. 그런데 이러한 판단은 미학적이고 반성적 관점에서 나온 것이다.

이러한 피타고라스적 개념의 관찰자와 달리, 칸트적 의미의 관찰자는 진보에 의해 촉진된 희망의 원리를 따른다. 칸트에게 진보는 피타고라스의 spectatoship 개념처럼 필수적인 개념이다. 이론가로 규정되는 그리스적 관찰자와 달리, 아렌트는 칸트의 관찰자를 '심판관'이라고 규정한다. 칸트에게 관찰자는 "이론적인" 것으로, 관찰자의 관점으로 물러서야 하지만 이러한 입장은 심판관의 입장이다.(LKPP 55) 칸트의 심판관은 사건의 외부에서 광경 그 자체에 몰두하여 개인적인 조건이나 우연적이고 사실적인 조건들을 결정하는 관점을 모두 털어버리고 판단한다. 그럼으로써 그는 재판관이 판결할 때 요구되는 일반적인 관점(general standpoint), 즉 공정성(impartiality)에 도달한다.(LKPP 56) 칸트는 미학적이거나 반성적 관점에 진보의 관점을 첨가한다. 그는 진보(progress)라는 기준, 즉 한 사건이 미래 세대에 어떤 희망을 줄 수 있느냐에 따라 사건을 판단한다. 판단의 기준인 진보에 대한 칸트의 이러한 선호는 그로 하여금 피타고라스적 관점을 포기하게 하였다.[248] 그 결과로 관찰자는 사건의 배후에 놓여있고, 행위자들에게는 알려지지 않은 자연의 목적을 드러낸다. 진보는 자연의 계획에 의한 것이기 때문이다.

프랑스 혁명의 경우, 사건에 대한 관찰자들의 공감적 평가는 사건이 촉진되는 그들의 희망의 발견과 일치한다.[249] 비록 칸트가 프랑스 혁명의 의미를 비참여적인 갈채를 보내는 관중의 판단에 의해 부여되는 것으로 보았을지라도, 관찰자들 사이의 열정적인 상호 공감은 진보개념, 즉 인류에 대한 희망을 담고 있다. 아렌트는 칸트의 말을 다음과 같이 인용한다.

"그 일반성 덕분에 이 생각함의 모델은 인류 전체의 특성을 보여준다. 그 탈관심성 때문에 인간성의 도덕적 특성은 적어도 그 성향에서 더 좋은 것을 향한 진보에 대한 희망을 사람들에게 허용할 뿐만 아니라 그 특성이 현재에 충분한 한에서 그 자체 진보인 특성을 보여준다."(LKPP 45)[250]

이 구절은 칸트가 진보를 얼마나 중요하게 생각했는지를 보여준다. 이 진보는 칸트에게 이미 판단의 중요한 기준이 되어 있다. 칸트에게 사건을 평가하는 데 있어서 진보를 전제하지 않으면 그 어떤 것도 의미를 갖지 못한다. 관찰자의 측면에서 볼 때, 전쟁은 인류의 모든 재능을 계발시켜 진보를 가져온다. 그러므로 전쟁은 나쁜 것만은 아니다. 그런 점에서 아렌트는 민족이 복수

---

248) Burke(1985), p.252.
249) Burke(1985), p.253.
250) Kant, *On History*, ed Beck, pp.143-148. LKPP, p.45에서 재인용.

로 존재한다는 것은 진보의 추진력이 된다고 본다.(LKPP 53)
이 관찰자의 입장에서 볼 때, 전쟁은 "진보" 및 문명과 관련지어
어떤 유익함을 제공한다.(같은 쪽)

> "전쟁이 인류를 찾아올 때 가져오는 끔찍한 고통에도 불구하고, 그
> 리고 평화 시에 전쟁을 끊임없이 준비함으로써, 그들에게 가져다주는
> 심한 고통에도 불구하고, 전쟁은 여전히 …… 문화에 기여하도록 모든
> 재능을 최고조로 발전시키는 동기가 된다."[251]

이러한 미학적 견해는 전쟁은 치유 불가능할 정도로 나쁜 것이
아니라는 것이다. 이와 같이 전쟁이 진보로 이끈다는 자신의 주장
에도 불구하고, 아렌트는 칸트가 실천이성의 토대 위에서 여전히
평화를 위해 행동하고 있다고 주장한다. 그럼에도 불구하고, 행위
를 위한 이 도덕적 토대는 그것의 미학적 차원이나 진보적 차원 둘
다에 있어서 판단에 대한 통찰력을 제거하지 않는다. 전쟁에 관한
칸트의 견해에 있어서 이 미학적 관점과 진보적 관점은 더 복합적
이다. 아렌트는 전쟁에 대한 칸트의 견해에는 두 관점이 결합되어
있다고 본다. 첫째, 전쟁에 필요한 물품을 조달하는 과정에서 기술
의 발전을 가져오게 되고 문화의 능력을 계발하게 하므로, 전쟁은
진보의 추진력이 된다. 둘째, 전쟁이 끔찍할수록 사람들은 합리적
이게 되어 결국에는 평화조약을 체결하려 하기 때문에, 전쟁은 평
화를 가져온다. 그런데 칸트에게 전쟁은 운명이 아니라 진보이며,
인간의 배후에서 이루어지는 자연의 계획이고, 자연의 책략이며,

---

251) Kant(1951), §83.

또 나중에 역사의 책략이라고 부른 것이 된다.(LKPP 54) 그러나 아렌트가 보기에 이런 진보관은 중대한 결점을 갖고 있다. 아렌트가 그리스적 관찰자와 칸트적 관찰자를 구분한 이유는 바로 이 칸트적 진보관에 내재된 문제점 때문이다.

라. 아렌트의 선택

앞에서 필자는 칸트가 그리스적 관찰자의 관점, 즉 미학적이고 반성적인 판단에 진보의 관념을 첨가함으로써 판단의 새로운 기준을 확립시켰다는 것을 설명했다. 요약하면 그리스적 관찰자는 더 큰 과정에 특수를 포섭시키지 않고 특수를 그 자체로서 판단하면서 전체의 의미를 드러내는 특징이 있는 반면, 칸트적 관찰자는 사적 조건에서 해방되어 일반적인 관점, 즉 공정성의 관점에서 판단하는 특징이 있음에도 불구하고, 어떤 사건이 미래에 어떤 희망을 줄 수 있느냐라는 진보의 관점에 초점을 두고 판단한다는 새로운 특징을 보인다. 이제 관찰자의 초점이 되는 특수를 주목하는 대신, 관찰자의 임무는 자연의 일부로 상정하는 역사에서 인간 종(種)들의 진보를 위해 주어진 사건에 의해 촉진된 희망에 초점을 두고 평가하는 것이다. 이것은 목적론적 판단이라 할 수 있다. 아렌트는 바로 이 진보관점의 첨가를 못마땅해 한다.

베이너의 지적대로, 아렌트는 칸트가 판단의 우울함에서 벗어나려는 절실함 때문에 칸트의 판단이론 내에 심각한 긴장이 일어났다고 주장한다. 그는 칸트적 진보개념은 개별자로서 자율적인 관찰자, 그리고 현실과정과 독립적인, 탈관심적인 그의 활동의 중요성을 강조하는 칸트 자신의 생각과 모순된다고 본다. 아렌트는 이런 칸트의 진보개념과 관찰자에 부여한 존엄성 사이의 모순관계를 칸트 철학 강연 끝부분에서 다음과 같이 지적한다.

"우리는 행위자의 편파성에 대해 말했다. 행위자는 자신이 관여하기 때문에 전체의 의미를 결코 보지 못한다. 이는 모든 역사 이야기에도 적용된다. 철학이 미네르바의 올빼미처럼 낮이 지난 후 저녁 무렵에만 그 날개를 편다고 한 헤겔의 말은 전적으로 옳다. 이와 동일한 것이 미에 대하여 또는 어떤 행위 자체에 대해서는 옳지 않다. 칸트의 의미에서 미는 그 자체로 목적이다. 왜냐하면 그것은 모든 가능한 의미가 자신 속에 담겨져 있으므로 다른 것을 참조할 필요가, 말하자면 다른 미적인 사물과 연결시킬 필요가 없기 때문이다. 칸트 자신에게는 다음과 같은 모순이 나타난다. 즉 무한한 진보는 인류의 법칙이다. 동시에 인간의 존엄성은 그로 하여금 (우리들 개개인이) 그의 특수성 속에서 보일 것을 요구하며, 그 자체로서 인류 일반에 비추어서, 어떤 비교가 아니라 시간에 독립해서, 보일 것을 요구한다. 다른 말로 하면, 진보의 이념 자체는, 만일 그것이 상황의 변화나 세계의 개선 이상을 의미한다면, 인간의 존엄성이라는 칸트의 생각과 모순된다. 더욱이 진보는 이야기가 결코 끝은 갖지 않는다는 것을 의미한다. 역사의 종말 자체는 무한 속에 있다. 우리가 가만히 서서 역사가처럼 회고하는 안목을 가지고 되돌아볼 수 있는 자리는 없다."(LKPP 77)

아렌트에 따르면, 칸트의 진보관념에 내재된 문제점은 간단한 것이 아님을 보여준다. 첫째, 칸트는 진보라는 하나의 기준을 판단의 기준으로 삼음으로써 놀랄 만한 사건들과 행위들을 하나의 양식으로 배열하였다. 다시 말하면, 미적 판단에서 정치적 판단은 더 큰 과정과 연관되지 않고 판단되는데도 불구하고, 칸트의 진보개념은 모든 시민의 행위들을 진보라는 틀 속에서 판단한다. 이것은 개별자에 대한 중시, 개별자의 존엄성을 우선시하는 정치적 반성판단의 기조에 배치된다. 아렌트는 정치적 사건이나 행위를 예외적이고 우연적인 성질을 갖는 것으로 간주하고, 표준적인 분석의 범주 틀 아래로 포섭시킬 것을 거부함으로써 그리스적 관찰자의 관점을 기각하였다. "진보의 렌즈를 통해서 인간 사태들을 관찰하는 것은 규정판단의 형식이 되는바, 그 판단에서 자유와 평화라는 목적은 그것들의 의미를 숙고함에 있어서 관찰자들이 이런 사건들을 향해 확장하는 미적 공감을 퇴색시킨다. 이런 사건들의 예증적 가능성은 비록 억압되지는 않을지라도, 판단의 토대로서 진보에 의해 너무 쉽게 대체된다."[252] 그런 점에서 카텝의 다음 말은 옳다. "아렌트는 광채와 자유로운 정치적 발생에 대한 판단에 도덕적 희망이 영향을 미치는 것을 허용하지 않는다. 인간의 위엄, 인간의 위상은 도덕적 진보, 즉 우리와 마찬가지로 아렌트가 믿지 않는 광대한 이성을 갖고 있다는 그 무엇에 얽매일 수 없다. 아렌트는 드문 발생들을 완전히 우연한 것, 즉 기적들로 본다. 그리고 만일 드문 발생들이 그들 자신을 초월할 가치를 갖고 있다면, 그들의 가치는 영감에 의해 가르쳐지거나 설득되는 사례들의 가치이다. 그들은 필연적으로 더 좋은 미

---

252) Burke(1995), p.265.

래의 신호들이 아닌 것이다."[253]

같은 맥락에서, 진보는 한 개인이 달성할 수 있는 것이 아니라 인류 전체의 진보를 의미한다. 진보의 관점에서 강조점은 개별자가 아니라 보편자에 있다. 그런데 칸트는 계속해서 특수자, 사교성, 복수성 등의 중요성을 강조했었다. 그러므로 "만일 진보개념 자체가 상황의 변화나 세계개선 이상을 의미한다면, 그것은 인간의 존엄성이란 칸트의 생각과 모순된다."(LKPP 77) 이것은 우리가 인류의 진보개념을 수용하는 만큼, 따라서 개별자(개별 사건)를 보편자(역사적 보편적 구성)에 종속시키는 만큼, 그만큼 우리는 인류의 보편적 역사와의 연관성으로부터 분리하여 개별자 자체를 판단함으로써 생길 수 있는 품위를 포기하게 되는 것이다.[254] 따라서 진보개념은 정치판단에 의해 특수를 보편자에 포섭시키지 않고 특수 그 자체로 다룸으로써 특수, 즉 인간의 위엄을 되찾고자 하는 아렌트의 의도를 벗어난다. 이것이 아렌트가 진보개념을 반대하는 이유인 것이다.

칸트 쪽에서 보면, 진보라는 기준을 가지고 사건을 평가하는 사람은 행위자 즉 혁명가가 아니라 관찰자이다. 여기서 아렌트는 이야기의 주체에 대해 논한다. 그는 이것을 위해서 그는 역사개념(concept of history)으로 회귀한다. 이때 진보개념의 두 번째 문제점은 진보는 끝을 갖지 않는다는 점이다. 칸트는 과거의 위대한 행위와 사건들보다 종(種)들의 미래 진보에 더 관심이 있

---

253) Kateb(2001), pp.127-128.
254) Beiner(1982), p.225.

다. 그래서 칸트는 사건이나 이야기의 중요성은 미래의 지평을 여는 데 있다고 주장한다. 즉 어떤 사건이 의미 있으려면, 그것이 미래 세대에 희망을 전달할 수 있어야 한다는 것이다. 그래서 그에게는 진보를 촉진시키는 사건만이 위대한 사건이 된다. 프랑스 혁명이 위대한 사건이 된 것은 사건에 대한 관찰자들의 평가가 사건이 촉진시키는 희망을 발견했기 때문이었다. 칸트에게 진보는 인류 전체의 진보인바, 이 인간 종으로서 진보는 어떤 한 세대에 의해 실현되는 것이 아니라 '영원한 진보'라는 목적지에서 드러난다. 그런데 이 진보는 끝을 갖지 않는다. 즉 "진보는 항구적이다. 거기에는 종말이 없다. 따라서 역사에는 종말이 없다."(LKPP 57) 이런 까닭에 칸트에게 역사는 무한 속에 있다. 이런 상황에서 세계사에 걸맞은 주체는 인류 자신이 된다. 그리고 인류란 자연의 동물류 중 하나일 뿐이다. 그런데 인류에게 유(類)란 "무한(비결정)을 향해 나아가는 일련의 세대 전체"를 지칭한다. "연속성은 공동의 목표를 향해 나아가며, '전체적으로 그것과 결합되어 있다.' 즉 목적 달성의 주체는 개별 인간이 아니라 인류일 뿐"이라는 말이다.

그러나 1) 이것은 의미가 진보라는 원리에 얽매여 있다는 점에서 관찰자의 자율성에 반하는 것이다. 진보를 믿는 것은 역사의 종말을 가정하지 않는 것이므로, "우리가 가만히 서서 역사가처럼 회고하는 안목을 가지고 되돌아볼 수 있는 자리가 존재하지 않는다."는 것을 의미한다. 그럼에도 불구하고 칸트의 이런 견해는 지상에서 인간 종(種)들의 진보조차 무의미한 것으로 격하시켜 버린 다른 철학자들의 주장과 비교해볼 때 아렌트에게는 가치 있는 것이다.

그러므로 2) 어떤 방식으로든 "역사를 판단하는 기준이 되는 이 진보는 이야기의 의미가 종국에 가서야 드러난다(Nemo ante morten beatus esse dici potest: 어느 누구도 죽기 전까지는 축복을 받았다고 말할 수 없다)는 오랜 원리를 역전시킨다."(LKPP 57)

이와 같이 아렌트는 칸트의 진보관념에 내재된 "역사는 의미를 가지고 있다"는 관념이 관찰자의 주의를 특수한 사건으로부터 인류 전체의 진보라는 관점으로 이동시키므로, 그가 인간에게 부여한 위엄과 모순된다고 생각한다. 또한 역사는 끝이 나야 그 의미를 추출해낼 수 있지만, 진보개념은 끝을 갖지 않으며, 역사의 종언은 무한 속에 있으므로 이전의 원인이나 이후의 결과들과 무관하게 사건의 중요성은 그것이 미래에 전하는 가능성 속에 존재하게 되며, 역사가가 되돌아볼 자리란 없다. 이러한 이유로, 아렌트는 진보개념을 수용하지 않으며, 바로 이 지점에서 아렌트의 판단이론은 출발한다. 다시 말하면 "아렌트가 판단에 대한 그의 설명에서 칸트의 비판적 담론, '확장된 심성', 미적 취미, 그리고 사교성이라는 개념을 사용하는 것처럼, 그는 칸트가 역사를 통한 인간 종들의 진보에 관한 그의 목적론적 초점 속에서 특수의 봄을 상실할 때, 그의 관점으로부터 출발한다. 아렌트의 기능의 강도는 여전히 세계성에 대한 그 강조 속에 있다. 왜냐하면 그것은 생각의 사변적 의미 추구를 유발하며 의지의 자유를 위한 가능성을 열어두기 때문이다."255)

같은 맥락에서 아렌트는 헤겔을 칸트와 비교한다. 그에 따르면, 헤겔은 개별적인 이야기들을 도외시하고, 세계정신을 역사의 주체로 설정한다. 절대정신은 과정 속에서 자신을 구체화하며, 최종 단계에서 자신을 드러낸다.

-그러나 이것은 1) 역사 속의 인간을 도외시하고 절대정신이라는 보편을 강조함으로써 필연성을 도입하는 것이다. 세계를 지배하는 이 필연성은 역사 속에서 절대정신의 구체화로부터 생겨나는 법칙들로 전개된다. 세계역사는 정신에 의해 이해되고, 세계의 실재성은 정신의 현상이 된다.

-2) 헤겔의 역사구조에서 역사는 그 과정의 종말을 갖는다. 그래서 미네르바의 올빼미는 해질녘에야 날개를 펴며, 그때야 비로소 역사의 의미는 드러난다. 그런데 아렌트의 역사가의 과거 사건에 대한 되돌아봄은 헤겔의 역사의 종말을 지지하는 것 같다.

-3) 정신에 의해 파악된 세계역사는 복수의 세계의 인간 이야기들의 의미를 대체한다. 그러므로 헤겔의 판단자는 단수이다.

이와 같이 아렌트는 칸트의 진보개념에 대한 문제점을 지적함으로써 헤겔의 관점을 취하는 것 같지만, 헤겔의 역사철학은 칸트의 역사철학처럼 역시 부적절한 것임이 드러난다. 왜냐하면 헤겔은 역사의 종말을 주장했을지라도 보편적인 세계정신의 드러냄을 주장하고, 역사의 종말에 대한 예견 속에 세계정신이라는 단수의 역사와 주체만 상정함으로써 인간 역사들의 복수성을 제거하기 때문이다. 그래서 아렌트는 칸트도 헤겔도 지지하지 않는

---

255) Burke(1985), p.315.

다. 이제 아렌트는 칸트와 헤겔의 역사 철학 개념 사이에서 판단 이론을 선택해야 하는 기로에 서게 된다. 다음의 문장은 아렌트의 판단에 대한 선택을 드러낸다.

"우리는 이러한 문제들 가운데 있는 유일한 대안만을 남겨놓게 된다. 헤겔과 더불어 우리는 그 성공에 대한 궁극적 판단은 남겨놓은 채 '세계사는 세계 심판이다'라고 말할 수 있거나, 아니면 칸트와 더불어 존재하는 대로 혹은 생겨난 대로의 그 사물의 가능한 독립성과 인간 정신의 자율성을 주장할 수 있을 것이다. 여기서 비록 처음은 아니지만 역사 개념을 고려해야 하는바, 우리는 역사라는 말의 가장 오래된 의미에 대해 성찰할 수 있게 될 것이다. 역사란 다른 많은 정치적 철학용어들처럼 그리스어에 기원한 것으로 '일의 연유를 알기 위해 조사하다'라는 뜻의 'historein', 헤로도토스의 경우에는 'legein ta eonta'에서 나왔다. 그런데 이 동사형의 기원은 호메로스의 『일리아드』 18권이다. 여기서는 명사형 histōr(말하자면, 역사가)가 나오는데, 이 호메로스의 역사가는 심판관이다. 만일 판단이 과거를 다루는 우리의 기능이라면 역사가는 과거와 관계하면서 판단하는 탐구자이다. 만일 그렇다면 우리는 역사의 중요성을 부정하지 않지만 그의 궁극적인 판관으로서의 권리를 부정하면서, 역사(History)라는 이름의 현대의 사이비 신성으로부터 인간의 존엄성을 교화, 말하자면 탈취할 수 있을 것이다. 이 연구를 시작하면서 인용했던 '홀로 있을 때 가장 외롭지만, 아무것도 하지 않을 때 가장 활동적이다.'라고 말한 늙은 카토는 우리에게 교화의 기획에 내포된 정치적 원리를 적절히 요약하고 있는 묘한 말을 남겼다. 그는 다음과 같이 말했다. '승리의 원인은 신들을 기쁘게 하지만, 패배의 원인은 카토를 기쁘게 한다'(victrix causa deis placuit, sed victa Catoni)"(LKPP, 5)

칸트에게 진보개념과 결합된 판단력은 결코 자신이 정복할 수 없는 현실에 직면한다는 점에서 비극적 경향을 갖는다. 그럼에도 불구하고 아렌트는 판단력은 현실과 끊임없이 화해해야 하며, 최종적 판단만이 인간을 비극 및 현실과 화해시킬 수 있다고 믿는다. 아렌트에게 판단 활동은 과거의 사건과 관계하기 때문에 역사가의 되돌아봄을 허용하지만, 그럼에도 불구하고 역사의 종언을 전제로 하지 않는다. 역사에 종말이 있다면 인간이 해야 할 일이란 아무것도 없기 때문이다. "그런데 (칸트처럼) 역사가 무한히 진보하면, 판단은 무한이 연기된다. 또한 (헤겔처럼) 역사에 종언이 있다면 판단 활동은 배제된다."[256] 그래서 아렌트는 칸트도 헤겔도 선택하지 않은 채 다음과 같은 대안을 내놓는다. 즉 "만일 역사가 진보하는 것도 아니고 끝나는 것도 아니라면, 판단은 개별 역사가에게 맡겨지게 될 것이다."[257] 이 개별 역사가가 과거의 개별적 사건과 "이야기들"에 의미를 부여하게 된다.

앞에서 필자는 아렌트가 이론가인 그리스의 관찰자와 심판관인 칸트의 관찰자를 구분한 것을 제시하고 아렌트가 관찰자를 구분한 것은 칸트의 관찰자의 기준이 되는 진보개념의 문제점 때문이라고 지적했었다. 아렌트가 생각하는 관찰자는 사건이 종결된 후, 개별 사건을 더 큰 과정에 포섭시키지 않고 그 자체의 방식으로 공정하게 바라보고 그 의미를 산출해냄으로써 자신을 유지하게 하여 세계 내에 편히 거주하게 하는 **역사가, 시인**이다.

---

256) Beiner(1982), p.226.
257) Beiner(1982), p.226.

결국 아렌트는 헤겔처럼 보편적 구조에 의지하지도 않으면서, 판단의 진보지향성을 거부한다. 그는 헤겔로부터 이야기의 의미가 그것이 완성된다는 입장을 채택하고, 칸트로부터는 복수의 관찰자에 의한 미학적이고 반성적 관점을 채택한다. 특수의 중요성, 판단의 무목적성, 자율성을 강조하기 위해서 그는 『판단력 비판』에서 미적 판단에 주목하는 것이다. 그리고 이러한 아렌트의 의도에 적합한 것은 그리스적인 역사가적 관찰자이다. 실제로 그의 저서에서 불편부당한, 좋은 정치판단의 사례를 제시할 때마다 그는 개별적인 그리스의 역사가를 꼽는다. "사실상 아렌트는 상당부분 칸트의 미적 판단에 헌신할지라도, 그리고 그것을 상당히 사용할지라도, 칸트의 진보개념의 문제점 때문에, 아렌트는 그리스 개념의 정치적 이론가로서 그 자신의 판단을 발휘한다."[258] 카텝이 지적하는 바와 같이, 아렌트는 그의 저서에서 칸트의 심판가보다 그리스 이론가를 더 찬성한다는 것을 보여준다. 그렇다면 아렌트는 사건의 의미를 추출해내는 관찰자의 기능을 무엇으로 보는가?

"사실적 진리를 말하는 사람은 또한 이야기를 말하는 사람(이야기꾼)이 되는 정도로, 그는 탁월한 역사철학자인 헤겔이 모든 철학적 사고의 궁극적 목적으로 이해했던, 그리고 실로 단순한 학습을 넘어서는 모든 사료 편집의 비밀스런 원동력이었던 그러한 현실과 화해를 낳았다. 가공적 소설가들처럼 역사가(좋은 소설은 순수한 환상의 가공이나 단순한 조합이 결코 아니다)가 효과적이어야 하는 순전한 발생의 주

---

258) Kateb(2001), p.127.

어진 가공되지 않은(raw) 재료의 변형, 즉 슬픔의 비탄으로의 변형이나 환희의 칭송으로의 변형은 시인의 분위기의 변형이나 심장운동의 변형과 유사하다. 아리스토텔레스와 더불어 우리는 시인의 정치적 기능 속에서, 즉 인간으로 하여금 행위하지 못하게 하는 모든 감정들을 정화하고 제거하는 카타르시스의 작용을 볼 수 있다. 이야기꾼, 즉 역사가나 혹은 소설가의 정치적 기능은 사물을 있는 그대로 받아들이는 것이다. 진실성이라고 불리는 이러한 수용으로부터 판단기능이 발생한다."(BPF 262)

여기서 아렌트는 그리스적 이론가의 기능을 시인의 기능, 즉 감정을 정화하고 제거하는 카타르시스적 기능과 같은 것으로 본다. 그리고 그것이 의도하는 것은 판단이 정치적 비극들에 직면했을 때, 인간으로 하여금 악행에 휩쓸리지 않고 자신을 유지하도록 해준다는 것을 주장하려는 것이다. 그는 역사의 관찰자의 공감만이 이것을 가능하게 해준다고 본 것이다. 개별적인 역사가만이 비극적 현실을 이해하고, 그것을 꿰뚫어 이론적 용어로 포착해내고 인간의 품위를 유지하게 해준다. 따라서 판단은 과거를 회고하는 역사의 관찰자의 기능이 된다.

정리하자면, 아렌트는 한편으로는 일반적으로 칸트의 정치철학으로 알려진 저서들, 엄밀히 말해서 역사철학적 저서로부터 자유, 공공성, 사교성 등 정치적 개념을 도출해내어 자신의 정치철학의 핵심적 원리로 삼는다. 하지만 거기에서 중심적 위치를 갖는 칸트 진보개념의 문제점은 거부한다. 다른 한편으로 아렌트는 칸트의 미적 판단력을 주목하여 그로부터 탈관심적인 불편부당성, 사교성, 판단의 무목적성과 세계연관성(현상성), 특수의 존엄성에 대한 인정과 판단의 작동양식을 포착한다. 『판단력 비판』에 대한 독해에서 아렌트는 미학적 판단과 유사한 작동구조를 가진 정치적 판단의 작동양식을 고찰하고, 관찰하는 인간의 판단 활동은 전통적 의미에서의 철학가라기보다는 폴리스의 공적 영역에서 발휘되었던 시민적 덕성에 근접한 것을 밝혀냈다. 따라서 이제 문제는 정치에서의 시민의 역할, 시민적 민주주의이다.

제12장 시민권, 정치판단을 통한 시민의 정치 참여

가. 정치적 판단의 표출

아렌트에게 판단능력은 두 가지 의미에서 가장 정치적인 능력이다. 첫째, 판단능력은 현상세계를 이탈한 정신이 현상세계로 복귀해서, 자신이 심사숙고한 것을 '다른 사람들 앞에서' 표명한다는 점, 둘째, 판단능력은 생각함이 일반화와 관계하는 것과 달리, 특수자나 개별자, 즉 특정한 역사적 사건이나 특수한 정치적 사안들을 다룬다는 점에서, 그것은 현상, 다수를 전제로 한 정치의 성격에 가장 부합한다는 점이다. 판단에서 가장 두드러진 것은 판단할 때 특수한 사건들이나 사안들을 적용할 보편적 규칙이 없다는 사실이다. 그 때문에 우리는 정치적으로 판단할 때, '그때 그때' 사안에 따라 판단할 수밖에 없다. 이러한 판단에서 필요한 것은 '지지대 없는 사고'(the thinking without a banister)로서, 우리는 판단할 때 보편적인 척도 없이 판단해야 한다. 이때 비판적 사고가 필요하다.

비판적 사고란 내안에서 나와 나 자신 사이에 소리 없이 진행되는 내적 담론 속에서 생각함의 과정을 공적이게 함으로써, 고정관념이나 당연한 것으로 수용된 규칙들을 검토하여 해체하는 것이다. 여기에 많은 사람이 참여할수록 좋다. 이러한 비판적 사고는 다양한 의견을 제시함으로써 의미를 탐구하는 정치 영역에 적합하다. 비판적 사고는 다른 사람들로부터 자신을 단절시키지 않고 다른 사람들을 등장시켜 그들의 관점을 고려하기 때문에 불편부당성을 갖는다. 요약하면, 비판적 사고는 그 자신을 공적이게 하거나 소통 가능하게 하며, 반권위적이고 불편부당함을 그 특징으로 한다.

그리고 이러한 비판적 사고의 결과를 외부에 말하는 것이 정치적 판단이다. 이처럼 정치적 판단은 비판적 사고 위에서 이루어지는바, 양자는 공적 영역의 핵심을 이룬다. 그런데 비판적 사고와 달리, 정치적 판단은 실제로 타인에게 소통하려는 공공성이 포함되어 있기 때문에, 판단은 설득하려는 의도를 갖는다. '설득'이란 자신의 주장을 함에 있어서 폭력이나 강제에 의해 이루어지는 것이 아니라 언어를 사용하는 것이다. 이것은 정치 영역이 하나의 진리에 의해 작동되는 것이 아니라 다양한 의견에 의해 작동되며, 그 다양한 의견 중 자신의 의견을 타인이 선택하도록 설득할 필요가 있음을 의미한다. 동시에 이것은 정치 영역은 이성기능을 발휘함으로써 획득한 절대적 진리에 의해 작동하게 하는 데 공헌한 플라톤의 정치철학에 대한 비판이기도 하다.

그러므로 아렌트에게 공적 영역에서 '설득'은 중요하다. 이 설득은 '판단의 존재이유'가 된다. 아렌트는 『인간의 조건』에서 영웅적이고 경쟁적인 개인의 탁월성 발휘에 의해 공적 영역이 작동되는 것임을 강조한 바 있다. 그러나 『혁명에 관하여』에서 아렌트의 중심적 관점은 설득과 상호 수용의 가치로 이동한다. 그러나 이것은 공적 영역이 내용적으로 개인의 위대한 행위로 채워지고, 절차적으로는 개인의 창발성을 촉진시키고 유지시키기 위한 방법을 결정하는 것으로, 양식에 있어서 타자와의 쟁론 과정에서 설득과 수용을 거쳐야 한다는 상호 보완적인 의미를 갖는 것으로 이해되어야 한다고 생각된다.

그럼에도 불구하고 아렌트가 후기로 갈수록 '시민의 정치 참여'에 의한 정치의 일상화를 기획하면서 공적 영역을 쟁론을 위한 공간으로 만들고 싶어 한 것은 사실인 것 같다. 왜냐하면 개인의 드물게 발생하는 영웅적이고 예외적인 행위 개념을 일반 시민에게 요구하기에는 한계가 있기 때문이다. 또한 아렌트가 주장하는 바와 같이, 그것은 폴리스가 빨리 쇠퇴한 이유 중 하나이기도 하다. 그러나 개별성을 발휘하는 가운데 동의를 이끌어냄으로써 합의에 도달하여 연대성을 형성한다는 점에서, 개인성과 세계성은 통합된다.

이때 양자를 결합해주는 것은 타자의 현존을 전제로 했을 때 획득되는 불멸성(immortality)이다. 필자가 2장에서 밝힌 바와 같이, 정치란 공동체를 떠나서는 생각할 수 없는 것이기 때문에 개인성과 세계성은 정치의 중요한 두 축이 되면서 진정한 인간 실존의 양식을 구성한다. 따라서 타자와 '함께함'에 의해 도달되는 설득을 통한 합의는 시민의 결속을 가능하게 하는 기반이자 참여적인 민주시민권으로 연결된다는 점에서 그것은 그 의의가 크다. 아렌트는 미국의 건국 선조들이야말로 페리클레스의 폴리스에 가장 가까운 정치체를 구성한 소수의 사람들 가운데 한 부류로 본다. 그들은 새로운 정치체를 창설하였지만, 권력은 다수의 사람들이 함께 일치된 행위를 하는 과정에서 요구되는 설득과 상호 수용에 의해 발생하였다.

아렌트는 「권위란 무엇인가?」에서 설득을 권위와 비교한다. 거기서 그는 권위가 항상 복종을 요구한다는 점 때문에 특정 권력이나 폭력과 오인되지만, 권위는 외부적 수단의 강제적 사용을 배제한다고 주장한다. 권위는 무력이나 강제를 배제한다. 그러나 권위는 또한 계시적이기 때문에 설득과도 양립할 수 없다. 설득은 평등을 전제하며 논쟁과정을 통해 작동된다.(BPF 93) 설득은 평등한 다수의 함께 행위하는 사람들 사이에서 상호 소통에 의해 이루어진다. 공적 영역에 참여한 사람은 누구나 타자를 설득하거나 타자에게 설득당함으로써 상호 수용이 이루어진다. 여기서 요구되는 것은 다른 사람들의 관점을 들여다보기, 즉 정신의 확장이다.

따라서 논쟁은 권위를 허용하지 않으며, 그렇기 때문에 복종도 허용하지 않는다. 그러므로 설득은 다수 사이의 상호 소통에 기반을 두고 있다. 여기서 행위와 판단의 기준은 '소통가능성' 혹은 '공공성'이다. 상호 주관적인 다수의 주체 사이에서 발생하는 판단은 사회적 관계 속에서 드러나게 되는데, 그 이유는 판단의 합리성에 대해 우리 동료가 인정해주기를 바라고 인정받고 싶어하기 때문이다.

따라서 합의 창출을 위한 설득에서 '설명하기'는 중요하다. 설명하기란 왜 자신이 그런 의견을 갖게 되었으며 그 의미는 무엇인지를 말하는 것이다. 그리고 이것이 없이는 합의에 도달할 수 없다. 이것은 그리스 정치가들에 요구되는 정치적 덕목으로 아리스토텔레스의 정치 연설, 즉 수사에서 요구되었다. 이것은 정치 영역에서의 말, 즉 대화나 연설에서는 설득과 비판이 중심적임을 보여준다. 아렌트는 실제적인 대화를 주장한다는 점에서 그가 자신의 정치이론을 구성하는 데 아리스토텔레스의 영향을 입고 있음을 보여준다.

그에 반해 칸트의 상상력에 의한 정신의 가상적 대화를 통한 정신의 확장은 실제 대화의 배경이 된다고 볼 수 있다. 「문화의 위기」에서 아렌트는 판단을 phronēsis 즉, 실천적 지혜에 동화시키고, 판단의 호소하거나 설득하는 특성을 "그리스인들이 그들이 서로 말하는 사람들의 전형적인 정치형태로 간주했던 확신시키고 설득하는 말인, πειθειν이라 불렀던 것과 밀접히 조응한다"고 주장한다.(BPF 222) 설득은 물리적 폭력을 추방한다는 점에서 폴리스 시민의 교섭에서 결정적 역할을 했다. 그런데 설득은 철학적 말하기와 대립적인 것으로, 철학적 대화는 진리 발견과 지식에 대해 관심 갖고, 강제적인 증명을 요구한다. 그러나 판단하는 사람은 궁극적으로 동의에 이르려는 희망 속에서 그 밖의 모든 사람의 동의를 구할 뿐이다.(BPF 222)

그러므로 판단양식은 판단하는 사람이 어떤 종의 사람인지를 드러낸다. 특수한 역사적 공동체의 광범위한 세계에 간섭하면서 칸트의 판단이 관조적 삶에 머물러 있는 것과 달리, 아렌트의 이야기꾼은 역사가로서 활동적 삶에 관여한다.[259] 그에게 요구되는 것은 phronēsis, 즉 실천적 지혜이다. 그리고 그것의 발휘에는 공동체의 지혜, 즉 공통감각(common sense)이 필요하다. 우리는 공통감각에 입각해서 정치현상에 대한 관점을 공유하고, 그 의미를 이해한다. 공통감각은 언어와 관습 속에 기재된 것으로, 이것이 실천적 지혜인 경험과 판단 활동의 전제가 되는 생각함 사이를 중재한다. 따라서 공통감각은 경험에 언어와 사고를 가져다주며, 경험들을 이끌어내어 생각함의 발판을 마련한다.260) 따라서 공통감은 공동체 참여자가 생각함으로써 정치현상의 의미를 탐구하는 토대가 된다. 그러므로 공통감각의 의미를 생산하는 공동 관계를 상실하지 않을 때, 사건에 대한 해석적 틀을 이끌어내게 되고, 세계를 경험하는 능력을 갖게 된다.

그러므로 공동체, 경험, 생각함은 밀접하게 연관된다. 판단 활동은 합의에 도달하는 과정에서 생각함과 공동체를 연결시키며, 공동체의 역사와 목표, 그에 따라 그 의미를 비판적으로 다시 생각하게 한다. 여기서 아렌트의 특성은 경험이라는 범주에서 두드러지게 나타난다. 김비환이 지적하는 바와 같이, 고대 그리스와 로마 세계의 삶의 경험은 현대 세계의 그것과 좋은 대조를 이루는바, 아렌트는 고대의 계열을 따르고 있는 것이다. 고대 세계와 현대 세계의 인간의 조건은 다르다. 현대 이후의 인간의 삶은 아렌트가 의미하는 "진정한 행위"의 조건을 상실하고 있다.

---

259) S. B. Stone-Mediatore(1997), *Hannah Arendt, Experience, and Political Thinking: Storytelling as Critical Praxis*, Ph.D. thesis (State Univ. of New York), p.87.
260) Stone-Mediatore(1997), p.45.

아렌트가 보기에 현대 이후의 인간 삶의 형태는 비정상적이다. 그것은 진정한 행위의 가능성을 차단하며, 인간이 인간으로 살아갈 수 없는 상황이라고 할 수 있다. 따라서 아렌트가 의미하는 "경험"은 순전히 고대적 의미의 공적 삶에 있어서의 경험이다. 고대적 경험은 삶의 "의미 탐구"와 관련이 있지만 현대적 경험은 "공동세계의 파괴"와 관련이 있다. 이와 같이 삶의 의미 추구와 관련 있는 아렌트의 정치적 사고는 개념을 통해서 이루어지는 것이 아니라 역사적인 경험, 삶의 경험을 통해서 이루어진다. 이점에서 아렌트의 정치적 사고는 정치 영역에서 간과되기 쉬운 개인의 감성문제를 포괄한다. 사실상 아렌트의 정치적 삶에서 우정(frendship), 세계애(amor mundi), 연대성(solidarity) 등은 정치행위를 촉진시키는 중요한 요소이다.

그런데 생각함의 발판이 되는 경험은 인간 사이에서 형성되는 "관계의 망"의 중요한 재료가 된다. 사람들은 공동체 속에서 경험을 재료로 해서 생각함을 작동시키고, 그것에 입각해서 다른 사람을 설득시키거나 설득당함으로써 합의라는 정치적 목표에 도달하는 정치적 판단 활동을 하게 되고, 스스로 공동의 세계를 구성하기도 한다.

다수의 사람들이 정치 영역에 등장해서 사고하고 판단함으로써 타자와 합의에 이를 때, 공적 영역은 합리적으로 작동된다. 이때 인간은 다른 사람들 사이에서 자신의 실존성을 타자로부터 승인받음으로써 자신이 '인간으로서' 존재함을 인식하게 되고, 그를 통해서 타자와 함께하는 공동체 연관적인 일에 참여하는 것으로부터 삶의 의미를 획득하게 된다. 따라서 공적 영역의 합리적인 작동은 인간이 인간다운 삶을 살아가는 데 필요한 요소이다. 아렌트는 이러한 삶을 다수 시민 스스로가 자신의 판단에 따라 자율적으로 찾아갈 수 있기를 기대한다. 아렌트에게 공적 영역, 즉 다수 시민의 유의미한 공적 활동을 촉진시키는 공적 영역의 활성화는 공동세계의 회복과 수많은 현상의 공간의 창출에 의존하는데, 그럼으로써 정치적 사고와 정치적 판단은 살아남을 것이다.

나. 참여민주주의와 그 의의

아렌트의 참여민주주의 개념은 시민의 구체적인 정치적 경험의 중요성을 인식하고 그것을 촉진시키며 정치행위가 가능한 조건을 제시한다. 그런데 참여민주주의 개념이 공동체 내에서 공동의 일치된 행위를 가정하고 있다고 해서 그것이 획일적인 가치의 형성이나 동질성을 목표로 하는 것은 아니다. 그것은 오히려 복수성에 기반을 두고 있으므로 차별성, 독특성, 다양성을 목표로 한다. 그것은 또한 사회 영역의 재통합을 목표로 하지도 않는다. 아렌트는 그것을 막기 위해서 "비판적 사고"(the critical thinking)와 공적 판단(the public judgment)에 의한 정신의 기능을 강조한다. 이것은 일상적 삶에서 시민의 정치 활동을 전제로 한다.

유사하게, 하버마스는 「공적 영역의 정치적 기능변화」에서 정치 영역의 "재봉건화"(refeudalization) 현상을 비판하고 있다.[261]

그는 현대 사회에서 공적 이해와 사적 이해가 결합되고 신판 중 상주의에 직면하게 되면서 조직화된 사적 이해들이 경쟁함에 따라 사회는 재봉건화되었다고 주장한다. 이러한 재봉건화는 공적 영역 자체로 이르는데, 여기서 조직들은 가능한 한 공공성을 배제하려 하고 국가와 서로 정치적 타협을 추구한다. 이러한 과정에서 공적 영역이 약화되고 조작된 공중성이 야기된다. 비판적 공중성(the critical publicity)은 이러한 조작된 공중성을 저지하기 위해 요구된다. 아렌트처럼, 하버마스는 공적 영역의 효력발휘 조건 중 하나로 관료적 결정들의 최소화와 시민의 활발한 정치 참여를 들고 있다.

'우리'라는 집단적 정체성은 우리의 일상적 삶, 즉 현실 세계를 배경으로 형성되므로 시민의 현실적인 참여개념은 집단적 정체성의 확립 요건을 분명히 한다. 그것은 정부의 처우만을 수동적으로 바라는 소극적인 시민의 삶이 아니라 시민 전체의 활동적 삶을 요구한다. 사실상 "일단 시민권이 경쟁하는 정체성 기획들에 관한 활동적 심의과정으로 간주된다면, 그 가치는 대화적이고 민주적인 양식 안에서 인정받고 검증되어 변형될 수 있는 집단적 정체성의 형식을 확립할 가능성 안에 있을 것이다."262)

정치행위에의 시민의 참여는 집단적 정체성을 구성함과 동시에, 정치에서 소외되고 있는 많은 민중들의 뜻을 수렴해서 정책

---

261) Habermas(1996), "The Transformation of the Public Sphere's Political Function", *Habermas Reader*, ed by William Outwaite, Polity Press, pp.28-31.
262) d'Entreves(1994), p.156.

322

에 반영함으로써 민주주의의 원래 취지를 살리는 데 도움이 될
수 있다. 아렌트는 "평의회"(counsel), "지방분회"(Wards) 등의
정치공간의 실질적 사례를 제시한다. 그는 공적인 일에 참여하여
공적 사안을 공유함으로써 행복을 느낄 수 있다고 본다. 보원-무
어는 시민권과 관련하여 시민의 임무를 다음과 같이 말한다.

> "시민들의 임무는 함께 모여 토론해서 의견을 형성하고, 공적 - 정
> 치적 사태에 참여해서 정책을 형성할 때 말하고, 서로에게 행위하는
> 능력을 부여하며, 서로 그들의 정치적 위반을 용서하고, 그들의 탁월
> 성을 말과 행위로 증명하는 공적 공간을 형성하는 데 있다. 또한 그것
> 은 행위가 더 큰 세계를 위해서 떠맡을 것을 의지하거나 의지하지 않
> 고, 진정한 정치적 삶의 방식에 참여하는 공적 행복의 경험을 향유하
> 며, 그리고 궁극적으로 정치행위자들이 세계의 무대에서 행위를 시작
> 할 때 나타나는 특수한 종류의 자유를 경험하는 공적 공간을 형성
> (formation)하는 데 있다."[263]

시민의 임무를 단적으로 보여주는 이 말은 민주주의에 있어서
시민의 정치 참여는 단순히 시민의 권리를 넘어선 인간의 실존
방식의 문제라는 것을 일깨워준다. 자신이 중요한 정치적 사건의
현장에서 새로운 의미를 만드는 데 참여했다는 사실은 개인의
생애에 있어서 큰 보람이며 행복이다. 이러한 관점에서 아렌트는
시민의 활동적 삶을 차단하는 형식주의적 '대의제'를 비판한다.
민주적인 양식 안에서 이루어지는 시민의 정치행위는 기존의 대
의민주주의의 단점을 보완하는 하나의 대안이 될 수 있다.[264] 아

---

263) Bowen-Moore(1989), p.152.

렌트의 공적 포럼에의 시민의 활동적 참여개념은 한편으로 시민
권을 가진 모든 사람의 동등성을 전제로 하며, 순전히 개인의 자
발성에 기반을 두고 있지만, 다른 한편으로 토론사항들을 수용하
고 준수할 것을 요구한다는 점에서 암묵적인 강제성을 띠고 있
다. 또한 거기에는 '생각함의 능력'이 요구된다는 점에서 많은 취
약성을 갖는다.

그러나 아렌트에게 중요한 것은 이러한 정치행위에의 자발적
인 참여를 인간의 본질을 실현하는 숭고한 행위의 차원에서, 그
리고 인간 존재의 타자 앞에 출현하고자 하는 욕망의 차원에서
보았다는 점이다. 우리는 이것이 아렌트가 정치행위를 소수의 특
권적인 행위가 아닌 다수의 일반적인 행위로 간주한 것과 일치
함을 알 수 있다.

민주주의의 공적 영역은 시민의 자발적인 참여에 의해 구성된
다. 그리고 시민의 정치적 능력을 촉진시킬 가능성은 합리적으로
작동하는 공적 공간을 창출하느냐 아니냐에 달려 있다. 그곳에서
시민들은 그들의 의견을 검토하고 확장할 심의 활동을 통해서
불편부당하고 책임 있는 판단을 함으로써 민주적 소양을 갖춘
시민으로 만들어진다. "아렌트는 시민들로서 '그들의 능력을 가
진' 그의 청중에게 호소하지 수동적인 독자들이나 '정보'의 흡수

---

264) 한센은 아렌트가 대규모의 비인격적이고 대의적이고 관례적인 제도보다
혁명 평의회(council), 시공화당(town-hall meeting) 같은 소규모의 공화
주의 형태들(small-scale republican forms)을 더 선호한다고 말한다. 여기
서 한센은 아렌트가 구상한 진정한 정치가 감성의 중요성을 포착하고 인
격적인 차원을 배제하지 않는다는 점에서 모든 것을 기계저이고 행정적
으로만 처리하는 데서 오는 대의제의 부작용을 막을 대안이 될 수 있음
을 암시한다. Hansen(1993), p.220.

자들(imbibers)로서 청중에게 말하는 것이 아니다. 이것은 행위의 영역으로부터의 접근으로 나타난다."[265]

합리적인 공적 공간이 있는 곳에서만이 정책사안들에 대한 의견은 검토되며, 강제적이 아닌 자발적이고 민주적 토론을 통해서 결정된다. 이러한 시민의 "자발적 참여"에 의한 결정이 정책으로 입안되어 실행될 때 시민은 더 책임 있고 자긍심 있는 시민으로 육성될 수 있다. 자발적 참여에 의한 민주적인 토론은 "확장된 심성"에 의해, 즉 다른 사람의 관점에서 생각하는 능력에 의해 다수로부터 확보되는 합의에 도달할 수 있는 의사결정에 핵심적 역할을 한다. 따라서 토론은 의견의 타당성에 필요한 최소한의 형식적 요건이 된다. 토론이 없다면, 인간의 삶은 무미건조해질 것이며, 타인에 대한 고려 없이 자신만의 삶을 고집하게 될 것이다. 세계적인 활동에 의해 작동하는 인간의 정신 활동의 결과물인 판단은 공적 영역에서만이 자신을 드러낼 수 있는데, 의견의 공적 교환 속에서 판단은 발휘되고, 타인에 의해 검토된다.

판단의 "공적" 성질은 재현적으로, 즉 그 밖의 모든 사람의 관점으로부터 생각하는 능력을 나타내므로, 우리는 판단 활동에 참여함으로써 세계의 다양한 모습에 참여할 수 있다. 이것은 시민이 공적 문화(public culture)를 공유한다는 것을 함축한다. 그리고 여기에는 사적인 삶에서 벗어나 자기의 이해관계에 제약받지 않고, 공적 배경 속에서 자신의 독특한 '차이'를 분명히 할 기회와 다른 사람들과의 차이성을 통한 그들의 '존엄성'의 인식도 포함된다.

---

265) Bowen-Moore(1989), pp.151-152.

이런 점에서 확장된 사고의 연마는 계층적으로, 문화적으로 다른 입장에 서있는 사람들의 목소리에도 귀 기울일 수 있게 하며, 그들과 세계를 이해하는 데도 도움이 된다. 불편부당성은 정치 영역 밖에서 확보되는 것으로, '재현적 의견'과 다르다. 아렌트에 따르면, 재현적 의견은 정치 영역 안에서 직접 행동하는 사람에게 요구되지만, 판단하는 역사가와 판관의 불편부당성은 정치 영역 밖의 "홀로 있음"의 고독한 양식이므로, "어떠한 정치적 명령도, 원인에 대한 어떠한 고수도 가능하지 않다."(BPF 259) 아렌트는 이러한 "획득된 불편부당성"[266]이라는 정치 영역 밖에 있는 양식들 속에 철학자의 고독, 과학자와 예술가의 고립, 진상조사원, 증인, 기자들의 독립을 포함시킨다. 그리고 그러한 삶의 양식들을 채택한 삶만이 정치의 요구들과 투쟁할 수 있으며, 그때조차 그러한 삶의 양식들은 완전한 고독이나 고립, 독립 속에서 행해지는 것이 아니라 다수의 시민들 속에서 행해진다고 주장한다. 그러므로 불편부당성은 가장 고독한 양식들 중 하나인 세계의 방문으로 얻어진다. 그러한 혼자임의 양식은 "인간 실존 그 자체의 양식들"이며, "모든 사람에게 공통적"이다.(BPF, 259) 그리고 정치 영역 밖에서 획득되는 불편부당성은 세계의 특수성에 관련된 한 실제적이다.

이러한 양식들 속에서 우리는 의미와 관련된 "판단" 활동에 참여한다. 그리고 이러한 활동은 공동체 일원으로, 그리고 고독한 존재로 참여할 때 가능하다. 아렌트에게 판단은 진리를 – 말하는(truth-telling) 것이다. "'존재하는 것이 무엇인지'를 말하는 데 헌신

---

266) Curtis(1999), p.122.

하고, 현재의 행위에 대한 헌신의 경계를 정하지 않는 진리를 말하는 사람(truth-teller)은 항상 동시에 이야기를 말하는 사람(storyteller)이 되어야 하며, 인간 사태들에 있어서 우연한 발생들을 모으기 위해 이야기로 변형되므로 그들은 저장될 수 있다."[267]

존재하는 것을 말하는 사람은 정치적 사건, 즉 서사를 말하는 것으로, 아렌트의 말대로, 이 서사 속에서 특수한 사건들은 우연성을 상실하고 의미를 획득하게 된다. 따라서 판단 활동에 참여하는 것은 "의미를 모으는 일"(meaning-gathering)에 참여하는 것이다. 판단 활동은 의사소통적 참여 속에서 작동되며, 의사소통적 참여는 정치적이고 윤리적 지향성을 촉진시키고, 우리를 다른 가능성에 열어놓는다. 그리고 비평가와 관찰자는 행위자 속에 앉아 있다. 즉 행위자는 관중을 염두에 두고 활동해야 한다.

"이러한 비판적인 판단기능이 없다면, 행위자나 제작자는 그가 지각되지조차 못할 관찰자로부터 고립될 것이며"(LKPP 63) 행위자의 행위는 의미와 역사성을 획득하지 못할 것이다. 따라서 행위자와 관찰자의 두 양식들은 특수성의 출현을 위한 복수성의 토대를 구축하며, 그러한 삶의 양식들에서 획득되는 불편부당성(impartiality)은 인간의 시작능력에 기여하고, 세계의 복원을 가능하게 한다. 그리고 자신이 물려받은 확립된 세계 안에서 신참자들은 그들 자신의 정체성을 확립하며, 세계와 역사에 새로운 의미를 부여한다.

공동체 속에서 공동의 사안을 다루는 데서 발휘되는 '대화적 이

---

267) Curtis(1999), pp.122-123.

성'은 그것의 토대를 대화에 의한 소통에 두고 있다. 그리고 이 소통은 사람들로 하여금 동의를 이루어내는 결정적인 방식이며, 대화적 이성의 작동결과인 동의는 판단의 합리성을 보증한다. 대화적 이성은 대화를 통한 소통 위에서 합리성을 부여받고 그것이 다수를 결합시킨다. 다른 사람과의 대화 속에서 잘 발휘된 판단의 기능은 도덕적이고 정치적인 시민의 삶을 구성하는 데 있어서 중요한 역할을 한다는 점에서, 거기서 형성되는 문화는 민주시민권의 '대화적 이성의 문화'(the culture of the discursive reason)라고 할 수 있다. 이 대화적 이성에 의한 문화는 진리 추구와 연관된 이성이 간과하고 있는 감성을 사상시키지 않기 때문에 인간 삶의 폭을 확장시키고 인간에게 다양한 경험을 제공한다는 것에서도 알 수 있다.

그런데 아렌트는 공적 영역과 사적 영역을 엄격하게 구분하고, 경제문제를 배제한 공동세계와 연관된 공동의 대화에 의한 비사적인 활동만을 공적 행위로 간주함으로써 다소 현시대적 추세를 따르지 않는 모습을 띠고 있는 것이 사실이다. 그럼에도 불구하고, 필자가 보기에, 아렌트가 타자와의 대화 속에서 정치의 본질을 찾고 있다는 것 자체가 이미 사적인 개인의 문제가 얼마든지 공론화될 여지가 있음을 열어놓고 있는 것으로 해석될 수 있다. 이것은 아렌트 사고가 근대 이후 나타난 현상인, 사적 영역에서 자유를 추구하는 경향성을 포착할 수 있음을 배제하지 않는다는 것을 보여준다. 대화하는 사람들 사이에서는 사실상 사적인 것이 공적 영역으로 가져와 다루어질 수 있다. 예를 들어 개인적인 사건이나 문제가 공적 담론을 통해 그가 속한 소속 집단 전체의 권익신장의 문제로 확대되어 정치적으로 다루어지는 경우가 그 것이다. 이것은 순전히 담론 때문에 가능한 일이다.

그러므로 공적 영역에서 대화에 의한 소통의 확립, 즉 대화적 이성의 활성화는 사적 영역과 공적 영역을 자연스럽게 연결함으로써 정치 참여의 폭을 넓히는 하나의 방법이 된다. 이 대화를 통한 토론에서 정치적 판단 속에 함유된 정신의 확장은 인간이 당면한 모든 현실적 문제로 인해 고통 받는 모든 사람에 대한 배려의 심성, 즉 세계를 돌보는 심성이 깔려 있다고 여겨진다.

그러므로 대화적 이성의 문화를 연마하는 것은 정신적 활동에 의해 민주사회의 다양한 모습과 관점을 인정하는 능력을 배가시키고, 현상세계에서 구성원들 간의 갈등의 소지를 없애는 효과가 있으며, 그에 따라서 조화로운 삶이 가능하게 할 것이다. '우리'라는 공동체 속에서 각자의 비판적인 사고와 합당한 판단이 발휘될 때, 공적 영역은 합리적으로 작동될 것이며, 그에 따라 우리의 세계는 풍요로워지고 우리의 삶은 개방된 가능성 속에서 무한한 의미를 추구하는 삶이 될 것이다. 이것은 관조적 삶과 활동적 삶을 완성하고 통합하는 최고의 활동인 판단기능의 능력을 배양함으로써 가능하다.

다. 시민적 합리성의 전망

요즈음 활동적 삶에 입각한 시민의 정치 참여는 하나의 포괄적인 문화현상을 형성하고 있다. 시민들은 다양한 영역에서 다양한 가치에 관심을 가지고 활동적으로 참여하기 시작했으며, 그러한 활동이 가져다주는 의미를 경험하고 있다. 소수자 집단의 권리 찾기, 환경문제, 심지어 동물의 권리문제, 문화재 살리기 운동, 핵문제, 전쟁문제, 기아문제, 등등 많은 영역에서 사람들이 활약하고 있다. 인간의 삶과 직접적으로든 간접적으로든 관련 있는 모든 것들이 시민의 활동적 참여에 열려 있으며, 이러한 활동들은 아렌트의 정치사고 전반에서 일관적으로 유지되고 있는 세계에 대한 "배려", "돌봄", "사랑"이다. 이것은 시민정치이자 하나의 거대한 '시민문화운동'이다.

이러한 활동을 하는 가운데 시민들은 그들이 "의견들을 확장"하고 "타인들의 판단을 검토하는 능력"을 요구받는다. 그러한 능력은 "의견과 행위할 권리를 모든 사람에게 보증하는 민주적 참여의 공적 문화 속에서만 번창할 수 있다."[268] 한센은 이것을 "시민합리성"(citizen rationality)이라는 개념으로 형식화한다.[269] 정치를 활동적 측면에서 보지 않고 이론적으로 접근할 때, 그것은 "항상 구체적인 함축을 가진 사악한 추상성의 위험, 즉 이데올로기의 위험을 내포한다."[270] 그러나 아렌트는 지지대 없는 사고를 통해, 그리고 정치에 "관한"(about) 사고를 통해서가 아니라 정치"로서"(as)의 사고를 통해, 행위가 실제로 무엇을 의미하며, 무엇을 의미할 수 있는지를 우리에게 보여주었다. 우리는 정치적 사고가 붕괴된 현 상황에서 아렌트의 용어로 지지대 없는 사고(the thinking without a banister)에 참여함으로써 책임 있

---

268) d'Entreves(1994), p.196.

269) Hansen(1993), p.198.

270) Hansen(1993), p.196.

고 용기 있게 행위할 수 있는가? 즉 우리는 진정한 시민이 될 수 있는가?

시민적 합리성에 따르는 활동들은 개인의 이해관계에 종속되어 있지 않으며, 공동체의 문제와 관련이 있다. 그런데 시민의 공적 활동에 있어서 정치적으로 사고하는 것이 피할 수 없음은 분명하다. 이것은 아리스토텔레스 및 아렌트의 정치적 사고의 일관된 흐름이다. 아리스토텔레스의 '페리클레스', 아렌트의 '소크라테스'는 철학자와 시민이 같은 상황을 공유한다는 것을 의미한다. 시민권과 이성은 결합되어야 하며, 이 결합은 활동적 시민권 그 자체의 경계 안에서 산출되어야 하지 그것이 외부로부터 부과될 수는 없다.[271] 그리고 그 결합은 대화에 의해 이루어져야 한다. 다시 말해서, 시민은 정치적으로 활동할 때, 정치적으로 사고하고 판단함으로써 행위해야 한다.

아렌트에게 정치적으로 사고한다는 것은 시민적 합리성을 발휘하는 일에 관여하는 것이다. 정치적으로 판단한다는 것은 그러한 정치적 사고를 외부로 표명함으로써 공적 활동으로 참여하는 것이다. 따라서 정치적 사고와 정치적 판단 활동의 토대 위에서만 시민적 합리성은 발휘될 것이며, 오직 그때 공적 영역은 활성화될 것이다. 카토는 철학자와 다수와의 관계에 대해, "그가 아무것도 하지 않을 때 가장 활동적이며, 그가 혼자 있을 때 가장 외롭지 않다"고 말한다.(HC 325). 이것은 활동적 삶(activa)과 관조적 삶(vita contemplativa)이 교차하고 상호 작용하는 지점을

---

271) Hansen(1993), p.196.

보여준다. 관조적 삶과 활동적 삶의 결합에 의한 공적 영역에의 활동적 참여, 즉 세계에의 사랑(armor mundi)만이 우리들 자신을 사랑하는 것이 될 것이며, 그럼으로써 우리는 유의미한 인간 삶의 잃어버린 영광을 되찾을 것이다.

다수의 사람들에 의거하여 이루어지는 이러한 정치적 삶과 관련하여 우리는 인간으로서 '인간답게' 산다는 것은 무엇인지 생각해볼 필요가 있다. 이 '인간다운 삶'의 의미를 규명하는 것은 또한 우리가 존재해야 하는 진정한 실존양식을 드러내는 것인데, 우리는 그것을 통해 무엇을 얻을 수 있는지 자각할 수 있다.

아렌트에 있어서 "좋은 삶"(good life)을 산다는 것은 어떤 것인가? 아렌트에게 좋은 삶이란 공적 영역에서 추구되는 삶이다. 아렌트에 따르면, 좋은 삶이란 단순한 삶의 필연성을 지배하고, 노동과 생산으로부터 자유로우며, 자신의 생존에 대해 모든 피조물이 갖는 내적 충동을 극복하는 정도에 이르러서 더 이상 생물학적 과정에 매여 있지 않게 되는 그런 생활 상태를 말한다.(HC 36) 그는 좋은 삶을 추구하는 인간의 삶의 방식을 통해서 인간이 인간답게 살아갈 수 있는 실천 철학적 방향을 제시한다.

따라서 아렌트는 인간사(the human affairs)가 인간들의 관여 없이는 제대로 작동될 수 없다는 점을 인식하고, 그들이 세상사에 능동적으로 참여함으로써 스스로 자신의 삶의 조건, 즉 인공적 세계를 건설함에 따라 자신의 무상성(fragility)을 극복하고 불멸성(immortality)을 획득하여 삶의 의미와 가치를 실현해야 한다고 주장한다. 바로 이 조건지우는 능력이 인간 삶에 "의미"

를 부여하는 요소로서, 이 때문에 사람들은 유의미한 경험을 한다고 아렌트는 주장한다. 아렌트는 공적 삶의 인공성 및 정치적 활동들의 인공성, 즉 자연적이거나 제시된 것이라고 하기보다 인간들이 만들었고, 구축했다는 사실을 강조한다. 이것은 바로 세계에 대한 배려, 사랑, 돌봄만이 인간다운 삶을 가져다준다는 것을 의미한다. 그러므로 인간이 인공적으로 구축한 인공세계, 즉 공적 영역은 다수의 사람들이 그것을 돌볼 때, 공동의 기억에 의해 인간을 사멸성과 무상성으로부터 보호해주어 문명의 산실로 태어나게 되는 것이다.

시민의 적극적 삶과 관련 있는 아렌트의 참여민주주의 개념은 시민의 경험을 촉진시키고 의미를 추구하는 정치행위의 발휘조건을 분명히 하려는 시도를 나타낸다. 게다가 그런 개념은 동질성(homogeniety)이나 가치 함의를 함축하는 것은 아니며, 또한 그것은 사회적 영역의 탈차별화(de-differentiation)를 요구하는 것도 아니다.[272] 이러한 "참여적 시민권"의 토대 위에서 민주적인 새로운 시민문화는 구축될 수 있다고 여겨진다. 그리고 불편부당하고 책임 있는 판단을 위한 정치능력을 촉진시킬 가능성, 즉 시민의 활동이 번성할 수 있는 영역을 복원시키는 것은 공동의 공유된 세계를 회복하는 것(즉, 세계소외의 극복)과 현상의 공간들을 많이 만들어내는 것 양자에 달려 있다. 공적 공간이 존재하는 곳에서 의견들의 검토는 가능하며, 이는 민주적인 토론을 통해 변형된다. 의견이 객관적 타당성을 확보하는 데 있어서 민

---

272) 위의 책, 163쪽.

주적 토론은 중요한 역할을 한다. 아렌트는 다음과 같이 말한다.

"진리는 안하무인격으로 인정되기를 요구하며 토론을 배제하지만 토론은 정치생활의 본질 자체를 구성한다. 진리를 다루고 있는 사고와 의사소통의 양태는 정치적 관점에서 본다면 필연적으로 지배적이며, 다른 사람들의 의견들을 고려하지 않지만, 타인의 의견을 고려하는 것이야말로 엄밀히 모든 정치적 사고의 징표인 것이다."(BPF 241)

여기서 다른 사람들의 의견을 고려하는 것을 정치적 사고의 특징으로 자리매김하는 아렌트의 의도는 진리가 소수 전문가의 영역이 아니라 다수 시민의 활동 영역, 다수 시민의 참여에 의해 힘을 배가시키는 영역임을 주장하는 것이다. 특히 다수의 허용은 정치가 보편적 지식이 아니라 구체적인 경험의 지반 위에 서있음을 의미한다. 이와 같이 일상적 삶의 구체적인 경험의 지반 위에서 다수 시민의 정치행위에의 정치 참여가 이루어질 것을 주장한다는 점에서 아렌트는 "대중의 정치화"를 기획하고 있는 것으로 여겨진다.[273] 아렌트가 구상한 공적 영역에서 시민의 자발적인 참여에 의해 형성되는 공적 관심사에 대한 "토의", 즉 "논변"(discourse)은 결국 정치적인 삶을 "일반 시민의 삶으로" 양식화하는 결과를 가져온다. 아렌트에게 정치는 궁극적으로 "생활세계" 속에 용해되는 문화 현상이라 할 수 있다. 논변(discourse)은 삶 전 영역에서 타당한 의견을 형성하기 위해서 말하고 행위

---

273) 서유경(1999), 『아렌트 정치미학과 현대 정치적 함의: 정치행위와 인간 실존의 역학』, 경희대학교 박사학위논문.

하는 시민 다수가 함께 모여 공적 사안이나 공통의 관심사에 대해 집단적이고 공개적으로 심의함으로써 이루어진다. 공적 공간은 정치행위에 참여하고 있는 사람들이 정치적으로 사고하여 그에 합당하게 판단을 내리는 조건이다.

정치적 논변에서 다양한 관점의 수립에 의해 제시된 의견의 기준은 정해져 있지 않으며, 활동적으로 "대화하는" 공중으로부터 나온다. 메디슨의 말대로, 모든 통치는 의견에 의존한다. 권력은 같은 의견을 가진 사람들에 의해 유지된다. 따라서 절대적 진리는 정치와 모든 통치를 파괴한다. 아렌트의 말대로, 철학적 대화형식의 의사소통과 대중을 설득하는 수사적 형식의 의사소통 사이의 적대감을 나타내는 진리와 의견 간의 대립은 플라톤에 그 기원이 있다. 이 이원적인 대립은 홉스의 '굳건한 추론'과 '강력한 웅변들'로 남아있는데, 후자는 인간들의 정념과 이해관계들에 근거해 있다.

레싱은 "인간은 진리를 소유할 수 없다. 인간의 모든 진리는 단순한 의견"이라고 말한다. 그러나 그는 그 사실을 오히려 축복이라고 보는데, 그 이유는 인간의 지칠 줄 모르는 담론이 갖고 있는 매력, 즉 다양한 담론이 절대적인 진리보다 무한히 중요한 의미를 제공하기 때문이다. 칸트가 주장하듯이, 이처럼 인간의 이성은 연약하다. 메디슨의 말대로, "이성은 그 자신의 한계를 인식하도록 이끌리고, 홀로 남겨지면 소심하고 조심스러우며, 그것이 결합하고 있는 수에 비례해서 확고함과 확신을 얻는다."(BPF 234) 이성적 진리로부터 의견으로의 이와 같은 이동은 단수의 인간(man)으로부터 복수의 인간들(men)로의 이동이며 강한 추론의 영역에서 같은 의견을 다수결로 결정하는 영역으로의 이동을 나타낸다.

아렌트가 재규정한 '활동적 시민권' 개념은 시민이 개인으로 존재하는 것이 아니라 공동체의 일원으로 존재함으로써, 즉 정치적으로 행위함으로써 진정한 삶의 의미를 추구할 수 있다는 것을 주장하는 것이다. 따라서 "시민적 합리성은 주관적이기도 하고, 객관적이기도 하며, 내적 경험의 문제이기도 하고 외적 경험의 문제이기도 하다. 그것은 고독과 공동체 양자에 참여해야 한다. 내가 타자와 함께 있으면서 단독으로 있을 수 있어야 한다. 또한 내가 타자와 함께 있을 때, 내가 혼자 있을 수 있어야 한다. 인간의 정신적 능력 중 가장 정치적인 것이 판단이다. 왜냐하면 판단은 정치적으로 생각하는 것이 무엇을 의미하는지를 현상의 영역에서 현실화하기 때문이다."[274]

이와 같이 아렌트는 관조적 삶과 활동적 삶의 결합에 의해 이루어지는 정치적 삶의 양식을 인간의 본질을 실현할 수 있는 '진정한' 삶의 양식이라고 믿고 있다. 따라서 우리는 아렌트에게 정치적 실존은 인간 실존의 의미의 원천이 됨을 알 수 있다. 인간은 정치적으로 존재할 때 타인에게 자신의 실존성을 승인 받고, 공동의 일에 참여하여 자신의 탁월성을 발휘함으로써 불멸의 위업을 이룩함과 동시에 자신의 흔적을 남길 수 있다는 것이다. 이것은 그가 인간으로서 존재했었다는 것의 유일한 표징이며 그에게 영원히 살아남음의 영광을 부여한다.

---

274) Hansen(1993), p.209.

제13장 맺음말
: 잃어버린 영광의 회복과 인간 해방

　현대에 이르러 사람들은 유례없는 풍요와 편리함을 누리고 있다. 그러나 그 이면에는 어두운 그림자가 드리워져 있는바, 그것은 다름 아닌 인간성 상실과 인간 소외이다. 또 그것과 맞물려 인간의 원대한 꿈과 이상도 사라졌다.

　그렇다면 이러한 현상은 왜 생긴 것일까? 이것은 인간의 조건과 관련해서 설명될 수 있다. 원래 인간의 삶을 구성하는 두 요소는 공적 영역과 사적 영역이다. 이 두 영역은 서로 안과 밖에서 인간의 삶을 지탱해 주었다. 바깥에서 이루어지는 공적 삶의 현란함속에서 자신을 드러내는데 지친 인간이 집으로 돌아갔을 때 그 지친 몸과 마음을 쉬게 해주고 에너지를 충전해주는 곳이 가정 영역이라는 사적 영역이다. 이 두 영역이 조화를 이루고 있을 때 인간의 삶 역시 조화를 이루게 되어 바람직한 모습으로 나타나게 된다.

　그런데 근대에 이르러 경제 가치가 과도하게 부상되면서 사적 영역의 주요한 활동이라 할 수 있는 경제 영역은 비대해진 반면, 다른 사람들과 관련된 공동세계, 즉 공적 영역은 축소되었다. 한쪽 영역이 비대해지면 다른 쪽 영역은 축소되게 되어 있는 바, 물질적 가치의 지나친 발전은 필연적으로 정신적 가치의 축소를 가져온다. 그런데 인간 삶이 공적 영역과 사적 영역의 균형과 조화로 이루어질 때 바람직하게 된다는 점을 생각하면 이것은 커다란 이슈를 전면에 가져온다.

'진정한' 정신활동이 작동되는 공적 영역의 축소는 정신활동의 소멸, 정신적 가치의 소멸을 의미한다. 그리고 정신적인 것을 상실한 채, 물질적인 것에만 집착해서 살아간다는 것은 한마디로 반쪽 삶이라 할 수 있다. 공정 역역을 상실한 이러한 반쪽 삶에서 발생하는 문제는 사적 영역에 매몰된 자는 공적 삶을 향유하는 자가 품게 되는 높은 이상과 꿈을 상실하게 된다는 점이다. 요컨대 현대인에게는 사적가치, 즉 기껏해야 자기 자신과 자기 가족의 안락함과 배부름만을 가져다주는 생계활동에만 전념하게 되고 다른 사람과 관련된 공적 가치는 외면하게 되는 협소한 인간상의 전형이라 할 수 있다. 한마디로 오늘날의 인간이 그리는 이상적인 인간형은 배부른 돼지 그 이상도 이하도 아니다.

이러한 상황을 반영하듯, 오늘날 젊은이들은 공동체나 세계에 유익한 일을 하겠다거나 세계 속에서 자신의 높은 꿈을 펼쳐 보겠다는 의지도 갖지 못한 채 자기 혼자만의 물질적 안락과 행복에만 안주하여 살아간다. 그러한 사람은 다른 사람을 모르고 혼자 고립되어 있다. 그 고립된 인간에게 삶의 목적은 어떠한 경우에도 목숨을 연명하고 살아남는 것이다. 그에게는 신체의 유한성으로부터 기인하는 '필멸의 삶'을 넘어서 '불멸의 삶'에 이르러야겠다는 욕망이 상실되었다. 그 불멸성에의 욕망 상실은 위대한 행위를 해야겠다는 동인을 제거당한 것이다. 그리고 위대한 행위는 다른 사람과의 관계 속에서 정신활동을 작동시킴으로써 이루어진다는 점에서 그것은 인간다운 삶의 조건을 상실한 것이다. 따라서 그러한 인간은 필경 자신이 자신의 생애동안 아무 것도 한 일이 없다는 데서 오는 삶의 허무감, 진정한 인간관계를 박탈당함으로써 오는 무의미성, 자신이 아무 것도 할 수 없다는 데서 오는 무력감에 시달리게 된다. 이것이 바로 인간소외현상이고 인간다움을 상실한 상황이다. 이것이 바로 노동동물이 맞이하게 될 운명인 것이다.

현대에는 경제적 활동이 인간의 모든 활동을 대체하고 나서서 사람들 사이의 '진정한' 관계를 단절시키고, 그에 따라 사람들은 '함께 함'(being together)의 행위를 하지 못하고 낱낱이 흩어져 존재한다. 이는 공적 영역이 소멸된 결과 나타나는 현상이다. 그리하여 정치는 소수의 엘리트가 다수 시민을 지배하는 것으로 변질되고, 지식전문가에 의해 정치가 경제나 시스템을 관리하는, 익명의 지배인 행정으로 대체되며, 사람들은 무한 경쟁지대로 내몰린 채, 객관적인 인간관계를 상실함으로써 자신의 본질로부터 소외되고 무의미성으로 고통당한다. 한마디로 이것은 '거짓된' 실존양식인 것이다.

이것이 현대성의 딜레마이다. 즉 현대에 사람들은 모두 생존경쟁에 내몰림으로써 노동동물의 경제적 풍요는 달성할지 몰라도 자신이 왜 사는지도 모른 채, 사회의 요구에 따라 이리저리 그냥 떠밀려 살아가며, 뭔가 충족되지 않는 공허감으로 방황한다. 그러나 그렇다고 해서 우리가 경제적 가치를 외면하고 현대화이전으로 되돌아갈 수는 없다. 우리는 호랑이 등을 타고 정신없이 달리고 있지만 그렇다고 해서 뛰어 내릴 수도 없는 상황에 처해 있는 것이다.

또 그렇다고 이런 상황을 그냥 내버려 둘 수도 없다. 우리 인간의 존립을 위태롭게 하는 정신적 공황상태, 즉 삶의 황폐화를 어떻게 해서든 막아야 하는 것이다.

이렇게 인간해방의 요구가 절실한 때, 인간 삶의 황폐화, 즉 인간소외, 인간성 상실의 상황으로부터 인간을 해방시킬 거대한 프로젝트를 들고 나온 것이 한나 아렌트의 정치이론이다.

한나 아렌트는 누구도 시도하지 못한 독특한 사고를 통해 현대 인간에게 밀어닥친 위기를 넘어서고자 하였다. 말하자면 사적 가치의 추구에 몰두함으로써 생겨난 '거짓된' 실존양식에 대한 하나의 대안을 제시한 것인데, 그것이 바로 정치행위이론이다. 그것이 독특하다고 하는 것은 정치의 본질에 대한 이해가 기존의 것과 다르기 때문이고, 그 발상이 특이하기 때문이다.

아렌트는 인간파괴의 문제를 해결하기 위해서 사람들로 하여금 인간다운 삶을 살도록 해야 하는데, 인간다운 삶이란 다른 사람들과 더불어 하는 삶, 즉 공동의 행위를 통해 이룰 수 있다고 보았다. 이는 공적 영역의 회복을 주장하는 말이다. 아렌트에게 공적 영역의 회복은 인간다운 삶의 조건이다. 따라서 공동의 행위가 되살아날 수 있는 공적 영역을 하루빨리 회복시키는 것은 현대 인간이 처한 딜레마 즉 인간소외로부터 인간을 해방시키는 길이 된다. 이는 공적 영역을 시민에게 돌려주어 다수 시민이 공동의 행위를 통해 각자의 삶에 광채를 부여하는 의미있는 활동을 하게 해야 한다는 것을 의미한다.

여기서 시민의 정치행위, 즉 정치참여의 필요성이 제기된다. 아렌트에게 정치행위란 인간 삶의 영역, 즉 인간사 영역과 직결되어 나타나는 활동으로서 그것은 삶의 전반에서 발생하는 사안들을 다수 시민들이 직접 나서서 해결하는 것이다. 시민들은 가만히 앉아서 정치인들이 그들의 이해관계에 따라 자신들에게 던져주는 시혜를 받아들이기만 하는 수동적 존재가 아니다. 시민은 자기 삶의 생활여건을 개선시키고 발전시키기 위해서 스스로 나서서 자기의 생활주변을 돌보고 관심 갖고 감시하며 잘못된 것에 대해서는 이의를 제기함으로써 개선시켜 나가야 하는 존재이다.

이처럼 시민은 정치참여활동을 통해 자기 생활을 개선할 뿐만 아니라 자신의 존립 방식도 스스로 만들어 가는 존재이다. 더 나아가 시민은 위대한 행위를 통해 공동체에 유익한 결과를 가져옴으로써 다른 사람의 찬사를 받는 영광을 누리게도 된다. 이 부분이 바로 시민정치의 정수라고 할 수 있다.

사람들은 다수가 함께 하는 공적 영역에 참여해서 자신의 모든 잠재적 가능성과 응축된 에너지를 분출해 내면서 자신의 탁월성을 남들에게 보여준다. 그러한 행위 그 자체는 정치의 존재이유가 된다. 즉 남들로부터 자신의 진가를 인정받는 대목, 남들로부터 찬사를 받음으로써 자신의 삶의 헛되지 않음을 인식하고 자신의 가치를 확인하는 대목은 정치가 왜 인간에게 필요한지를 말해준다.

말하자면 인간은 정치행위를 통해 웅대한 자신의 꿈을 펼치고 자기를 실현함과 동시에, 불멸의 명성을 획득함으로써 자기 삶의 의미를 실현한다. 이 의미 실현의 정치행위가 곧 자유의 행위이다. 자유의 행위란 정신 속에 존재하는 비가시적인 것을 현실화시키는 것이다. 물론 존재하지 않는 것, 잠재적인 것을 존재하게 하고, 그리고 현실화시키는 데는 자신의 내부에 응축되어 있는 잠재적 가능성을 밖으로 끄집어내는 능력과 다른 사람과 협력하는 활동이 필요하다. 따라서 정치의 존재이유는 자유의 실현인 것이다.

그런데 이러한 행위는 시민 누구나에게 열려져 있다. 말하고 행위하는 자는 누구나 자기 삶의 주인이 될 수 있으며, 공동체를 배려하는 심성을 가지고 참여함으로써 오는 영광의 주인공이 될 수 있다. 그런 사람은 정신의 공황상태에 빠지지 않으며, 삶을 축복으로 받아들인다. 따라서 이는 현대인에게 밀어닥친 실존적 위기의 극복책이기도 하면서, 동시에 세계를 아름답게 가꾸고 사랑하는 행위이기도 하다. 따라서 시민의 정치행위가 증가할 때 공동체는 부패나 악으로 오염되지 않고 건강함을 유지할 것이다

아렌트에게 정치란 개인의 존립방식을 새로이 구성해가는 활동이자 공동체를 개선함으로써 삶을 질을 고양시키는 유의미한 활동이다. 그것은 하나의 시민정치이자 거대한 문화운동이다. 문화운동으로 승화된 이 '삶의 정치'는 사람들의 가슴속에 웅대한 꿈과 이상을 심어주고 그것을 현실화시킬 계기를 마련해줄 것이다. 그것은 잃어버린 우리의 영광을 되찾는 일이 된다. 결국 공적 행위가 살아날 때 기계문명으로 인해 소외되고, 각종 시스템속의

부품으로 전락되어 그 속에서 체계적으로 기만당함으로써, 자율성을 상실한 채 표류하고 있는 인간의 해방은 실현될 것이다.

그런데 현대인간이 위기에 처해 있다는 사실 그 자체는 현 시점이 시민정치가 필요한 때라는 것을 말해준다. 아렌트의 말로, "더 이상 아니고 아직은 아닌"(no longer and not yet) '현대(현재)'는 기존의 형이상적 패러다임이 상실됨으로써 전통과의 단절이 일어난 시대이다. 원래 인간은 생각하고 판단하며 행위할 때 전통이라는 실에 의거해서 그것들을 한다. 그런데 현대에 이르러 전통의 실이 끊어졌다는 것은 우리가 일상생활에서 사고하고 판단하고 행위할 기준을 상실했다는 것을 의미한다. 이처럼 현대에 생각과 판단, 그리고 행위의 기준이 상실되었다는 것은 현대가 위기의 시대라는 것을 말해준다.

이 위기에 순간에 우리는 새로운 그 무엇을 시작해야 한다. 새로운 시작을 통해서 미래의 판단과 행위의 지침을 마련하여 미래 세대들에게 그것을 전달하는 것은 동시대인의 의무이자 과제이다. 그런데 그 과제는 오로지 시민의 정치행위를 통해서, 즉 시민이 공동으로 말하고 행위함으로써 가능하다. 따라서 바로 이 순간 시민의 함께 함의 정치행위가 절실히 요청된다. 바로 지금 우리는 새로운 시작 행위를 통해 우리의 역사를 새로이 써야 한다.

참고문헌

1. 국내문헌

1) 아렌트 저작

아렌트(1979),『공화국의 위기』, 김동식 역, 두레.

_____(1979),『혁명이란 무엇인가』, 이종호 역, 율성사.

_____(1983),『어두운 시대의 사람들』, 권영빈 역, 문학과 지성사.

_____(1996),『인간의 조건』, 이진우, 태정호 역, 한길사.

_____(1999),『폭력의 세기』, 김정한 역, 이후.

_____(2002),『칸트 정치철학 강의』, 김선욱 역, 푸른숲.

_____(2004),『정신의 삶』, 1부:『생각』, 홍원표 역, 푸른숲.

2) 아렌트 관련 해설서

김비환(2001),『저주와 축복의 정치』, 한길사.

김선욱(2001),『진리와 정치』, 우리시대 시리즈 39, 책세상.

_____(2001),『한나 아렌트, 정치판단이론』, 푸른숲.

빌라, 다나(2000),『아렌트와 하이데거』, 서유경 역, 교보문고.

서유경(1999),『아렌트 정치미학과 현대 정치적 함의: 정치행위와 인간 실존의 역학』, 경희대학교 박사학위논문.

정윤석(2001),『아렌트와 공화주의의 현대적 전개』, 서울대학교 박사학위논문.

프린츠(2000), 알로이스『한나 아렌트』, 김경연 역, 여성신문사.

홍원표(1992),『고전적 합리주의의 현대적 해석: Leo Strauss, Eric

346

Voegeln, Hannah Arendt를 중심으로』, 한국 외국어대학교 박사학위논문.

3) 아렌트 관련 학술 논문

김선욱(2002), 「시민과 정치: 아렌트와 하버마스의 시민정치사상」, 『시민과 세계』, 2002 상반기, 당대.

______(2001), 「정치적 판단이론이 합리성 문제」, 철학연구, 52집, 철학연구회.

______(2001), 「한나 아렌트의 정치개념: '정치적인 것'과 '사회적인 것'의 관계를 중심으로」, 『철학』 67집, 한국철학회.

______(2001), 「한나 아렌트의 정치사상의 해석상의 문제」, 『철학연구, 53집, 철학연구회..

박주원(2001), 「마르크스 사사에서 '생산'과 '정치' 개념: 아렌트와 하버마스의 마르크스 비판에 대한 검토를 중심으로」, 『한국정치학회보』, 35집 3호, 가을.

서유경(2001), 「한나 아렌트 독해의 다원성」, 『서평문화』, 한국간행물윤리위원회, 제41집, 봄.

______(2000), 「한나 아렌트의 정치행위 분석」, 『정치사상연구』, 한국정치사상학회.

안느 아미엘(2002), 「아렌트, 마르크스 그리고 노동운동」, 『시민과 세계』 창간호, 상반기.

정윤석(2000), 「아렌트의 현대 비판과 새로운 정치의 모색」, 『철학사상』 11호.

홍원표(1995), 「한나 아렌트 정치철학의 아이러니: 전현대성, 현대성 그리고 탈현대성」, 『한국정치학회보』, 29.

______(1999), 「아렌트의 정신의 신화와 그 정치적 함의: 정신의

삶에 관한 역사를 중심으로」, 『한국 정치학회보』, 한국정치학회, 33집 1호, 봄.

______(1997), 「정치적 탈현대성과 정치공동체: 배제·과잉·균형의 정치」, 『한국정치학회보』, 제31집 1호, 봄.

4) 기타 관련자료

강용수(2003), 「니체의 대중문화 비판」, 『철학연구』, 제61집, 여름호.

김용완(1999), 『홉스의 사회, 정치철학: 리바이던 읽기』, 철학과 현실사.

김　진(1997), 『철학의 현실문제들』, 철학과 현실사.

이기현(1998), 「대중매체의 사회인식론」, 『사회철학대계』, 5권, 민음사.

이상구(1984), 『민주정치론』, 대왕사.

이순예, 「자연과 자유가 하나로 되게 하는 칸트의 미적 판단력」 『독어교육」, 24권.

서도식(1998), 「대중매체와 계몽」, 『사회철학대계』, 5권, 민음사.

손병석(2003), 「정치적 기술과 공적 합리성: 프로타고라스와 플라톤의 견해를 중심으로」, 『철학』, 제75, 여름호.

한국칸트학회(2002), 『칸트와 정치철학』, 철학과 현실사.

한국철학사상연구회(2003), 『삶과 철학』, 동녘.

가다머(2000), 『진리와 방법』, 1, 이길우 외 역, 문학동네.

가라타니 고진(2003), 『윤리 21』, 송태욱 역, 사회평론.

들뢰즈(2001), 질 『천개의 고원』, 김재인 역, 새물결.

레제-쉐퍼, 발터(1998), 『하버마스: 철학과 사회이론』, 선우 현 역, 거름아카데미.

마키아벨리, 니콜로(1994), 『군주론』, 강정인 역, 까치.

뮬홀, 스테판/애덤 스위프트(2001), 『자유주의와 공동체주의』, 김해성, 조영달 역, 한울 아카데미.

벡, 울리히(1999)『아름답게 새로운 노동의 세계』, 홍윤기 역, 생각
　　　의 나무.

보위(1999), 『라깡』, 멜컴 이종인, 시공사.

스트라우스 레오 외 엮음(2000), 『서양정치철학』, 김영수 외, 역, 인
　　　간사랑.

아리스토텔레스(2001), 『니코마쿠스 윤리학』, 최명관 역, 서광사.

왈라스, 헬렌(1995), 「유럽통합의 정치적 한계」, 『민주주의 강의』, 2
　　　권, 인승국 외 역, 인간사랑.

F. 카울바흐(1999), 『행위철학』, 이을상 역, 서광사.

쿨랑쥬, 퓌스텔 드(2000), 『고대도시』, 김용종 역, 아카넷.

크리스텐슨, 레오 M. 외(1991). 「정치적 민주주의와 경제적 민주주
　　　의」, 『현대 정치와 국가. 민주주의의 새로운 지평』, 한홍수,
　　　황주홍 편역, 연대출판부.

하버마스(1995), 『이성적인 사회를 향하여』, 종로서적.

＿＿＿＿(1995), 『소통행위이론』, 서규환, 심광섭, 노진철, 김기욱,
　　　최문규 역, 의암출판.

＿＿＿＿(1997), 『도덕의식과 소통적 행위』, 황태연 역, 나남.

＿＿＿＿(1998), 『현대성의 철학적 담론』, 이진우 역, 문예출판사.

＿＿＿＿(2002), 『공론장의 구조변동』, 나남.

홀, 스튜어트 외(2001), 『현대성과 현대문화』, 전효관, 김수진, 박병
　　　영 역, 현실문화연구.

2. 외국문헌

1) 아렌트의 저작

Arendt, Hannah(1958 HC), *The Human Condition* , Chicago Univ. Press.

______(1963a EJ), *Eichmann in Jerusalem*(New York: Viking Press: New ed. 1965), Penguin Press.

______(1963b, OR), *On revolution,* Greenwood Press.

______(1967, OT), *The origins of Totalitarianism,* World Publish Company.

______(1968 BPF), *Between Past and Future: Eight exercises in political Thought,* Penguin. NY.

______(1971, MDT), *Men in Dark Times,* Jarcourt, Brace & World.

______(1972), *Crises of the Republic,* Jarcourt Brace Jovanovich.

______(1971 TLM), *Thinking. The Life of the Mind One,* Harcourt Brace Jovanovich.

______(1978 WLM), *Willing. The Life of Mind Two,* Harcourt Brace Jovanovich.

______(1982 LKPP), *Lectures on Kant's Political Philosophy,* Chicago Univ. Press.

2) 아렌트 관련 문헌

Beiner, Ronald(1982) "Hannah Arendt on Judging", LKPP. ed. by Ronald Beiner, Chicago Univ. Press.

______________(1983), *Political Judgment,* The Univ. of Chicago

Press.

Bernstein(2000), "Arendt on thinking", *The Cambridge Companion to Hannah Arendt,* ed. by Dana Villa, University of California.

Bowen-Moore, Patricia(1989), *Hannah Arendt's Philosophy of Natality,* Macmillan.

Brimingham, Peg(1999), "Hannah Arendt: *The Spectator's Vision", The Judge and The Spectator: Hannah Arendt's Political Philosophy,* ed. by Joke J. Hermsen & Dana R. Villa. Peeters.

Burke, John Francis(1985) *Thinking, Willing, and Judging: A Critical, Reading of Hannah Arendt's "The Life of the Mind",* Ph.D. Thesis(University of Notre Dame).

Canovan, Margaret(1996) "Hannah Arendt as a conservative thinker", *Hannah Arendt: Twenty Years Later,* ed. by Larry May and Jerome Kohn, The MIT Press.

___________________(1992), *Hannah Arendt: A Reinterpretation of Her Political Thought,* Cambridge University Press.

Crick, Bernard(2001), "Arendt and The Origins of Totalitar- ianism: An Anglocentric View", *Hannah Arendt in Jerusalem,* ed. by Steven E. Aschheim,. University of California Press.

Curtis, Kimberley(1999), *Our Sense of the Real: Aesthetic Experience and Arendtian Politics,* Cornell University Press.

Denneny, Michael(1979), "The Privilege of Ourselves: Hannah Arendt on Judgment", *Hannah Arendt: the Recovery of the Public World,* ed. by Melvyn A.Hill, ST. Martin

Press.

d'Entreves, Maurizo Passerin(1994), *The political philosophy of Hannah Arent*, Routledge Press.

Disch, Lisa Jane(1994), *Hannah Arendt and the Limits of Philosophy*, Cornell Univ. Press.

Dostal Robert. J(2001), "Judging Human Action: Arendt's Appropriation of Kant", *Judgment, Imagination, and Politics: Themes from Kant and Arendt*, ed. by Ronald Beiner and Jennifer Nedelsky, Rowman & Littlefield Publishers, Inc.

Frampton, Kenneth(1979) "The Status of Man and the Status of His Objects: a Reading of the Human Condition", in *Hannah Arendt: the Recovery of the Public World*, ed. by Melvyn A. Hill, ST. Martin's Press.

Fuss, Peter(1979), "Hannah Arendt's Conception of Political Community", *Hannah Arendt: The Recovery of the Public World*, ed. by Melvyn A. Hill, ST. Martin Press.

Hansen, Philip(1993), Arendt: *Politics, History and Citizen*, Polity Press.

Hermsen, Joke J.(1999) "Who is the Spectator? Hannah Arendt and Simone Weil on Thinking and Judging", *The Judge and The Spectator: Hannah Arendt's Political Philosophy*, ed. by Joke J. Hermsen & Dana R. Villa. Peeters.

Hill, Melvyn A(1979), "Hannah Arendt on Hannah Arendt", Hannah Arendt: *The Recovery of the Public World*, edited by Melvyn A. Hill, ST. Martin's Press.

__________(1979), "The Fictions of Mankind and the Stories of Men", in *Hannah Arendt: The Recovery of the Public World*, edited by Melvyn A. Hill, ST. Martin's Press.

Kateb, George(2001), "The Judgment of Arendt", in *Judgment, Imagination and Politics: Themes from Kant and Arendt*, ed. by Ronald Beiner and Nedelsky, Rowman & Littlefield Publishers, Inc.

Kim, Seon-Wook(1999), *Judgment and Communicative Rationality: a Study of the Political, Philosophy of Hannah Arendt and Jurgen Habermas*, Ph.D. Theis(State Univ. of New York at Buffalo).

Kohn, Jerome(1996), "Evil and Plurality: Hannah Arendt's Way to *The Life of the Mind*", "Hannah Arendt: Twenty Years Later", MIT Press.

Kristeva, Julia(2001), *Hannah Arendt: Life is a Narrative*, trans. by Frank Collins, University of Toronto Press.

Meade, Elizabeth M(1996), "The Commodification of Values", *Hannah Arendt: Twenty Years Later*, The MIT Press.

Nedelsky, Jeniffer(2001), "Judgment, Diversity, and Rational Autonomy", *Judgment, Imagenation, and Politics: Themes from Kant and Arendt*, ed. by Roman & Littlefield Publishers, Inc.

Nye, Andrea(1994), Philosophia: *Thought of Rosa Ruksemburg, Simon Weil*, Arendt, Routledge Press.

Parekh, Bikhu(1979), "Hannah Arendt's Concepts of Labor and Work", *Hannah Arendt: the Recovery of the Public*

World, ed. by Melvyn A.Hill, ST. Martin Press.

___________(1981), *Hannah Arendt and the Search for a New Political Philosophy*, Macmillan Press.

Parvikko, Tuija(1999), "Committed to Think Judge and Act. Hannah Arendt's Idealtypical Approach to Human Faculties", *The Judge and The Spectator: Hannah Arendt's Political Philosophy*, ed. by Joke J. Hermsen & Dana R. Villa. Peeters.

Pitkin, Hanna Fenichel(1995), "Conformis,. Housekeeping, and the Attach of the blob: The Origins of Hannah Arendt's Concept of the Social", *Feminist Interpretations of Hannah Arendt*, cited by Bonnie Honig, The Pennsylvania University Press.

Stone-Mediatore, Shari Robin(1997), *Hannah Arendt, Experienxe, and Political Thinking: Storytelling as Critical Praxis*, Ph. D. Thesis(State Univ. of New York).

Taminiaux, Jacques(1999), "Time and the Inner conflict of the Mind", *The Judge and The Spectator: Hannah Arendt's Political Philosophy*, Joke J. Hersen & Dana R. Villa. Peeters.

Villa, Dana Rich(1996), *Arendt and Heidegger: The fatc of the political*, Prinston University, Press.

___________(1999), "Thinking and Judging", The Judge and The Spectator: *Hannah Arendt's Political Philosophy*, edited by Joke J. Hermsen & Dana R. Villa. Peeters.

___________(2001), "Totalitarianism, Modernity, and the Tradition", *Hannah Arendt in Jerusalem*, ed. by Stenves E. Aschheim. Univ. of California Press.

354

Wellmer, Albrecht(1996), "Hanhah Arendt on Judgment: the Unwritten Doctrine of Reason", *Hannah Arendt: Twenty Years Later*, ed. by Larry may and Jerome Kohn. The MIT Press.

3) 기타 외국 문헌

Habermas, J.(1996) "The Scientifization of Politics and Public Opinion", in *Habermas Reader, ed. by William Outwaite*, Polity Press.

__________(1979), *Communication and The Evolution of Society*, Trans. by Thomas McCarthy, Beacon Press.

__________(1996), "Technical Progress and the Social Lifeworld", in *Habermas Reader*, ed. by William Outwaite, Polity Press.

__________(1979), "The Problem of Understanding Meaning in the Social Sciences", *Habermas Reader*, ed. by William Outwaite, Polity Press.

__________(1979), "Social Action, Purposive Activity, and Communication", *Habermas Reader*, ed. by William Outwaite, Polity Press.

__________(1998), "Communicative Rationality and the Theories of Meaning and Action", *On the Pragmatics of Communication*, ed. by Maeve Cooke. The Mit Press.

__________(1998), "Social Action, Purposive Acitivity, and Communication", *On the Pragmatics of Communication*, ed. by Maeve Cooke. The Mit Press.

Horkheimer & Ardorno(1972), *Dialectic of Enlightenment*, trans. by

John Cumming, The Seabury Press.

Kant(1951), *Critique of Judgment,* trans. by J. H. Bernard, Hafner
    Press(NY).

Zizek, Salvoj(1989), *The Sublime Object of Ideology,* Verso.

· 저자 ·

김인순　　· 약　력 ·

충남 출생
이화여자 대학교 철학과 졸업
동국대학교 대학원 철학과 졸업

동국대학교, 용인대학교 출강
동국대학교 동서사상 연구소 연구원

· 주요논저 ·

「한나 아렌트에 있어서 정치적 사고와 정치적 판단」
「아렌트의 정치적 판단의 이론과 그 의의」
외 다수

진정한 삶의 양식을 찾아서

한나 아렌트와 세계사랑

· 초판 인쇄	2007년 2월 2일
· 초판 발행	2007년 2월 2일
· 지 은 이	김인순
· 펴 낸 이	채종준
· 펴 낸 곳	한국학술정보㈜
	경기도 파주시 교하읍 문발리 526-2
	파주출판문화정보산업단지
	전화　031) 908-3181(대표)·팩스　031) 908-3189
	홈페이지　http://www.kstudy.com
	e-mail(출판사업부)　publish@kstudy.com
· 등　　록	제일산-115호(2000. 6. 19)
· 가　　격	33,000원

ISBN　978-89-534-6208-3 93160 (Paper Book)
　　　　978-89-534-6209-0 98160 (e-Book)